Heiko Heublein

**Melchior Palágyi
Frühe Schriften zur Psychologie, Logik und
Erkenntnistheorie (1893-1897)**

Herausgegeben und eingeleitet von Heiko Heublein

**IGEL VERLAG**
H A M B U R G

Heiko Heublein

# Melchior Palágyi

# Frühe Schriften zur Psychologie, Logik und Erkenntnistheorie (1893-1897)

Herausgegeben und eingeleitet von Heiko Heublein

LITERATURWISSENSCHAFT

**Heiko Heublein**
Melchior Palágyi. Frühe Schriften zur Psychologie, Logik und Erkenntnistheorie (1893-1897). Herausgegeben und eingeleitet von Heiko Heublein

1. Auflage 2023
ISBN: 978-3-948958-17-6
Covermotiv: pixabay.com

© IGEL Verlag *Literatur & Wissenschaft*, Hamburg 2023
Alle Rechte vorbehalten.
www.igelverlag.de

IGEL Verlag *Literatur & Wissenschaft* ist ein Imprint der Bedey & Thoms Media GmbH
Hermannstal 119 k, 22119 Hamburg
Gedruckt in Deutschland

Die Deutsche Bibliothek verzeichnet diesen Titel in der Deutschen Nationalbibliografie.
Bibliografische Daten sind unter http://dnb.d-nb.de verfügbar.

# Inhalt

Das Porträtfoto stammt aus dem Nachlass von Ludwig Klages. Mit freundlicher Genehmigung des Deutschen Literaturarchivs Marbach.

Das Schriftenverzeichnis ist (mit geringfügigen Ergänzungen) dem Band „Észelés és fantázia" (Wahrnehmung und Phantasie, 2017) entnommen, zusammengestellt und herausgegeben von *Edit Bogdanov* und *Laszlo Székely*. Mit freundlicher Genehmigung. Der Band enthält auch ein umfassendes Sekundärliteraturverzeichnis und eine Auflistung von fraglichen, Palágyi zugeschriebenen Aufsätzen.

Übersetzung: Christina Kunze, Berlin.

Das Literaturverzeichnis wurde übersetzt von Fr. Orsolya Rauzs.

# Einleitung

Der ungarische Philosoph, Mathematiker, Literatur- und Kunstkritiker Melchior Palágyi hat im deutschen Sprachraum Anfang des 20. Jh. als Vordenker und Ideengeber die Lebensphilosophie und philosophische Anthropologie beeinflußt. Hochgeschätzt wurde er z.B. von *Ludwig Klages* und *Arnold Gehlen*, er beeinflußte *Max Scheler* und den dialogischen Denker *Ferdinand Ebner*.

Geboren am 26.12.1859, im gleichen Jahr wie Henri Bergson und Edmund Husserl, war er ebenso wie diese jüdischer Abstammung. Wie diese ging auch Palágyi zunächst von der Mathematik aus und bemühte sich im Lauf seiner Karriere in ehrgeizigen Entwürfen um eine grundlegende Reform der Logik und Erkenntnistheorie.

Seine „Naturphilosophischen Vorlesungen" (1906), die eine tiefdringende philosophische Wahrnehmungstheorie enthalten und den Versuch einer vitalistischen Reform der Erkenntnistheorie und der Biologie darstellen, fanden große Anerkennung. Als wirkliche Neuerung und Entdeckung wurde dabei in der Regel Palágyis Phantasietheorie gewertet. So schrieb Arnold Gehlen[1]:

„Die Entdeckung der virtuellen Bewegungen oder einer besonderen Klasse motorischer Phantasmen durch Palágyi ist von großer theoretischer Bedeutung. Sie führt zuerst zu der allgemeinen Definition der Phantasie als eines nicht weiter auflösbaren Urphänomens.... Die ungemeine Bedeutung der Phantasie muß jetzt anfangen, sich zu verdeutlichen. Sie ist die eigentlich kommunikative Macht, die die Einheit unseres Bewegungs- und Empfindungslebens herstellt, und wir werden sie von nun an, zumal auch in ihren Leistungen innerhalb des Sprachlebens, immer am Werke sehen…"

Der Lebensphilosoph Ludwig Klages bezeichnet in seinem Vorwort zum Palágyi-Nachlaßband „Wahrnehmungslehre" Palágyi als bedeutenden Metaphysiker und Mathematiker:

---

[1] Arnold Gehlen: Der Mensch. Seine Natur und seine Stellung im Kosmos, S.214.

„Denn ebendarin dürfte nicht allein die unbeirrbare Zielsicherheit begründet liegen, mit der sein Denken auf die Ermittlung eines exakten Unterscheidungsmerkmals von Geist und Leben ausgeht, sondern auch der gewichtige Umstand, daß er es tatsächlich findet mittels des Begriffspaares der Diskontinuität und Kontinuität. Das Erleben, so lehrt und beweist er, hat die Natur des Vorganges und somit der *Stetigkeit,* der geistige Akt hingegen findet *instantan,* d.h. im zeitlich unausgedehnten Augenblick, statt; …"[2]

Damit sind zwei grundlegende Thesen des vitalistischen Teils von Palágyis Philosophie genannt: Die Phantasielehre sowie die strenge, umfassend durchgeführte Unterscheidung von Geist und Leben. Doch zum ausgesprochenen Vitalisten wurde Palágyi erst nach der Jahrhundertwende, vorher forschte und schrieb er u.a. zur Logik und Erkenntnistheorie und ging dabei, seiner Zeit durchaus voraus, von der Untersuchung der Sprache aus. So bemerkte der dialogische Philosoph Ferdinand Ebner:

„Unter den Philosophen scheint der wenig bekannte, in weiten Kreisen überhaupt unbekannte Melchior Palágyi dem Sprachproblem in seiner allgemeinen geistigen Bedeutsamkeit noch am ehesten nahegekommen zu sein." Palágyi biete seine „immer klaren, immer vortrefflichen Erkenntnisse" in einem trockenen Stil, der Ebner nicht sonderlich gefällt: „Das sollte aber niemanden, der an der Formulierung des geistigen Lebens interessiert ist, hindern, seine naturphilosophischen Vorlesungen über die Probleme des Bewusstseins zu lesen."[3]

Ungeachtet solcher gewichtigen Fürsprecher ist Palágyi seit langem fast vergessen. Zudem wurden im deutschen Sprachraum nur seine deutschsprachigen Schriften rezipiert, die seiner mittleren und späten Phase angehören, also die

---

[2] Palágyi: Wahrnehmungslehre, Vorwort S.X., Leipzig 1925.
[3] Zur Rezeption durch Ferdinand Ebner: Hans Gerald Hödl: Decodierungen der Metaphysik, Frankfurt am Main, 1998, S.88.

erkenntnistheoretischen, logischen, wahrnehmungstheoretischen Schriften, sowie seine metaphysisch-physikalischen Nachlassschriften. Sein umfangreiches Werk literarischer Essays und Monographien dagegen, sowie seine politischen Schriften (z.B. über den Marxismus und die Idee des Nationalstaates) und weitere wissenschaftliche Essays liegen fast nur verstreut auf Ungarisch vor. In diesem Band werden erstmals Palágyis frühe psychologischen Studien (1892) sowie die erste Grundlegung seiner Philosophie, seine Dissertation aus den Jahren 1896/97 aus dem Ungarischen übersetzt vorgelegt. Ein Folgeband mit einigen seiner politischen Schriften ist geplant. Im Anhang ist das bisher vollständigste Literaturverzeichnis seiner Arbeiten abgedruckt, das von den ungarischen Wissenschaftlern *Edit Bogdanov* und *Laszlo Székely* zusammengestellt wurde und im 2017 erschienenen Sammelband „Észelés és fantázia" (Wahrnehmung und Phantasie)[4] veröffentlicht wurde.

---

[4] Auswahl von Schriften Palágyis: Észelés és fantázia (Wahrnehmung und Phantasie), hrsg. v. Edit Bogdanov u. Laszlo Székely, 2017.
Weitere Auswahl von Schriften Palágyis: Der Gegensatz von Geist und Leben, hrsg. v. Heiko Heublein, 2018.

## Lebenslauf[5]

Melchior (Menyhért) Palágyi wurde am 26. Dezember 1859 in Pacs, ca. 100 Kilometer südlich von Budapest, geboren. Sein Vater Moritz Palágyi (ursprünglich Silberstein), ein Volksschullehrer, hatte an den niedergeschlagenen ungarischen Freiheitskämpfen teilgenommen. Er vermittelte seinen Söhnen (Palágyis jüngerer Bruder Lajos war später als Dichter und Übersetzer tätig) erste Grundlagen ihrer wissenschaftlichen Bildung sowie der deutschen Sprache. Palágyi ließ sich in der allgemeinen Abteilung der technischen Hochschule in Budapest immatrikulieren und schloß 1881 das Studium für das höhere Lehramt in Mathematik und Physik ab. Seine erste Veröffentlichung über Liniengeometriestudien (1881) stammt aus dieser Zeit. Er trat zunächst nicht in den Lehrdienst ein, sondern folgte nun seiner Neigung zur Literatur und Philosophie. Zunächst als Mitarbeiter, dann als Mitbegründer und Herausgeber arbeitete bei verschiedenen Literaturzeitschriften. In einer großen Zahl von Aufsätzen setzte er sich u.a. mit dem Einfluß westeuropäischer Philosophie und Dichtung auf ungarische Wissenschaft und Dichtkunst auseinander. Es war Palágyis Bestreben, an der Entwicklung und Förderung einer unabhängigen ungarischen Wissenschaft und Kunst mitzuwirken. Ende der 1880er Jahre hatte er sich als Autor des literarischen öffentlichen Lebens etabliert, gehörte – wie auch sein Bruder Lajos – zum „philosophischen Dichterkreis" um die Autoren einer neuen Generation wie *János Vajda, Lajos Tolnai, Jenö Komjathy, Gyula Reviczky*. Palágyi veröffentlichte in den darauffolgenden Jahren auch Monographien über die ungarischen Nationaldichter *Sandor Petöfi* und *Imre Madach*.

Auf dem Boden seiner mathematischen Bildung und seiner philosophisch-literarischen Beschäftigung bildeten sich seine eigenen philosophischen Ideen heraus: Die hier veröffentlichten psychologischen Aufsätze (1892/93) sind davon erste Ergebnisse, und mit der Dissertation von 1896/97 stellt er eine Grundlegung seiner eigenen Philosophie vor, die ihn bis zu seinem Lebensende beschäftigen sollte.

---

[5] Quellen: Ludwig W. Schneider: Leben und Werk Melchior Palágyis, Darmstadt 1942 / 1977. Dieses Buch enthält auch eine ausführliche Einführung in Palágyis hier erstmals übersetzten Texte. Sowie „Észlelés és fantázia", 2017.

4

Palágyi entschied sich nun, gerade verheiratet und mit zwei bald darauf geborenen Kindern, nach Deutschland (Halle, Berlin) zu gehen, um in der Auseinandersetzung mit der dortigen zeitgenössischen Philosophie seine eigenen philosophischen Ideen zu entwickeln und zu erproben. 1901 erschien seine erste in deutscher Sprache abgefasste Schrift „Neue Theorie des Raumes und Zeit", die in gewisser Weise der großen Reform der Raum-Zeit Auffassung vorausgreift, wie sie einige Jahre später durch Minkowski und Einstein entwickelt wurde.

Palágyi wurde später allerdings zum Gegner der Relativitätstheorie: Ihm handelte es sich nicht um eine Zerstörung des allgemein gebräuchlichen Zeitbegriffs – dieser Paradeleistung der modernen Relativitätstheorie - sondern um eine höhere Entwicklung desselben[6].

In rascher Folge veröffentlichte Palágyi Schriften zur Logik, mit denen er sich u.a. in die damalige Psychologismusdebatte einzuschalten versuchte und auch eine ausführliche Kritik an Husserls „Logischen Untersuchungen" vornahm[7] (auf die Husserl mit einer vernichtenden Rezension reagierte). Vorläufiger Abschluss der logischen Schriften war die „Logik auf dem Scheidewege" (1903), ein hochinteressantes Werk, in dem Palágyi begann, seine Erkenntnislehre und Logik mit einer vitalistischen Wahrnehmungs- und Gedächtnistheorie zu unterbauen. Eine überarbeitete Fassung dieses Werkes erschien 1904 auf Ungarisch.

Damit begann nun die vitalistische Periode seiner Philosophie, die vom markanten Gegensatz von Geist und Leben geprägt ist, genauer dem Gegensatz von punktuellem, zeitlosen geistigen Akt und kontinuierlichem, unausschöpflichem Lebensprozess (Diskontinuität des Bewußtseins und Kontinuität des Lebensvorgang), mit der er auf einige zeitgenössische Denker wie Klages und Scheler, Ebner und auf die philosophische Anthropologie (bes. Gehlen) gewirkt hat. 1908 nahm er am Heidelberger Philosophischen Kongreß teil, bei dem er seine Theorie des Vitalismus und der

---

[6] Palágyi: Zur Weltmechanik, Leipzig 1925, S.80.
[7] Palágyi: Kant und Bolzano, Halle 1902. Der Streit der Psychologisten und Formalisten in der modernen Logik, Leipzig 1902.

Diskontinuität des Bewusstseins vorstellte. Dort traf er auch zum ersten Mal auf Ludwig Klages, der bald stark von Palágyi beeinflußt wurde, und mit dem er bis zu seinem Lebensende freundschaftlich verbunden blieb. Im Mittelpunkt dieser Rezeption stehen die „Naturphilosophischen Vorlesungen (1907/1924). Diese gingen aus einer Vorlesung hervor, die er in Klausenburg/Koloszvár hielt, nachdem Palágyi 1905 von dem berühmten Zoologen *István Apáthy* an die dortige Universität geholt worden war und über „philosophische Erkenntnistheorie der Naturwissenschaften" las. Die „Naturphilosophischen Vorlesungen" enthalten neben vitalistischen Grundlegungen zur Erkenntnistheorie, Psychologie und Biologie seine einflußreich gewordene Phantasielehre (bzw. Lehre von der „virtuellen Bewegung").

Von der deutschen Rezeption unbemerkt blieb jedoch Palágyis gleichzeitige philosophische Produktion in Bezug auf Soziologie und Politik, die er in Verbindung mit *Apáthy* in der „Ungarischen Soziologischen Revue" entfaltete. Dort erschienen 1908 z.B. der Aufsatz „die Philosophie des nationalen Gedankens" sowie die größere antimarxistische Schrift „Marx und seine Lehre". Der Arbeit in Klausenburg schlossen sich in den 10er Jahren Aufenthalte in München und Paris an, in deren Mittelpunkt diesmal kunsttheoretische Studien, besonders zur Malerei, standen. 1911 veröffentlichte er eine Monographie über den ihm persönlich bekannten ungarischen Maler *Bertalan Székely*. Seine kunsttheoretischen Betrachtungen, im deutschen Sprachraum ebenfalls nicht rezipiert, veranschaulichen und erweitern gleichzeitig Palágyis Theorie der Phantasie. 1914 hielt Palágyi auf dem Wiener Naturforschertag den Vortrag „Die Relativitätstheorie in der modernen Physik". Seine Kritik der Relativitätstheorie ist neben „Neue Theorie des Raumes und Zeit" (1901) ein Grundstein für sein unvollendetes Werk „Zur Weltmechanik", eine „Metaphysik der Physik", in dem er u.a. Voraussetzungen für eine neue, reformierte Äthertheorie zu schaffen versuchte.

Im 1. Weltkrieg trat seine wissenschaftliche Tätigkeit in den Hintergrund, seine politischen Auffassungen legte er gelegentlich in einigen moderaten wie hellsichtigen Aufsätzen dar („Weltkrieg und Weltfrieden", 1915, „Die Krise der europäischen Zivilisation", 1916). In den Nachkriegswirren verließ er während des kommunistischen

Zwischenspiels unter *Bela Kun* vorübergehend Ungarn, war aber später im Auftrag der nachfolgenden ungarischen Regierung u.a. mit der Herausgabe der Zeitung „Die ungarische Frage" in Deutschland betreut. Er lebte fortan in Frankfurt a.M., dann in Darmstadt. Neben seiner publizistischen Tätigkeit im Dienst der ungarischen Regierung befasste er sich weiterhin mit den Arbeiten an seiner unvollendeten „Weltmechanik" und veröffentlichte eine Reihe von Artikeln literarischen und philosophischen Inhalts. Der Neuauflage seiner „Naturphilosophischen Vorlesungen" (1924) fügte Palágyi noch ein Vorwort hinzu, in dem er sein Lebenswerk im Ganzen umreißt. Nachdem Palágyi schon seit einiger Zeit Todesahnungen geäußert hatte, verstarb er in Darmstadt am 13.Juli. 1924 an den Folgen eines Schlaganfalles.

„Von meinem tragischen Naturell bin ich selbst ganz überzeugt, aber ich gebe Ihnen auch darin völlig Recht, daß ich unter einem Glücksstern geboren bin, d.h. von Haus aus zur inneren Harmonie neige, was aber – meiner vielleicht etwas seltsamen Auffassung nach – nur die Verschärfung meines Geschicks zur Folge hat." (Palágyi an Ludwig Klages, 1924)[8]

## Werke

Die im deutschen Sprachraum rezipierten Werke Palágyis sind vor allem die „Naturphilosophischen Vorlesungen" (1907/1924), sowie an zweiter Stelle die Nachlassbände „Wahrnehmungslehre" (1925, mit einem Vorwort von Ludwig Klages), und der Band „Weltmechanik", eine Fragment gebliebene Sammlung von Aufsätzen zur Raum-Zeittheorie und zu verschiedenen Fragen der modernen Physik, der Relativitätstheorie und der Äthertheorie. Zu Palágyis deutschsprachigen Hauptwerken muss unbedingt noch die „Logik auf dem Scheidewege" (1903) hinzugezählt werden, „reich an Befunden, reicher an neu gesehenen Problemen" (Ludwig Klages). Für den Philosophen *Goswin Uphues* war dieses Werk Beweis, dass man in der Wissenschaft

---

[8] Hans E. Schröder, Hg.: Ludwig Klages. 1872-1956. Centenar-Ausstellung 1972, Stuttgart 1972, S.208.

des Denkens noch nicht auf schöpferische Gedanken verzichten brauche[9]. Die „Logik auf dem Scheidewege" sei, so Klages, die abseitigste und ignorierteste aller zeitgenössischen logischen Schriften. Sie sei „in Ihrer zweiten Hälfte unseres Erachtens das Bedeutendste [...], was seit Aristoteles in der wissenschaftlichen Logik geleistet wurde."[10]

Diese auf Deutsch verfassten Werke mögen Palágyis Hauptwerke sein, jedoch bleibt dabei ungesehen, dass Palágyis geistige Beschäftigung und wissenschaftliche Produktion noch um Einiges weiter ausgespannt war. Zudem bleibt die frühe Entwicklung seiner Philosophie im Dunkeln. Aus diesem Grund soll hier kurz skizziert werden, wie Palágyis frühere ungarische Schriften auf spätere ausgereifte Theorien hinweisen.[11]

Palágyi bezeichnete sich selbst als „mathematisierenden Romantiker", seine Philosophie ist eine ausgesprochene Polaritätsphilosophie, die Weltordnung wird im Großen wie im kleinsten Detail durch polare Gegensätze bestimmt. Palágyis Methodik ist eine der sich immer weiter vertiefenden Unterscheidungskunst polarer Gegensätze (so in seiner Wahrnehmungslehre), sowie der Betrachtung/Spekulation über große übergeordnete Polaritäten (Raum/Zeit, Materie/Äther). Seine vitalistischen Untersuchungen werden ebenso von diesem Prinzip bestimmt wie seine logischen oder physikalischen Untersuchungen.

Gleichzeitig bezeichnet sich Palágyi als „Monist" und behauptet, das höchste philosophische Streben müsse einer monistischen Erkenntnis gelten. *Ludwig Schneider* hat dafür den treffenden Begriff einer „monistischen Polaritätsphilosophie" geprägt (gegen andere zeitgenössische Formen des Monismus, z.B. bei *Haeckel* und *Ostwald*, polemisierte Palágyi des Öfteren). Dies scheint widersprüchlich, doch sind sowohl sein

---

[9] Goswin Uphues: Zur Krisis der Logik. Eine Auseinandersetzung mit Dr. Melchior Palágyi, Berlin 1903.
[10] Ludwig Klages, Vorwort, in:Palágyi: Wahrnehmungslehre, 1925, S.VII. Klages setzt sich auch in mehreren Kapiteln seines Hauptwerkes „Der Geist als Widersacher der Seele" (1929-32) intensiv mit Palágyis Philosophie auseinander.
[11] Eine ausführliche und kenntnisreiche Darstellung der seinerzeit noch nicht übersetzten frühen psychologisch-philosophischen Schriften findet sich bei Ludwig W. Schneider, „Leben und Werk Melchior Palágyis", 1942/1977.

Polaritätsdenken als auch seine monistisch-metaphysischen Bestrebung gleichermaßen gegen einen „zerspaltenden Dualismus" gerichtet. *Descartes* ist mit seiner Philosophie von der denkenden Substanz und der ausgedehnten Substanz auch in Palágyis Augen ein Ahnherr eines solchen spaltenden Dualismus. Dieser Dualismus habe sich in unzähligen Dualismen fortgepflanzt, wobei immer „zwei Irrtümer sich gegenseitig stützen und so zusammen ein Gedankengebäude ergeben". Die dualistische Betrachtungsweise ist aber nicht nur eine philosophische Tradition, sondern ist auch eine allgemein menschliche Vorstellungsweise, eine allgemein menschliche Zerissenheit und Widersprüchlichkeit des Verstandes, über die die Menschen oberflächlich hinweggleiten. In „Das Gesetz der Vernunft in der Erfahrung" schreibt Palágyi (S.120/122):

„Es hat also den Anschein, als vergäße der Mensch seinen eigenen Körper, während er andere Gegenstände auffasst; eigentlich verdeckt diese Selbstvergessenheit immer die Selbstvergötterung. Seinem eigenen Körper mißt der Mensch eine so unsagbare Wichtigkeit zu, dass er ihn aus der Reihe aller anderen Erscheinungen herausnimmt und so zu sprechen beginnt: „Ich und die Welt". Er verstümmelt den Begriff der Welt, denn er zieht sich selbst aus ihr heraus und stellt sich solcher Art außerhalb der Welt, wobei man zugegebenermaßen nicht weiß, wohin. „Ich und die Welt", diese Redensart ist der treueste Ausdruck für die Zerrüttung der menschlichen Vernunft … Von diesem Begriffspaar geht üblicherweise die dualistische, also in sich selbst gespaltene Weltauffassung aus … Unsere Stammbegriffe sind nicht „Ich und die Welt", sondern „Wesen und Erscheinung". Die letzteren Begriffe reißen die Welt nicht entzwei, denn sie umfassen beide die gesamte Welt."

In der Schrift „Gesetz der Vernunft" stellt sich Palágyi die Aufgabe, die Wurzel dieses Widerspruchs im menschlichen Denken und Erkennen selbst zu erhellen… und zu überwinden. Seine Untersuchungen setzen bei der Logik, insbesondere aber bei der Sprache an: „Die Neugeburt der Logik ist nur möglich, wenn wir zu den griechischen Traditionen zurückkehren und die Untersuchung der Vernunft offen auf die Untersuchung der Struktur der menschlichen Rede gründen. Aber diese Rückkehr bedeutet zugleich eine grundlegende Reform der griechischen Logik. Die griechische Logik ist von einer ungewissen Verschmelzung von Grammatik und Logik und von ihrer ebenso ungewissen Trennung charakterisiert." (S.50)

Palágyi kommt zu dem Befund, dass jeder menschliche Gedanke in Subjekt und Prädikat gegliedert sein muss und begreift das Verhältnis von Subjekt und Prädikat analog dem Verhältnis von Wesen und Erscheinung. Der Dualismus ist durch eine Gliederung ersetzt. Diese Gliederung bedeutet ein Ineinanderverwobensein von Wesensphilosophie und Phänomenologie/Erscheinungslehre. Der Mensch sei nur deshalb in der Lage, im Strom der Erscheinungen Etwas zu erkennen, weil er sich auf etwas Ewiges beziehe. Er kann sich auf ein Ewiges nur dadurch beziehen, dass er sich auf Erscheinungen, sinnliche Zeichen usw. stützt.

Ewiges und Vergängliches, Wesen und Erscheinung sind „polar" aufeinander bezogen.

Diese Gliederung ist gleichzeitig bündiger Ausdruck der Beschränktheit des menschlichen Geistes und die Gewähr, dass die menschliche Erkenntnis unbegrenzt fortschrittsfähig ist.

Auch das Identitätsgesetz erhält durch diese Verschränkung von Ewigen und Vergänglichem überraschende Erläuterungen. Palágyi sieht in der zeitgenössischen Philosophie und Wissenschaft eine ungerechtfertigte, verschämte Metaphysikfeindlichkeit. Das Ewige durch das Vergängliche hindurch zu sehen, ist in seinen Augen das höchste Glück. Auch der kleinste Moment trage die Würde dieser Ewigkeit in sich, keine Macht der Welt könne auch nur dem kleinsten Moment, der in der Welt geschehen ist, seinen Platz in der Ordnung von Raum und Zeit wieder nehmen.

„Nüchtern ist nur der, der seinen Blick bewusst auf die Unendlichkeit richtet, während er durch das Endliche hindurchsieht. Diese göttliche Nüchternheit (die die von der Sinnlichkeit trunkenen Menschen als göttlichen Wahnsinn bezeichnen, weil ihnen das Wahnsinn zu sein scheint) sehen wir zuweilen in den Augen eines jeden Menschen aufschimmern. Einige jedoch suchen diese göttliche Nüchternheit ständig und schätzen sie höher als alles andere." (G 95)

Diese Schrift enthält also eine deutliche und für sein Werk grundlegende Stellungnahme zur Metaphysik, die in späteren Werken so nicht mehr zu sehen ist. So sagt Palágyi denn auch 1924 in seinem Vorwort zu den „Naturphilosophischen Vorlesungen", er sei „in Sachen der Metaphysik stets zurückhaltend" gewesen und fügt hinzu: „Man sieht also, daß mein Denken von der mangelhaften Polarität des Menschen ausgeht und in die vollendete kosmische Polarität einmündet."[12]

„Das Gesetz der Anschauung", vielleicht die bündigste der hier gesammelten Schriften, legt die Grundlage zu Palágyis Anschauungen, die er 1901 in der „Neuen Theorie von Raum und der Zeit" (1901) auf deutsch veröffentlicht und die in seiner Logik und Wahrnehmungslehre an vielen Stellen eine bedeutende Rolle spielen. Unser Nachdenken werde beim Nachdenken über Raum und Zeit von Schwindel erfasst, nicht nur wegen deren Unendlichkeit im Großen wie im Kleinen, sondern auch wegen deren (selten bewusst erlebten) *Stetigkeit*. Raum und Zeit bilden eine einheitliche „Doppelordnung der Erscheinungswelt", sie sind wie eine „Logik der Erscheinungswelt"[13].

Die früheren „Psychologischen Aufsätze" deuten in weiteren Punkten auf Palágyis späteres Werk hin. In *„Vom Wachsein"* entwirft Palágyi die Skizze eines unermeßlichen Wellenspiels von Eindruck und Erinnerung, von „realem und idealem Besinnungsstrom", auf dem unser Bewußtsein mehr oder weniger schwankend begründet ist. Das Verschmelzen der „Ströme" hat hohe erkenntnistheoretische Bedeutung. Ohne Verschmelzen gibt es keine Identifikation, keinen Erkenntnisgegenstand. Damit deutet sich eine Art und Weise an, mit der Palágyi seine Logik und Erkenntnistheorie vitalistisch unterbaut.

Palágyis Entwurf hebt sich in aller Deutlichkeit etwa von der empiristischen Auffassung ab, Wahrnehmung und Erkennen würden bausteinartig aus „einfachen Empfindungen", gleichbedeutend mit „einfachen Ideen" bestehen. Die angedeutete Kritik an *Locke* und *Hume* nimmt in späteren Werken breiten Raum ein. Man bemerkt

---

[12] Palágyi: Vorrede zu: Naturwissenschaftliche Vorlesungen, 1924, S. VIII.
[13] Palágyi: Die Logik auf dem Scheidewege, Berlin 1903, S.293.

den tiefen vitalistischen Zug, seine Vorliebe für dichterisch-versunkene Zustände und das Bemühen, den Blick des Bewusstseins für eine nicht wahrgenommene, aber überall zugrundeliegende vitale Welt zu wecken.

Der Aufsatz „*Von der realen und idealen Besinnung*" geht weiter auf diesem Weg und beschäftigt sich mit mehrstufigen Phantasien, die aufeinander aufbauen und einander reflektieren. Im etwas dichterischen Begriff des „idealen Stromes" wird einiges von dem angedeutet, was später in seiner Phantasietheorie detailliert entfaltet wird.

Zudem sieht man in diesem Aufsatz, wie Palágyis philosophische Zeitauffassung seine Forschungen prägt. Es gelte, unsere Auffassung der stetigen und unendlichen Zeit zu entwickeln, denn diese ist gegenüber unserer stark objektivierenden Raumauffassung sehr subjektiv-unentwickelt und „linkshändig". Später benutzt Palágyi den Begriff der „Temporalisierung" der Wahrnehmung, um auszudrücken, dass man, um seelischem und vitalem Erleben auf die Spur zu kommen, mit geschärftem Zeitbewusstsein in kleine und kleinste Zeiträume eindringen müsse. Dies wirft auch ein gewisses Licht auf den Begriff der „Intuition". Palágyi schreibt:

„Entrückungen von kürzerer Zeitdauer, über die wir uns keine Rechenschaft ablegen [treten] während der gewöhnlichsten Besinnung außergewöhnlich häufig [auf]…"Das Ideal des Seelenforschers sei es, „den seelischen Ereignissen von Augenblick zu Augenblick auf die Spur zu kommen und uns so die gesamte Geschichte der Seele aufzudecken." (S. 23/24)

Der Aufsatz „*Die Erinnerung*"ist ein gutes Beispiel für Palágyis direkten und transparenten Stil. So stellt Palagyi fest: „Nehmen wir die Erinnerung aus der Seele heraus, fällt sogleich die ganze Welt der Besinnung in Trümmer, weil es unmöglich ist, ohne Erinnerung Ideen zu verbinden. Es ist ohne jede längere Analyse – gleichsam von vorneherein – gewiss, dass es in unserer Besinnung keinen einzigen Augenblick gibt, in dem die Erinnerungstätigkeit nicht aktiv ist."

Auf diese Weise ohne Umschweife eingeführt, entwickelt er u.a. folgende originelle Gedankengänge: Der Erinnerung wohnt die Fähigkeit zur Abstraktion schon inne, werden doch die Eindrücke der Vergangenheit aus ihren alten Bezügen herausgelöst.

Und die Erinnerung hat schöpferische, belebende Kraft, was daran zu sehen ist, dass sie beim Eintreten in das gegenwärtige Bewusstsein neue Bezüge eingeht.

Palágyis Schriften sind mit großem Gewinn wiederzuentdecken. Palágyi benötigt nirgendwo dunklen Stil und doch gelingt es ihm, geheimnisvolle Tiefe heraufzubeschwören. In den unveröffentlichten „Gesprächen mit Palágyi" macht Palágyi eine grobe Unterscheidung zwischen „Affektphilosophen" und Philosophen, die von der Mathematik ausgehen, und ordnet sich dabei offensichtlich der zweiten Gruppe zu:"[14]

„Es gibt zwei Arten von Philosophen: A) Affektphilosophen. Sie reissen hin, heben hoch, die See geht stürmisch. Sind eigentlich Lyriker. B) Das sind die Denker, die von der Mathematik ausgehen, bei ihnen liegt das Meer still und glatt, aber Meerestiefen liegen darunter, die nicht jeder sieht… Da hat man plötzlich Gesichte, die tiefer leuchten als alle Naturwissenschaft, die der Wissenschaft überhaupt erst neue Gesichtspunkte geben."

---

[14] Werner Deubel: Gespräche mit Palágyi 1921-24, S.1. DLA Marbach HS.NZ99.0001.1. Mit freundlicher Genehmigung von Hr. Jens Grunwald, Nachlassverwalter des Nachlasses von Werner Deubel (Deutsches Literaturarchiv Marbach).

# Über das Wachsein[15]

## Psychologischer Aufsatz

1. Ein hauptsächliches Bestreben des Philosophen bestand immer darin, Einblick zu gewinnen in die Werkstatt, in der die menschlichen Gedanken entstehen. Aus diesem Grund interessiert er sich sehr für Zustände, in denen die Seele gleichsam in sich geht, in sich versinkt, sich von der Außenwelt zurückzieht. Denn wo und wann entstehen denn die Gedanken, wenn nicht in diesen versunkenen Zuständen? In fieberhafter, eiliger Tätigkeit kann der Gedanke nicht in Ruhe reifen; überhaupt kommt, während wir unsere Aufmerksamkeit sehr stark auf die Außenwelt richten, eher das Geistreiche zur Geltung als der Geist selbst. Damit der Gedanke zureichend reifen, sich zu etwas Großem und Mächtigem entwickeln kann, ist ein stiller, entrückter Zustand nötig, den wir Insichversunkensein nennen. Der Zustand, in dem wir zwar *zweifellos wach sind, aber eigentlich dennoch träumen.*

Dieser innere Widerspruch weckt unsere Neugier und regt uns zu weiterem Nachdenken an. Üblicherweise setzen wir das Wachsein in einen Gegensatz zum Schlafen; doch auch innerhalb des Wachseins zeigen sich Gegensätze. Nicht nur während des Schlafens können wir Träume haben, diese drängen sich sogar in den wachen Zustand hinein. Doch welche Rolle spielen sie hier? Was wollen die Gespenster am helllichten Tage?

Wenn wir das seelische Geschehen eines Tages untersuchen, bemerken wir, dass wir stundenlang von der Außenwelt in Anspruch genommen waren, aber wir können auch Zeitabschnitte entdecken, in denen die unmittelbare Umwelt für uns gleichsam zu existieren aufgehört hatte, in denen also der eigentümliche, rätselhafte Zustand des Insichversunkenseins eingetreten war. Es ist interessant, wie reich die ungarische Sprache an Bezeichnungen solcher zurückgezogener Zustände ist, wie es z. B. Träumen, Sinnen, in Gedanken versunken sein, Phantasieren, Sinnieren, Grämen, Grübeln usw. sind. Manche von ihnen sind eher lyrischer Natur, in anderen kann sich

---

[15] Palágyi: *Az ébrenétről*, Athenaeum (philos. und staatswissenschaftl.Zeitschrift, hg. v. d. Akad. d. Wissenschaften in Budapest), 1892, Bd.I, Heft 4, S.497-511.

ein ganzer dramatischer Monolog verbergen; in manchen überwiegt die Stimmung, in anderen die Phantasie; in manchen herrscht die Erinnerung, in anderen die Hoffnung vor. Allgemein gibt es bei ihnen solche von eher poetischer Natur, während andere überwiegend von reflektierendem Charakter sind; in einer Hinsicht stimmen sie jedoch alle überein, nämlich darin, dass sie eine Spaltung in sich bergen: *die Spaltung der betrachtenden Seele von ihrer gegenwärtigen Umgebung.*

An diesem Gebrauch des Wortes „Spaltung" mögen vielleicht Zweifel aufkommen. Aber ich glaube, dass wir diese Bezeichnung nicht nur für die leidenschaftlich handelnde, sondern auch für die ruhige, kontemplative Seele verwenden können. Wenn wir nämlich in uns selbst versinken, kämpfen zwei Kräfte darum, sich unserer Seele zu bemächtigen: eine ideale Macht, die sich bemüht, uns von der gegenwärtigen Umgebung loszureißen, und die reale Macht der wirklichen Umgebung, die versucht, unsere Aufmerksamkeit an sich zu ketten. Der Kampf zwischen Wirklichkeit und Ideenwelt, von dem die Menschen so viel sprechen, wird sozusagen nirgends augenscheinlicher und greifbarer als im versunkenen Zustand, wenn die Seele wach ist und ihre Umgebung sieht, aber zur Hälfte ins Land der Gedanken und Träume fortgewandert ist. Wenn wir irgendwo auf der Welt von Spaltung sprechen können, dann hier, in den entrückten Zuständen: Hier kann jeder an sich selbst den Bruch von realer und idealer Welt beobachten. Selbst ein einfältiger Sohn des Volkes weiß, was der Unterschied zwischen dem „Sehen mit den körperlichen und den seelischen Augen" ist, und auch er spürt häufig den Kampf und die Spaltung dieser beiden Arten des Sehens.

2. Bereits aus den bisherigen Ausführungen wird deutlich, dass das Wachsein kein einfacher Seelenzustand sein kann, sondern dass es mindestens aus zwei Arten von Strömungen der Besinnung zusammengesetzt ist. Innerhalb des Wachseins müssen wir zwischen *realen und idealen Besinnungsströmen* unterscheiden. Unter realen (oder sinnlichen) Strömen verstehen wir die, über deren Ablauf die gegenwärtige Umgebung die unmittelbare und unbedingte Herrschaft ausübt; unter idealen (oder geistigen) Strömen diejenigen, die vom unmittelbaren Einfluss der Umgebung befreit sind, sich also auf nicht gegenwärtige Gegenstände oder Ereignisse beziehen. Vielleicht ist

es überflüssig, wenn ich hinzufüge, dass ich unter der oben erwähnten Spaltung den Kampf und abwechselnden Sieg dieser beiden Arten von Strömen verstehe. In jedem sogenannten versunkenen oder entrückten Zustand kämpfen die beiden Arten von Besinnungsströmen miteinander derart, dass wir abwechselnd unter den überwiegenden Einfluss des einen und des anderen geraten.

Je einfältiger eine Seele ist, desto geringer ist die Rolle, die die entrückten Zustände in ihrem seelischen Geschehen spielen; im Gegensatz dazu hat eine Individualität, je bewusster sie ist, einen desto größeren Anteil an der Spaltung. Es ist kaum eine interessantere Statistik vorstellbar als eine, die zeigt, wie lange Zeit wir täglich mit der Außenwelt beschäftigt sind und wie viel Zeit die versunkenen Zustände in Anspruch nehmen. Jeder kann ungefähr Rechenschaft darüber ablegen, wie viel von den 24 Stunden des Tages bei ihm auf den Schlaf entfällt; aber ich glaube, nur ziemlich wenige könnten auch nur annähernd genau sagen, welchen Anteil des Wachseins sie dem Insichgehen widmen. Stellen wir uns vor, ein Automat würde jeden Tag die Dauer unserer entrückten Zustände aufzeichnen: Wieviel Lehrreiches könnten wir solchen Notizen entnehmen, wie überaus interessantes Licht fiele auf den individuellen Charakter unseres gesamten Seelenlebens! Dann stellte sich wirklich heraus, wer von uns eine kindische und wer eine bewusste Seele ist, wer der realistische Beobachter und wer der in sich versunkene Geist; wer der Mann der tristen Prosa ist, und wer in der Welt der poetischen Träume lebt.

Den Wechsel von realen und idealen Strömen können wir mit Hilfe einer Wellenlinie geometrisch darstellen. Wir können vereinbaren, dass die Wellenberge der Kurve den sinnlichen Strom und die Wellentäler die Insichversunkenheit vertreten. Eine solche Kurve gäbe ein vollkommenes Bild der Bewegung unserer Aufmerksamkeit. Von der Abszissenachse läsen wir die Zeit ab, und die Ordinaten würden die Energie unserer Besinnung in jedem beliebigen Augenblick ausdrücken. Die Neigung der Linie würde symbolisieren, wie die Kraft unserer Aufmerksamkeit wächst oder nachlässt, ihr konvexer bzw. konkaver Verlauf kennzeichnete das Übergewicht der realen bzw. idealen Ströme. An der Stelle, an der die Kurve vom konvexen zum konkaven Verlauf übergeht oder umgekehrt, lägen die Spaltungspunkte unseres

Wachseins; namentlich der Punkt des Versinkens, der vom beginnenden Übergewicht des idealen Stroms, und der Punkt des Zusichkommens, der vom Umschlag in
den Sieg des realen Stroms kündete. Die Dichte des Aufeinanderfolgens dieser
Punkte würfe ein interessantes Licht auf die Flexibilität des individuellen Geistes, auf
die Geschwindigkeit des Nachdenkens, auf den Ideenreichtum usw.

Würden wir die Linie des Wachseins Tag für Tag aufmerksam begleiten, so fiele
uns auf, wie sehr sich ihre Gestalt mit dem Alter des Individuums verändert, denn
die Seele des Kindes haftet noch sehr an den sinnlichen Erscheinungen und wird erst
später zu dauerhafter Entrückung fähig. Interessant wäre ein Vergleich der Besin-
nungskurven von Menschen mit unterschiedlichen Berufen. Es würde sich herausstellen, dass diese Kurve beim Sohn des Volkes relativ geringere Schwankungen aufweist, weil seine Seele in geringerem Umfang von der idealen Richtung in Anspruch
genommen ist. Außerdem würde sich zeigen, dass stärker ausgeprägte Wellenlinien
der Kurven vor allem vom Grad von Bildung, Esprit und Genialität abhängen. Geistige Störungen kämen vermutlich in einer erschreckenden Unregelmäßigkeit der Linie zum Ausdruck. Einen stark und regelmäßig ausgeprägten Kurvenverlauf fänden
wir vor allem bei den großen Philosophen, denn sie beobachten einerseits die Außenwelt mit großem Interesse, andererseits können sie sich sehr ausdauernd in sich
selbst versenken. Gewiss wäre es lehrreich, die Besinnungslinien der hervorragenden
Individualitäten zu vergleichen, aber auf dieses Vergnügen müssen wir verzichten.
Glücklicherweise können wir aus ihren Werken einigermaßen auf diese Linie schlussfolgern; dies ist ja eigentlich auch die Aufgabe der Kritik. Der Kritiker schätzt beispielsweise an der Arbeit eines Schriftstellers den Reichtum der darin enthaltenen
sinnlichen Beobachtung, er stellt fest, welcher Art der entrückte Zustand ist, in dem
die Arbeit entstand, wie viel Inspiration darin steckt, wie viel Scharfsinn usw., er
konstruiert also gleichsam die Besinnungslinie des Schriftstellers.

3. Die Spaltung, die wir innerhalb des Wachseins bemerkt haben, gehört zu den
grundlegenden Beobachtungen jeder Psychologie. Welch unendliche Tragkraft der
Fähigkeit der menschlichen Seele eignet, die sie in die Lage versetzt, sich von ihrer
unmittelbaren Umgebung losreißen zu können, werden wir erst gebührend ermessen

können, wenn wir uns vorstellen, wir verfügten nicht über diese wunderbare Kraft. Wenn sich unsere Aufmerksamkeit nicht von der Außenwelt losreißen könnte, befänden wir uns in einer unbeschreiblichen Sklaverei, müssten uns unter einem seelischen Joch krümmen. Wir bedauern den Mann, der sein Leben im Elend fristet und unter den Sorgen des Überlebens beinahe zusammenbricht; wir bedauern den Leidenden im Krankenbett, den seine Qualen so überwältigen, dass er an nichts anderes denken kann als an seinen Schmerz; wir bedauern den Sklaven, der unter der schweren Arbeit ächzt und keine Gelegenheit findet, sich zu höheren Gedanken zu erheben; wir bedauern die Elenden in den sibirischen Bleibergwerken; wir bedauern das von Gott und den Menschen verlassene Geschöpf, das in die Tiefe des finsteren Kerkers geworfen, ohnmächtig mit den Ketten rasselt; aber welch Kleinigkeit ist all deren Sklaverei im Vergleich zu derjenigen, die als ständiges ewiges Gewicht auf der menschlichen Seele lasten und verhindern würde, dass diese sich auch nur für eine Sekunde von den Gegenständen zurückzieht, die ihre unmittelbare Umgebung bilden. Wie unermesslich elend muss ein Wesen sein, das nicht in seiner eigenen Seele einen verborgenen, winzigen Winkel findet, in den es sich als letzten Zufluchtsort zurückziehen kann, um, wenn auch nur für einen Augenblick, die Gegenwart zu vergessen und für die Dauer einer Sekunde der Erinnerung an die Vergangenheit zu leben oder eine Sekunde lang die Hoffungen und Träume der Zukunft zu spinnen. Welch grenzlos elendes Wesen mag es sein, das keine Heimat in seiner eigenen Seele hat, das mit Stahlfesseln an die Gegenwart geschmiedet ist, an jedes winzigste Moment der Gegenwart.

Selbst der tierischen Seele können wir die Fähigkeit zur Spaltung nicht vollkommen absprechen. Es ist zwar gewiss, dass die Zustände der Entrücktheit selbst im Leben der höherrangigen Säugetiere (Pferd, Hund, Elefant, Affe) eine verhältnismäßig sehr geringe Rolle spielen, dennoch glaube ich nicht, dass es einen Selenforscher geben kann, der ernsthaft behauptet, dass der tierische Verstand vollkommen unfähig sei, sich von der Umgebung loszureißen. Denn dann müsste man der tierischen Seele ja nicht nur jede Voraussicht absprechen, sondern zugleich jegliche Erinnerungsfähigkeit. Auch das Tier muss Augenblicke haben, in denen es sich irgendwie von der Sklaverei der Umgebung befreit und sich Erinnerungen an fernliegende Gegenstände an die Oberfläche seiner Seele drängen. Auch das tierische Wachsein darf man nicht als einen einfachen Zustand betrachten; auch in ihm ist zwischen realen und idealen Besinnungsströmen zu unterscheiden; auch in ihm muss die Fähigkeit zur Spaltung vorausgesetzt werden, so unbedeutend sie auch im Vergleich zur tiefen Gespaltenheit des menschlichen Geistes sein mag. Wenn z. B. ein Pferd nach seinem abwesenden Kameraden wiehert, und wenn sich dieses Wiehern von Zeit zu Zeit so wiederholt, dass man beinahe gerührt ist von dieser großen tierischen Zuneigung, dann kann man sich unmöglich vor der Annahme verschließen, dass in diesen Augenblicken tatsächlich das Bild des abwesenden Gefährten durch die Seele des Pferds huscht. Denn wenn die Umgebung die Aufmerksamkeit des Tieres wirklich vollkommen fesselte und es sich auf keine Weise von der Last der gegenwärtigen Gegenstände befreien könnte, dann könnte auch nicht seine Sehnsucht nach dem von ihm getrennten Gefährten erwachen, die in dem Wiehern so eindringlich zum Ausdruck kommt.

Bei der Untersuchung der Tierseele dürfen wir eine praktische Regel niemals aus dem Blick verlieren: Wir dürfen nämlich den Tieren nicht leichtfertig die grundlegenden Eigenschaften der menschlichen Seele absprechen. Die verschiedenen seelischen Eigenschaften hängen nämlich so eng miteinander zusammen, dass wir, wenn wir die eine bestreiten, leicht auch die anderen zu bestreiten gezwungen wären, so dass wir schließlich auf den Standpunkt des armen Descartes zurückgeworfen wären und die Tiere als seelenlose Maschinen betrachten müssten. Solange wir nicht sehr gewichtige Beweise gesammelt haben, sollten wir der Tierseele nicht einmal die geringste Eigenschaft absprechen. Wenn es z. B. zweifelhaft scheint, ob man auch den Tieren eine ideale Besinnung zueignen kann, so kann dies uns nur dazu anspornen, das Verhältnis zwischen realen und idealen Strömen beim Menschen genauer zu untersuchen in der Hoffnung, dass wir auf dem Weg der gesteigerten Selbsterkenntnis auch die Seele der Tiere verstehen werden.

4. Wir müssen also die Linie des menschlichen Wachseins eingehender untersuchen; vor allem müssen wir uns einen Begriff davon bilden, in welchen

Zeitabständen die realen und idealen Ströme bei uns aufeinander folgen. Auf den ersten Blick scheint es, dass unsere Aufmerksamkeit stundenlang ununterbrochen auf die Außenwelt gerichtet sein kann; aber das lässt uns nur eine oberflächliche Selbstbeobachtung glauben. Wer die menschliche Aufmerksamkeit untersucht, bemerkt, welch unsteter Natur diese ist, wie ruhelos, unbeständig, wie leicht sie von einem Gegenstand zum anderen gleitet, wie leicht sie den realen Boden verliert, und wie gern sie in das Land der Traumbilder flieht. Bei strengerer Selbstuntersuchung stellt sich heraus, dass auch innerhalb der realen Besinnung ziemlich oft Unterbrechungen in die ideale Richtung auftreten. So kann uns z. B., wenn wir eine Person erblicken, eine ganze Geschichte in den Sinn kommen, die mit demjenigen zusammenhängt; unsere Aufmerksamkeit ist also in die Vergangenheit abgeschweift, aber der gesamte Streifzug mag so kurze Zeit gedauert haben, dass er sozusagen gar nicht in Betracht kommt, denn während eines so kurzen Zeitraums haben wir kaum das Bemerken irgendeiner sinnlichen Erscheinung versäumt. Es kann jedoch geschehen, dass eine Situation erhöhte Aufmerksamkeit erfordert und in ihr auch das geringste Abschweifen mit Folgen einhergeht, z. B. bei der Aufsicht über Maschinen. Dann werden wir auch auf diese kurz andauernden entrückten Zustände aufmerksam, die das real gerichtete Wachsein unterbrechen.

Die momentlangen Abschweifungen der Seele verursachen das, was wir *Zerstreutheit* nennen. Wenn man noch beweisen müsste, dass die entrückten Zustände eine Spaltung in sich bergen, dann berufe ich mich nur auf die Erscheinungen der Zerstreutheit, denn in ihnen wird der Zusammenstoß von realen und idealen Strömen ganz offensichtlich. Bei lernenden Kindern machen wir oft die Erfahrung, dass sie nicht in der Lage sind, ihre Aufmerksamkeit auf abstrakte Gegenstände zu richten, weil ihre Seele an den sinnlichen Gegenständen haftet, die sie unmittelbar umgeben. Diese Art der Ablenkung können wir reale Zerstreutheit nennen, denn hier siegt der reale Strom über den idealen. Eine ganz andere Art von Zerstreutheit ist diejenige, deren Symptome wir an Menschen feststellen, die viel nachdenken oder phantasieren. Sie sind oft nicht in der Lage, ihre Aufmerksamkeit auf den Gegenstand zu richten, der unmittelbar auf ihre Empfindungen einwirkt. Ein Gedanke bemächtigt sich ihrer, eine Vorstellung oder etwas derartiges, wodurch sie manchmal Unsinn machen oder sich in Gefahr bringen. Hier haben wir es mit idealer Zerstreutheit zu tun, denn der ideale Strom siegt über den realen. Ich erwähnte noch, dass Jäger und Dompteure auch bei den Tieren Anzeichen von Zerstreutheit feststellen: Was ganz klar bewiese, dass auch die tierische Aufmerksamkeit zur Spaltung fähig ist.

Aber was beim Tier nur eine vorübergehende Schwäche ist, das ist beim Menschen die ewige, sich schnell erneuernde Quelle der Kraft. Wer könnte sich bewusst machen, wie oft und in welchen Augenblicken unsere Seele sich von den sinnlichen Erscheinungen unserer unmittelbaren Umgebung losreißt und wie oft sie wieder mit erfrischter Kraft zu ihnen zurückkehrt? Wer könnte entscheiden, wo die kürzeren, von uns nicht bemerkten Vertiefungen in der Linie unseres Wachseins sind? So wie im Relief eines Landschaftsbildes die geringeren Bodenwellen nicht auffallen, oder eher noch wie wir auf dem Meer nicht jede winzige Kräuselung des Wassers berücksichtigen, so entgehen unserer Aufmerksamkeit auch im alltäglichen Geschehen der Seele die sehr kurzen Zeitspannen der Vertiefung, des Insichgehens, des Träumens, deshalb ist es wirklich eine der heikelsten Aufgaben zu schätzen, welchen Teil der Besinnungslinie die Wellentäler einnehmen. Ich wenigstens hielte es für eine leichtere Aufgabe, alle Wellenerhebungen des Ozeans im Blick zu behalten, als genau festzustellen, in welchen Zeiträumen sich in der menschlichen Seele reale und ideale Ströme abwechseln. Wenn es vielleicht bescheidene Seelen gibt, die glauben, dass die Zustände der Vertiefung bei ihnen verhältnismäßig selten seien und nur nach längeren Zeiträumen in Erscheinung treten, so dass sie glauben, ihre Besinnung zeige selten Wellentäler, so kann ich ihnen nur sagen, dass sie in einer großen Täuschung leben. Sie sind viel klüger und geistiger, als sie glauben. Ich hoffe, dass ich dies im Folgenden beweisen können werde.

Denn woran bemerken wir denn, dass wir eine Zeitlang vertieft bzw. in uns selbst versunken waren? Doch nur daran, dass wir aus dem entrückten Zustand zu uns kommen. Wenn dieses Erwachen bzw. diese Rückkehr in die Wirklichkeit plötzlich geschieht, wenn uns beispielsweise eine unerwartete Erscheinung oder ein Geräusch aus unserem wachen Träumen aufschreckt, dann bleibt uns unser Zusammenzucken in Erinnerung und damit auch das Wissen darum, dass wir vor unserem Aufschrecken vertieft waren. Wenn wir in die Wirklichkeit zurückkehren, ohne aufgeschreckt worden zu sein, dann bemerken wir häufig nicht einmal, dass wir zuvor versunken waren. Unsere Aufmerksamkeit reißt sich erstaunlich lautlos von der äußeren Umgebung los, so dass wir nicht einmal bemerken, wann unser Versunkensein beginnt, und sie kann ebenso lautlos wieder zur Wirklichkeit zurückkehren, so dass uns nicht einmal bewusst wird, in welchem Augenblick unser entrückter Zustand zu Ende ging. Wir huschen also so leicht von der realen Strömung in die ideale Strömung, wiegen uns so leise auf den Wogen der beiden Arten von Besinnung, dass wir uns nicht darüber Rechenschaft ablegen können, wie oft unsere Aufmerksamkeit innerhalb einer bestimmten Zeit von der realen in die ideale Richtung umgeschlagen ist und umgekehrt. Ein Beispiel kann die Sache am besten beleuchten.

Wenn wir jemandem beim Reden zuhören, wechseln in unserer Seele reale und ideale Ströme mit großer Schnelligkeit. Das Nacheinander der reinen Töne verursacht den realen Strom; der ideale Strom entsteht aus den Bildern und Gedanken, die diese Töne in unserer Seele aufwecken. Wenn die Rede sehr schnell ist, dann kann es geschehen, dass wir ihren Sinn nicht zureichend erfassen: Der reale Strom nimmt unsere Aufmerksamkeit nämlich so sehr in Anspruch, dass wir dazwischen nicht mehr genügend Zeit haben, uns mit dem idealen Strom zu beschäftigen. Aber es kann auch geschehen, dass die gehörten Worte eine überaus lebhafte Vision in uns hervorgerufen haben, die unsere Aufmerksamkeit von der Rede selbst ablenkt. Es mag um eine interessante Person gegangen sein, und was wir von ihr gehört haben, hat uns so ergriffen, dass unsere Aufmerksamkeit nicht mehr am Strom der Töne haftet. In solchen Momenten ist es der ideale Strom, der nicht zulässt, dass wir einen Augenblick auch der realen Besinnung widmen. Normalerweise jedoch wechseln sich die beiden Arten von Besinnung in unserer Seele von Augenblick zu Augenblick sehr rasch und ziemlich regelmäßig ab.

5. Schon sind wir zu einer ganz neuen Auffassung vom Wachsein gekommen. Bisher haben wir nämlich geglaubt, die entrückten Zustände seien nur Ausnahmeerscheinungen innerhalb des Wachseins, aber jetzt sind wir gezwungen, der Auffassung

Raum zu geben, dass *Entrückungen von kürzerer Zeitdauer, über die wir uns keine Rechenschaft ablegen, selbst während der gewöhnlichsten Besinnung außergewöhnlich häufig auftreten.* Je genauer und aufmerksamer wir untersuchen, was im Verlauf eines Tages in unserer Seele geschieht, desto mehr können wir uns davon überzeugen, dass die entrückten Zustände auch in der alltäglichsten Arbeit und der gewöhnlichsten Berührung mit Menschen eine große Rolle spielen. Wir bemerken, dass die Abspaltung von der gegenwärtigen Umgebung keine Ausnahmeerscheinung ist, sondern im Gegenteil ein normaler Zustand. Auch das Wachsein ganz ungebildeter und einfältiger Menschen ist nichts anderes als eine Art der fortwährenden Spaltung von der Umgebung und der ständigen Rückkehr zu ihr. Mit einem Wort: *Das Garn des Wachseins ist gleichsam aus zwei Fäden verzwirnt: aus den Fäden der realen und der idealen Besinnung.*

Es ist vielleicht etwas auffällig, dass ich von zweierlei Besinnung spreche, aber ich muss betonen: Ich lege Gewicht darauf, dass ich unter den realen und idealen Strömen zwei unterschiedliche Arten der Besinnung verstehe. Wie auch nicht! Schließlich folgen diese beiden Arten der Besinnung zeitlich aufeinander wie beispielsweise das Wachsein und der Schlaf. Und darin, glaube ich, sind wir uns alle einig, dass die Besinnung des wachen Menschen anders geartet ist als diejenige des während des Schlafes träumenden. Nun, wenn wir zwischen der wachen und der träumenden Besinnung unterscheiden, dann können wir mit demselben Recht zwischen den beiden Arten von Besinnung innerhalb des Wachseins unterscheiden. Es trifft schon zu, dass das Wachsein und der Schlaf längere Zeiträume in Anspruch nehmen, während der reale und der ideale Strom einander in raschem Takt abwechseln, aber hier entscheidet nicht die Zeitdauer, sondern, dass die beiden Besinnungen wirklich im Verhältnis des Nacheinanders zueinander stehen. Und an diesem Charakter des Nacheinanders kann es keinen Zweifel geben, denn wir sind ja gerade von der grundlegenden Beobachtung ausgegangen, dass es Zeiträume gibt, in denen die aktuelle Umgebung unsere Aufmerksamkeit bindet, und dass wieder Zeiträume folgen, in denen wir in uns selbst versinken. Wir haben also die Unterscheidung der beiden Ströme von Anfang an auf die Zeit, auf das Nacheinander, gegründet. Mehr noch, aus dem Phänomen der Zerstreutheit wird deutlich, dass die beiden Ströme von gegensätzlicher Natur sind, dass sie aufeinanderprallen, einander ausschließen und dass sie gerade deswegen nur in zeitlicher Reihenfolge wechseln können.

Und hier muss ich ein für allemal anmerken, dass wir bei der Untersuchung seelischer Erscheinungen die Chronologie niemals aus dem Blick verlieren dürfen, denn wir können die unterschiedlichen Abschnitte des Seelenlebens nur durch die Beobachtung des Nacheinanders entdecken. Geschichtsschreibung und psychologische Analyse sind darin verwandt, dass sie auf der richtigen zeitlichen Gliederung der Ereignisse beruhen. Das Ideal des Seelenforschers ist es, den seelischen Ereignissen von Augenblick zu Augenblick auf die Spur zu kommen und uns so die gesamte Geschichte der Seele aufzudecken. Nur das unerschütterliche Festhalten an diesem Ideal könnte zu einer auf realer Grundlage beruhenden, beschreibenden oder besser gesagt erzählenden Psychologie führen. Das Hauptproblem aller bisherigen Psychologie besteht darin, dass sie die elementarste Anforderung der psychologischen Methode aus dem Blick verloren hat. Dies möchte ich anhand eines Beispiels zeigen, das in engem Zusammenhang mit meinen vorigen Ausführungen steht.

6. John *Locke* schreibt in seiner epochenbildenden Arbeit über den menschlichen Verstand (II. Buch, I. Kapitel) von den Vorstellungen im Allgemeinen und ihrer Entstehung und lehrt, dass unser Bewusstsein zwei Quellen habe. Wir schöpften nämlich das Material fürs Denken teils aus der sinnlichen Erfahrung, teils aus der Selbstbeobachtung der Seele, und außer diesen beiden Erfahrungen habe das menschliche Bewusstsein keine weitere Quelle. So ansprechend diese Lehre auch ist, so wird doch eine nähere Untersuchung zeigen, dass Locke die psychologische Tatsache, die ich oben ausgeführt habe, nämlich die Spaltung der Aufmerksamkeit in realer und idealer Richtung, in eine ganz schiefe Beleuchtung gestellt hat.

Locke spricht nämlich von zwei Arten der Erfahrungsgewinnung und unterscheidet die beiden dadurch voneinander, dass die eine mit Hilfe der Sinnesorgane und die andere ohne die Sinnesorgane geschehe. Welch sonderbare Distinktion! Einmal sollte die Seele die Sinnesorgane nutzen, ein anderes Mal sollte sie sie entbehren können. Wie haben wir uns das vorzustellen, dass die Seele das Sinnesorgan ergreift und mit seiner Hilfe wahrnimmt, ein anderes Mal jedoch das Sinnesorgan wegwirft und ihre Wahrnehmungen aus eigener Kraft macht. Hier ist ja die Seele auf eine Weise von den Sinnen unterschieden, als handelte es sich um ganz separate Dinge! Die Sinne hätten eine gesonderte Kraft und die Seele auch. Außerdem ist zu bedenken, dass die Seele, wenn sie sich der Sinne bedient, jedenfalls auch ihre eigene Kraft nutzt, obwohl Locke die Sache so darstellt, als ob die Seele einmal nur die Sinne nutzte und ein andermal ausschließlich ihre eigene Kraft gebrauchte, was vollkommen absurd ist. Das Wirken der Seele gänzlich aus eigener Kraft nennt Locke den *inneren Sinn,* aber was man unter diesem inneren Sinn zu verstehen habe, führt Locke selbst nicht aus. Der Begriff des äußeren und des inneren Sinns, der äußeren und inneren Erfahrung spukt in der Psychologie auch heute noch und macht eine klarere Analyse des seelischen Lebens unmöglich. Können wir uns wundern, wenn dann ein Denker kommt, der die Existenz des inneren Sinns einfach abstreitet? Ein solcher war in unserem Jahrhundert *Comte,* der die Möglichkeit der Selbstbeobachtung einfach verneinte. Es ist ja ganz natürlich, dass, wenn in der Psychologie solche falschen Unterscheidungen herrschen wie die zwischen dem äußeren und dem inneren Sinn, ein verbitterter Geist entstehen kann, der sich nicht damit zufrieden gibt, die bestehende Unterscheidung für falsch zu erklären, und der, statt nach einer besseren zu suchen, gleich die ganze Psychologie zur Unmöglichkeit erklärt.

Aber Locke spricht nicht nur von zweierlei Erkenntnisquellen, sondern gleich von zweierlei Erkenntnisstoffen. Er unterscheidet zwischen zwei Arten von Wissensmaterial: die eine liefere die Außenwelt, die andere die Seele selbst. So kommen wir dazu, zwei Kategorien unserer Vorstellungen unterscheiden müssen, die demselben Verhältnis miteinander stehen wie der Körper mit der Seele. Bisher konnten wir glauben, dass unsere Vorstellungen ohne Ausnahme seelische Erscheinungen seien; jetzt müssen wir glauben, dass unsere Vorstellungen nach ihrer Herkunft in zwei Klassen zerfallen, und dass die eine Klasse vielleicht nicht einmal unter die seelischen Erscheinungen einzureihen ist. Was für ein Denken das ist, das aus zwei völlig unterschiedlichen Quellen völlig unterschiedliches Erkenntnismaterial schöpft, lässt sich wirklich nur schwer vorstellen. Wie die Gedanken, die aus zweierlei Quellen stammen, in unserem Hirn zusammenpassen, hat Locke nicht im geringsten beunruhigt. Dabei müsste, wenn es wirklich so wäre, wie er es darstellt, der zweierlei Erkenntnisstoff, der aus zwei Erkenntnisquellen stammt, unbedingt all unsere Gedanken sprengen und alle Betrachtungen unmöglich machen. Man sieht hier klar, welch schreckliches Chaos das Entzweireißen des Körpers und der Seele – bzw. die dualistische Metaphysik – in den psychologischen Begriffen anrichtet.

Ich spreche weder von zweierlei „Erkenntnisquellen" noch von einem „äußeren und inneren Sinn", denn eine solche bildliche Rede könnte die größte Verwirrung verursachen. Nun verhält es sich nicht so, dass man keine bildliche Rede verwenden dürfte, aber Metaphern wie die beiden „Erkenntnisquellen" oder der „äußere und innere Sinn" greifen nur die räumliche, nicht aber die zeitliche Ordnung auf; aber ich habe ja darauf hingewiesen, dass wir in der Seelenforschung die Chronologie nicht aus dem Blick verlieren dürfen. Ich spreche von realen und idealen Besinnungsströmen, die einander abwechseln, und jeder kann bemerken, dass „Ströme, die einander abwechseln" eine bildliche Sprache ist, die ganz entschieden eine Chronologie enthält. Die Existenz dieser beiden Arten von Strömen kann auch niemand abstreiten, denn jeder kann einen Unterschied machen zwischen dem Zustand, in dem die Umgebung seine Aufmerksamkeit bindet, und dem anderen Zustand, wenn er von der Umgebung losgerissen ist und sich mit entfernten Dingen beschäftigt. Auch Locke hätte statt vom äußeren und inneren Sinn von diesen Strömen sprechen müssen, dann hätte er auch bemerkt, dass der Unterschied zwischen den beiden Strömen nicht darauf beruht, dass die Seele in dem einen mit der Außenwelt und in dem anderen mit sich selbst beschäftigt ist. Denn jemand kann in einem versunkenen Zustand sein, ohne dass die Seele an sich selbst denkt: Er kann von den Sternen träumen, an den Gegenstand seiner Liebe denken, er kann Visionen über vergangene und zukünftige Zeiten haben, mit einem Wort: er kann sich mit allem Möglichen beschäftigen; nur während sich der reale Strom auf die gegenwärtigen Dinge bezieht, zaubert der ideale Strom das Bild oder die Idee entfernter oder geradezu in Wirklichkeit nicht existierender Dinge vor uns hin.

Die Psychologie wäre keine so unbeständige Wissenschaft, wenn die Philosophen die treue und sorgfältige Selbstbeobachtung übten. Dies ist aber nur möglich, wenn wir bei der Untersuchung der seelischen Prozesse niemals die Chronologie außer Acht lassen. Gerade die Methode der *chronologischen Gliederung* hat zu der grundlegenden Einsicht geführt, dass unser Wachsein nichts anderes ist als der rhythmische, schwingende Wechsel der beiden Arten von Besinnung.

Melchior Palágyi

**Psychologische Aufsätze**

**– Erste Mitteilung –**

**Von der realen und idealen Besinnung**[16]

In meinem Artikel *„Vom Wachsein"* in der vergangenen Dezembernummer dieser Zeitschrift bin ich zu dem Ergebnis gekommen, dass das Wachsein eigentlich nichts anderes ist als der rhythmische Wechsel realer und idealer Besinnungsströme; jetzt muss ich nur noch hinzufügen, dass die zweierlei Ströme eigentlich die Vertreter der Gegenwart und der Vergangenheit sind. Wenn wir nämlich vollkommen in der Gegenwart leben bzw. das Interesse des Augenblicks unsere Aufmerksamkeit bindet, herrscht über unsere Seele der reale Strom; wenn jedoch in unserer Seele die Erinnerung an die Vergangenheit aufkommt, so dass wir die Gegenwart wenigstens für einen Augenblick vergessen, dann sind wir bereits unter den Einfluss des idealen Stroms geraten. Den Wechsel der realen und idealen Ströme kann ich also auch so ausdrücken, dass sich die Erinnerungsbilder unserer Vergangenheit ständig in die aktuelle Gegenwart hineindrängen. Was die Dichter wieder und wieder beteuern, ist wortwörtliche Wahrheit: dass nämlich die Vergangenheit nicht wirklich vergangen ist, sondern uns überall begleitet und unseren Schritten wie ein Schatten folgt.

Jedes Gegenwartsmoment weckt einen Schatten unter den Grabhügeln der Vergangenheit, lässt ein Gespenst aus der Versenkung unserer Erinnerung auferstehen; und niemand möge glauben, diese Gespenster wären nicht wirklich, sie lebten nicht und hätten keine Macht über uns. Wer so seelenlos in der Gegenwart lebt, als könnte er sie, die wiederkehrenden Geister der Vergangenheit, für nichts achten, den werden sie einst ihre unbarmherzige Kraft am meisten spüren lassen. Wer sie verachtet, an dem rächen sie sich; sie lösen sein Urteil auf, so dass er nicht zwischen Wirklichkeit und Schatten unterscheiden kann; sie bemächtigen sich seiner, bevölkern seinen Horizont, verdecken die Freude der Gegenwart und die lockende Hoffnung der Zukunft, verhüllen vor ihm selbst die strahlende Sonne, auf dass er töricht die Nacht

---

[16] Palágyi: *A realis és idealis eszméletröl*, Athenaeum (philos. und staatswissenschaftl.Zeitschrift, hg. v. d. Akad. d. Wissenschaften in Budapest), 1893, Band II, Heft 1, S.76-93.

für den Tag halte und die beängstigenden Schatten der Nacht für die allein lebendige Wirklichkeit. Das heißt: Er wird nicht zu jemandem, den die Schrecken seines Gewissens peinigen! Wer aber auch die Macht dieser Schatten anerkennt, wer ihr Erwachen nicht behindert, ihre Auferstehung nicht verbietet, wer sich gern mit ihnen unterhält, sie manchmal sogar herbeiruft, sie selbst aufweckt, dass sie aus ihren Verstecken erwachen: den gewinnen sie lieb und umgeben ihn gleich Feen, um ihn zu trösten in der Zurücksetzung, zu erheben in der Unterdrücktheit, ihm die Einsamkeit seines düsteren Lebens zu verschönern und ihn im Tod zu verklären …

Die Menschen eilen gleichgültig an den Wundern ihres seelischen Lebens vorüber. Sie bemerken fast gar nicht, dass jeder Augenblick das Vergehen eines realen Eindrucks ist und jeder neue Augenblick die Auferstehung eines idealen Bildes. Nur der Philosoph hält vor dem Geisterspiel unseres inneren Lebens inne: Nur er fragt den schwindenden Augenblick, wohin er geraten sei, und die auferstehende Erinnerung, woher sie komme. Nur er sieht den mystischen Kreislauf des seelischen Lebens, der reale Eindrücke in Vergessenheit versinken lässt und sie dann aus dieser als ideales Bild zu neuem Leben erweckt, um sie wiederum in den unzugänglichen Schlupfwinkeln der Seele versinken zu lassen. Locke hat geradezu gelehrt, dass wir keine Gedanken haben können, die uns nicht bewusst sind. Wie wahr ist diese Lehre dem Anschein nach, und wie falsch ist sie in Wirklichkeit! Die Bilder und Gedanken der Vergangenheit leben in mir, ohne dass ich auch nur im Geringsten an sie dächte. Wenn ich will, erwecke ich sie aus ihrem jenseitigen Dasein, aber oft genug brechen sie auch gänzlich ungerufen über mich herein.

Nur der Philosoph fragt: Was wird aus dem Gedanken, der in Vergessenheit versunken ist? Hat er aufgehört, Gedanke zu sein? Wenn ja, wie kann er dann wieder als Gedanke auferstehen? Müssen wir nicht glauben, dass er Gedanke geblieben ist, obgleich er uns nicht zur Verfügung stand? Hat es nicht den Anschein, als wäre der vergessene Gedanke ins Bewusstsein eines anderen übergegangen, aus dem er als Erinnerung von Neuem in unser Bewusstsein zurückkehrt? Können wir nicht bildlich von einer diesseitigen und einer jenseitigen Besinnung sprechen? Die einander jagenden realen Eindrücke stürmen gleichsam in eine jenseitige Besinnung hinüber, von dort erstehen sie, wiederum einander jagend, als Erinnerungen in unserer diesseitigen Besinnung auf. Selbst wenn dieses Bild zu nichts anderem gut wäre, so führt es uns zumindest lebhaft den mystischen Kreislauf unserer Seele vor Augen.

2. Von der Sonne, die des Abends zur Ruhe geht, weiß jeder, dass sie dieselbe Sonne ist, die morgen früh und an jedem weiteren Morgen im Osten aufgeht; aber niemand fragt, ob der jetzt verspürte Eindruck derselbe sein mag wie derjenige, der morgen oder vielleicht Jahre später als Erinnerung in unsere Besinnung zurückkehren wird. Wenn ich beispielsweise in die Erinnerungen meiner Kindheit zurückgreife, sind es dann wirklich die damaligen Eindrücke, die jetzt in mir zu neuem Leben erwachen? Es scheint beinahe unglaublich, dass ein Eindruck jahre-, ja sogar jahrzehntelang in meinem jenseitigen Ich geschlummert haben und nun mit sich selbst identisch in meiner diesseitigen Besinnung erwachen sollte. Und dennoch lässt sich nur dies annehmen. Niemand kann daran zweifeln, dass die Erinnerung ein direkter Rest unserer Erlebnisse ist. Die große Frage besteht gerade darin, in welchem Verhältnis der reale und der ideale Strom zueinander stehen. Worin gleichen und worin unterscheiden sie sich? Was verliert die Erinnerung gemessen am ursprünglichen Eindruck, und was gewinnt sie vielleicht ihm gegenüber? Wie beeinflussen unsere Erinnerungen unsere realen Erlebnisse; welche Erlebnisse sind es andererseits, die unsere Erinnerungen aus der jenseitigen Besinnung heraufbeschwören? Welchen Einfluss übt der reale Strom auf den idealen Strom aus, wie lenkt dieser hingegen das reale Leben? Und können wir überhaupt streng zwischen realem und idealem Strom unterscheiden? Verschmelzen die beiden nicht im Halbdunkel unseres Bewusstseins? Machen nicht unsere Träume jede Echtheit ungewiss? Und was beweist, dass die Wirklichkeit wirklich diese ist, und dass der Traum nur ein Traum ist? Ist nicht alles Traum auf Erden, oder sind nicht auch unsere Träume Wirklichkeiten? So türmen sich die Probleme zweier entgegengesetzter Weltanschauungen, des Realismus und des Idealismus, in einer so gering scheinenden Frage auf, wie sie das Verhältnis zwischen Erinnerung und ursprünglichem Eindruck ist. Und die einfache psychologische Frage führt ja zu dem äußersten, großen Problem, das der ungarische Dichter János Vajda mit seinem erhabenen Geist in den „Szenen" so schön ausgedrückt hat:

Was ist hier Wirklichkeit, wo ist hier der Traum?

Diesseits der Grenze? Im jenseitigen Raum?

3. Wir müssen zum Ausgangspunkt unserer Untersuchung zurückkehren und uns erneut darüber Rechenschaft ablegen: Was hat es erforderlich gemacht, dass wir zwischen Realität und Idealität unterscheiden? Wir sind ja von einer grundlegenden Selbstbeobachtung ausgegangen, von einer psychischen Tatsache, die niemand leugnen kann: davon nämlich, dass wir innerhalb des Wachseins eigentümliche, rätselhafte, versunkene Zustände haben. Nun aber: *Mit derselben Sicherheit, mit der wir zwischen unserem entrückten Zustand und dem eigentlichen Wachsein unterscheiden können, können wir auch eine Grenze zwischen Realität und Idealität ziehen.* Hätte die Philosophie sich darüber Rechenschaft abgelegt, dass es beim Kampf zwischen Realismus und Idealismus in erster Linie um die einfache psychologische Frage geht, mit welcher Sicherheit wir unser Versunkensein vom Wachsein unterscheiden können, dann wären nicht so viele vergebliche, das Wesentliche der Frage nicht berührende Zänkereien zwischen den Denkern der verschiedenen Parteien entstanden.

Wie wenig sich daran zweifeln lässt, dass wir zwischen Schwarz und Weiß unterscheiden müssen, so wenig dürfen wir auch die fundamentale psychologische Tatsache in Zweifel ziehen, dass sich innerhalb unseres Wachseins reale und ideale Ströme abwechseln. Aber jenseits einer gewissen Grenze können wir die beiden Besinnungsströme nicht mehr ausreichend voneinander abgrenzen. Jede psychologische Analyse ist auf die zeitliche Gliederung unseres inneren Lebens gerichtet, aber diese zeitliche Gliederung hat unüberschreitbare Beschränkungen. Ebenso, wie der Aufteilung des Materials durch die Grobheit der Instrumente eine Grenze gesetzt wird, *erleidet die psychologische Selbstbeobachtung und Analyse daran Schiffbruch, dass wir jenseits einer gewissen Grenze nicht mehr in der Lage sind, die Zeit zu zerteilen,* und so können wir die psychischen Ereignisse innerhalb gewisser enger Zeiträume nicht mehr analysieren. Wir bringen es nicht fertig, innerhalb von Bruchteilen von Sekunden den realen und den idealen Strom voneinander zu trennen.

Wenn wir beispielsweise auf eine Melodie achten, dann haben wir, obwohl jeder folgende Akkord den vorigen aus dem realen Strom verdrängt, dennoch das Gefühl, wir hätten die gesamte Melodie als eine reale Einheit aufgefasst. Oder wenn beispielsweise der letzte Laut eines Wortes erklingt, dann sind dessen erste Laute eigentlich schon verklungen, dennoch haben wir das Gefühl, das gesamte Wort sei in unserer Seele als ein zusammenhängender realer Eindruck zugegen. Die Physiologen lehren, dass der reale Eindruck als solcher eine gewisse Dauer habe, das heißt, der jetzt entstehende Eindruck als reale Erregung schwingt eine gewisse kurze Zeit in unserer Seele: aber wer setzt die Grenze fest, wo der reale Eindruck seine Realität verliert und den Charakter eines Erinnerungsbildes annimmt? Wenn wir beispielsweise in den Anblick eines glänzenden Gegenstandes versunken waren und plötzlich die Augen schließen, bleibt noch kurze Zeit das von den Physiologen so genannte positive Nachbild in unseren Augen. Nun frage ich aber: Sind solche Nachbilder den realen und idealen Strömen zuzurechnen? Der eine mag sagen, das Nachbild sei immer noch der reale Anblick selbst; ein anderer will es als Erinnerungsbild, nur eben als sehr frisches Erinnerungsbild, ansehen. Übrigens können wir auch im gewöhnlichsten Anblick die Zweifelhaftigkeit von Realität und Idealität zeigen. Wenn ich meine Augen beispielsweise über ein Landschaftsbild wandern lasse, dann bleiben die Teile, von denen ich mich abwende, nur noch als Erinnerungsbilder in meiner Besinnung, und so kann der Gesamteindruck, den ich mir von der Landschaft bilde, zwar als ganz realer Eindruck erscheinen, ist aber dennoch zum überwiegenden Teil als zum idealen Strom gehörig zu betrachten.

4. Auf der Verschmelzung von realen und idealen Strömen beruht das, was wir als *Erkennen* des Gegenstandes, also als *Identifikation* mit sich selbst, bezeichnen. Um dies einzusehen, fragen wir vor allem, was in unserer Seele geschieht, wenn wir irgendeinen Gegenstand lange betrachten. Zuerst entsteht in uns ein realer Strom, der sich kurze Zeit aufrechterhält, doch bald versinkt er in unserer jenseitigen Besinnung, von wo er als Erinnerung, also als idealer Strom, in unsere diesseitige Besinnung zurückkehrt.

Diesen idealen Strom bemerken wir jedoch nicht, weil er sogleich mit jenem realen Strom verschmilzt, der dadurch in unserer Besinnung entsteht, dass wir unsere Aufmerksamkeit wieder stärker auf den Gegenstand vor uns richten. Dieser reale Strom versinkt wieder und ersteht ebenfalls als idealer Strom auf, um wieder mit einem neuen realen Strom zu verschmelzen. So kreist in uns der mystische psychische Kreislauf, während wir einen Gegenstand lange betrachten.

Doch nun könnte jemand fragen, woher ich Kenntnis habe von jenen idealen Strömen, von denen ich hier spreche, obwohl ich selbst anerkenne, dass jene sich unbemerkt melden und mit dem realen Strom verschmelzen. Meine Antwort darauf ist folgende: Jeder soll sich selbst streng beobachten, während er einen Gegenstand lange betrachtet. Muss er nicht konstatieren, dass seine auf den Gegenstand gerichtete Aufmerksamkeit während des Betrachtens keineswegs gleichförmig ist, sondern von Augenblick zu Augenblick wechselt? Mehr noch, wer seine Aufmerksamkeit ein wenig beobachtet hat, konnte bemerken, dass normalerweise alle Aufmerksamkeit rhythmisch nachlässt und erstarkt, so dass sie ein wirkliches atemähnliches Tempo hat. Aber wir wissen ja auch ohnehin, in welch enger Beziehung die Atmung und die Aufmerksamkeit zueinander stehen: namentlich, dass während starker Aufmerksamkeit unsere Atmung stillsteht, und dass wir wieder tief Atem holen, wenn die Spannung unserer Aufmerksamkeit aufhört. Der rhythmische Charakter der Aufmerksamkeit stammt daher, dass sich in unserer Seele die realen und die idealen Ströme rhythmisch abwechseln: und wenn noch ein Beweis für die Tatsache der geistigen Aufspaltung bzw. für den Wechsel von realen und idealen Strömen nötig ist, so bietet der Rhythmus der Aufmerksamkeit den stichhaltigsten. Die Spannung der Aufmerksamkeit kennzeichnet nämlich den realen Strom, und das Nachlassen der Aufmerksamkeit ist eine Folge des Auftretens des idealen Stroms. Diese Spannung und dieses Nachlassen folgen jedoch in einem derart raschen Takt aufeinander, das heißt, der Rhythmus der realen und idealen Ströme ist so lautlos, dass die Seelenforscher diese Erscheinung bisher nicht einmal bemerkt haben: obwohl sie für das geistige Leben ebenso bedeutend ist wie die Atmung für das organische. Daher werde ich sie auch geradezu *geistige Atmung* nennen.

Die Lehre von der geistigen Atmung wird neues Licht auf die Geschichte unseres Seelenlebens werfen. Gehen wir gleich zurück bis zum Säuglingsalter und beobachten wir das Wachsein des einige Tage alten Kindes. Wie bei einem ohnmächtigen Menschen der Pulsschlag kaum spürbar ist, so hat auch ein Säugling gleichsam keinen geistigen Puls. In engem Zusammenhang damit steht, dass seine Aufmerksamkeit noch keinen Rhythmus hat, dass wir also bei ihm noch nicht den taktartigen Wechsel von Spannung und Nachlassen der Aufmerksamkeit feststellen können. Das Fehlen des Aufmerksamkeitsrhythmus ist an der Ausdruckslosigkeit der Augen zu erkennen. Hier muss ich nämlich beiläufig bemerken, dass das kluge, regelmäßige Aufleuchten der Augen in engem Zusammenhang mit dem Aufmerksamkeitsrhythmus, d. h. mit dem Wechsel von realen und idealen Strömen, steht. Das Auge ist nachgerade der Spiegel der geistigen Atmung, und was wir den Ausdruck des Auges nennen, ist nichts anderes als ein Bote des individuellen Systems, das im Wechsel der realen und idealen Ströme besteht. Zwar haben wir für die Erklärung des Augenausdrucks keine bewussten Regeln, aber deshalb trifft es doch nicht weniger zu, dass wir unterscheiden können zwischen dem stechendem und dem träumerischem Blick, die auf dem Übergewicht der realen bzw. idealen Ströme im seelischen Leben der betreffenden Person beruhen.

Zurück zur geistigen Atmung des Säuglings: Diese werden wir zwar als überaus schwach, aber dennoch nicht als gänzlich fehlend betrachten. Der mystische seelische Kreislauf ist auch im Säugling am Werk. Der jetzt entstehende reale Strom versinkt in seiner jenseitigen Besinnung und erwacht sogleich als idealer Strom zu neuem Leben, um, von einem weiteren realen Strom gestärkt, wieder in der jenseitigen Besinnung unterzugehen. Aber weil auch der reale Strom selbst überaus schwach ist, unterscheidet er sich noch kaum vom idealen Strom, und so verschwimmen diese beiden auf die Weise miteinander, dass wir noch kaum von geistiger Atmung sprechen können. Viele, viele tausend Mal muss der mystische seelische Fluss seinen Rundweg vollenden, bis in den Augen des Kindes ein wenig geistiger Puls aufscheint. Der wiederkehrende ideale Strom stärkt den realen Strom immer mehr, andererseits taucht der sich verstärkende reale Strom als stärkerer idealer Strom wieder auf. So geht das monatelang, bis sich das Kind von einzelnen Personen, von seiner Mutter, seiner Amme, ein scharfes Erinnerungsbild geschaffen hat. Im Alter von vier oder fünf Monaten lässt das Kind bereits klare Zeichen seiner Erinnerungsfähigkeit erkennen. Wenn wir ihm den Gegenstand, mit dem es spielt, noch so geschickt fortnehmen und durch einen anderen ersetzen, der weniger nach seinem Geschmack ist, beginnt es zu weinen und zeigt damit, dass das weggenommene Spielzeug nicht sofort aus seiner Erinnerung verschwunden ist. Einige wenige Monate haben ausgereicht dafür, dass sich in der Seele des Kindes der ideale Strom spürbar von dem realen getrennt hat und wir daher im gesamten Verhalten des Kindes eine deutliche geistige Atmung spüren können.

Was die Seele des Kindes angeht, ist charakteristisch, dass sich bei ihr realer und idealer Strom noch nicht scharf voneinander getrennt haben. Bildlich ausgedrückt würde ich sagen, die Kinderseele ist noch faltenlos, weil sie die Realität noch nicht ausreichend von der Idealität trennt. Die beiden Ströme fließen in der Seele des Kindes noch sehr stark ineinander, und darauf basiert die liebenswerte Gutgläubigkeit, die jeder kennt, der jemals einem Kind ein Märchen erzählt hat. Doch niemals können wir das Verschmelzen der beiden Ströme so gut wahrnehmen, wie wenn wir das Kind beim Spielen beobachten. Es lässt die realen Bilder der Spielzeuge auf wunderbar unschuldige Weise mit den Phantasmen seiner Seele verschmelzen, ohne zwischen Wahrheit und Dichtung einen ernsthaften Unterschied zu finden. Manchmal tritt die Phantasie des spielenden Kindes schwungvoll in Aktion, so dass sie sich beinahe vom Spielzeug löst, dann nimmt das Spiel schon fast den Charakter von Träumereien an. Das spielende Kind bietet dem Betrachter wirklich einen wunderbaren Anblick. Es ist ein Genuss zuzusehen, wie die kindliche Seele noch halbwegs Sklave der Gegenwart ist, halbwegs aber schon den freien Flug probt. Sie scheint an den Gegenständen zu hängen und doch immer wieder ins Grübeln zu geraten; die Phantasie macht sich ans Werk und fällt dann ungeschickt in die Wirklichkeit zurück. Sie ist ganz wie ein Vogel, der das Fliegen lernt.

Mit der Entwicklung unserer Persönlichkeit unterscheiden wir besser zwischen realen und idealen Strömen, das heißt wir ziehen eine immer strengere Grenze zwischen Wirklichkeit und Einbildung, Realität und Idealität. Aber so viel Wissen wir auch darüber gewinnen: Wir können niemals genug lernen. Das Ziel dieser Abhandlung ist es, in der Distinktion der beiden Ströme bis zu dem Punkt vorzudringen, an dem die Selbstbeobachtung gänzlich den Dienst quittiert. An dieser Grenze entdeckten wir beim ersten Mal im Zusammenhang mit dem Rhythmus der Aufmerksamkeit die geistige Atmung; beim zweiten Mal werden wir bemerken, welch außerordentliche Bedeutung es in der Ökonomie des menschlichen Geistes hat, dass wir in diesen kurzen Zeiträumen den realen Strom nicht mehr vom idealen unterscheiden können.

5. Darauf beruht es nämlich, dass wir bekannte Personen oder Gegenstände mit sich selbst identifizieren können. Was geschieht z. B. in unserer Seele, wenn wir einen Freund auf der Straße erkennen? In dem Augenblick, in dem wir ihn bemerken, erwacht plötzlich ein Erinnerungsbild in unserer Seele, nur dass wir dessen Auferstehen nicht wahrnehmen, weil es sogleich mit dem realen Eindruck verschmilzt, den wir in diesem Augenblick von unserem Freund gewinnen. Das Erkennen beruht genau darauf, dass das Erwachen des idealen Stroms und sein Verschmelzen mit der Realität überhaupt nicht auffällt. Nur so lässt es sich erklären, warum das Wiedererkennen bekannter Gegenstände überhaupt keine Mühe bereitet, warum sich also das Erkennen *von selbst* vollzieht.

Jede schon wahrgenommene Person oder Sache beschwört in unserer Seele vor allem ihr eigenes Erinnerungsbild herauf: Dieses Grundgesetz der Erinnerung bezeichne ich als *Gesetz der Selbstzitierung*. Auf dieser Selbstzitierung beruht es, dass wir die Dinge sehen können, ohne ihnen sorgfältigere Aufmerksamkeit zu widmen. Wer mit einem Raum sehr vertraut ist, wird dort auch in der Dunkelheit Gegenstände und Umrisse sehen, die ein fremdes Auge im Dunkel nicht wahrnehmen kann. Diese Umrisse sieht der Betreffende weniger in der Wirklichkeit als vielmehr in der Einbildung oder Erinnerung. Wen sein Weg Jahre hindurch immer dieselbe Straße entlangführt, der wird dort kaum noch lebhafte reale Anblicke haben; etwas zugespitzt können wir sagen, dass er nur noch seine eigenen Erinnerungsbilder sieht. Je mehr wir gelebt, gesehen, erfahren und nachgedacht haben, desto mehr erstarken unsere

Erinnerungsbilder im Vergleich zu den realen Eindrücken. Dies ist der Grund für Lebensmüdigkeit, Ruhe- und Todessehnsucht.

Die Verschmelzung von realen und idealen Strömen kann niemals vollkommen sein, allein schon deswegen nicht, weil sich die Dinge im Lauf der Zeiten verändern. Wenn wir beispielsweise nach einer Reihe von Jahren einen alten Bekannten treffen, können wir in uns ein Aufeinanderprallen des Erinnerungsbildes und des realen Eindrucks beobachten. Was dann in unserer Seele geschieht, ist ein wahrhaftiger Kampf zwischen dem realen und dem idealen Strom. Zwei kämpfende Parteien gut zu beobachten, fällt generell schwer, aber am schwierigsten ist die Beobachtung, wenn der Schauplatz des Kampfes unsere eigene Seele ist; wenn Gespenster gegen die lebendige Wirklichkeit kämpfen. Was im obigen Fall in unserer Erinnerung bleibt, ist nur, dass wir etwas zögerten, ob wir in der erblickten Person unseren alten Bekannten oder einen fremden Menschen sehen sollen. Dieses Zögern findet seine Erklärung darin, dass das Erinnerungsbild für einen Augenblick und teilweise mit dem realen Eindruck verschmilzt, sich jedoch für einen Augenblick und teilweise dem Verschmelzen widersetzt. Und jetzt werden wir auch verstehen, wieso es so schwierig ist, Unterschiede zwischen zwei ähnlichen Erscheinungen streng festzustellen. In solchen Situationen müssen wir nämlich unsere Seele zum Kampfplatz zweier Ströme machen und zulassen, dass zwei Bilder immer und immer wieder einen erbitterten Kampf gegeneinander ausfechten. So weit, wie das eine Bild das andere in sich einschmilzt, erkennen wir sie als ähnlich, so weit beide Bilder ihre Selbstständigkeit behalten, können wir deutlich zwischen ihnen unterscheiden. Je ausdauernder wir sind, beziehungsweise je eher wir zulassen, dass die beiden Bilder ihren Kampf bis zum Schluss ausfechten, desto besser erkennen wir die Übereinstimmung und den Unterschied zwischen ihnen. Die meisten Hirne erschöpfen jedoch in diesem Ringen der Ströme so rasch, dass sie sehr bald auf eine strengere Unterscheidung verzichten.

So erkläre ich also die Vorgänge der Identifizierung und Unterscheidung aus der Theorie der geistigen Atmung bzw. den rhythmischen Wechseln von realen und idealen Strömen. Mit den weiteren Folgen dieser Lehre muss ich mich in einer ganzen Reihe von Arbeiten beschäftigen. Zuerst mit der Frage der höheren idealen Ströme.

## Höhere ideale Ströme

Wir haben gesehen, dass wir in jedem seelischen Prozess einen speziellen Rhythmus finden können, der aus dem Wechsel der realen Ströme stammt. So wie wir die Natur der Gedichtzeile nicht verstehen, wenn wir nicht wissen, dass sich in ihr lange und kurze Silben oder auch Hebungen und Senkungen abwechseln, können wir uns auch keinerlei klaren Begriff über unser seelisches Geschehen bilden, wenn wir nicht bemerken, dass ein spezieller geistiger Rhythmus darin herrscht, der durch das Pendelspiel der realen und idealen Momente entsteht. Was immer sich in unserer Seele in den verschiedenen Situationen des Lebens vollziehen mag, wir können das seelische Geschehen in jeder von ihnen mit einer musikalischen Tondichtung vergleichen, die wir erst verstehen, wenn wir das einfachste musikalische Element aufzeigen, aus dessen Kombinationen das gesamte Werk aufgebaut ist. Nun ist es uns gelungen, dieses – bildlich gesprochen – einfachste musikalische Element des seelischen Lebens im Wechsel der realen und idealen Ströme zu finden.

Damit stehe ich vor einer neuen Aufgabe, denn ich muss mit der Lehre von den seelischen Strömen den wichtigsten Charakterzug unseres geistigen Lebens erklären: nämlich, wie in unserem Selbstbewusstsein ein spezieller gradueller Unterschied entsteht, durch den wir sozusagen von den höheren und tieferen Oktaven unseres Bewusstseins sprechen können. Denn wenn es eine seelische Beobachtung gibt, die wir alle im Lauf unseres Lebens machen können, dann ist es ohne Zweifel die, dass wir unsere Bewusstheit sich stets vermehren spüren, weshalb wir mit der Zeit auf uns selbst hinabblicken können. Und wann immer wir Augenblicke haben, in denen wir spüren, dass wir bereits den höchsten Gipfel unseres Selbstbewusstseins erstiegen haben, so nehmen wir nach einer gewissen Zeit erstaunt wahr, wie unverständlich uns unser voriger Standpunkt geworden ist. Ich muss erklären, weshalb wir uns selbst gleichsam als geistige Bergsteiger empfinden, die aber niemals genau wissen, auf welche Höhe des Selbstbewusstseins sie sich erhoben haben, weil sie weder die tiefste noch die höchste Oktave des Selbstbewusstseins feststellen können. Ich muss darlegen, wie sich uns bei jedem geistigen Schritt heute Horizonte eröffnen und wie sich der alte, gewohnte Gesichtskreis hinter uns schließt, weshalb wir bei jedem Schritt eine Welt zu gewinnen und zugleich eine Welt zu verlieren scheinen. Mit einem Wort, ich möchte die wunderbaren Veränderungen unseres geistigen Panoramas beleuchten beziehungsweise suche, mit einem anderen Bild gesprochen, den Grundgedanken einer Lehre von der seelischen Perspektive.

Den Grund zu dieser Perspektivlehre habe ich bereits gelegt, als ich den Unterschied zwischen den realen und idealen Strömen zur Grundlage der Psychologie gemacht habe. Jetzt muss ich nur zeigen, dass wir zwischen den idealen Strömen verschiedene Rangunterschiede machen können, aufgrund deren wir von idealen Strömen erster, zweiter, dritter und allgemein vierter Ordnung sprechen können. Dies muss ich mit einem Beispiel beleuchten. Wenn wir auf jemandes Rede achten, dann wechseln sich in unserer Seele, wie bereits erwähnt wurde, reale und ideale Ströme ab. Nehmen wir jedoch an, dass derjenige, dessen Worten wir aufmerksam zuhören, nicht anwesend ist; nehmen wir an, dass wir in Erinnerungen an unsere Vergangenheit versunken sind und vor unserer Phantasie eine liebe Gestalt erscheint, deren Worte wir erklingen hören, als wäre sie wirklich in unserer Nähe. Die wirkliche Umgebung ist dann in unserer Seele von einer vorgestellten (idealen) Umgebung verdrängt worden. Wir sitzen nicht hier im Zimmer, nicht an diesem Tisch; wir sind anderswo, sehen uns vielleicht in einem lang vergessenen kleinen Dorf, dort auf dem Hof eines verfallenen kleinen Hauses, und wir sehen denjenigen, mit dem wir sprechen. Die gesamte wirkliche Welt um uns herum ist versunken, und in dem Augenblick besitzt vor uns einzig Wirklichkeit, was es nicht mehr gibt, ein Erinnerungsbild aus der Vergangenheit, eine Szene, ein Dialog, der zwar schon so weit von uns entfernt ist, uns aber dennoch wunderbarerweise als lebende Gegenwart vor den seelischen Augen steht. Was dann in uns geschieht, das kann ich nüchtern so ausdrücken, dass ein idealer Strom sich unserer Seele bemächtigt hat, er hat den Platz des realen Stroms eingenommen und will selbst als realer Strom figurieren.

Damit habe ich jedoch noch nicht alles gesagt. Während des normalen Wachseins wechseln sich reale und ideale Ströme ab; ganz Ähnliches geschieht, wenn wir uns in unsere Erinnerungen vertiefen; nur dass dann zwei ideale Ströme in unserer Seele kreisen, einer niederer und einer höherer Ordnung. Der Unterschied besteht nur darin, dass, während unsere Gedanken im Allgemeinen an der wirklichen Umgebung haften, in der Versunkenheit eine vorgestellte Umgebung zur wirklichen Umgebung wird, das heißt, unsere Betrachtungen verbinden sich mit dieser vorgestellten Umgebung. Was mit anderen Worten bedeutet, dass wir dem idealen Strom einen höherrangigen idealen Strom hinzufügen. Also können wir für die Seele von einer Spaltung zweiter Ordnung sprechen. Die Spaltung erster Ordnung entsteht nämlich, wenn unser Geist zwischen einer wirklichen und einer vorgestellten Welt hin- und hergleitet, während die Spaltung zweiter Ordnung zustande kommt, wenn dieses Hin- und Hergleiten zwischen einer näheren und gleichsam als wirklich betrachteten vorgestellten Welt und einer ferneren, gleichsam höheren vorgestellten Welt geschieht. Denn gewiss ist, dass wir, während wir nachsinnen, immer zwei unterschiedliche Welten aneinander messen oder miteinander in den Kampf schicken. Das Nachsinnen birgt also eine Spaltung in sich, und diese Spaltung ist erster oder zweiter Ordnung in Abhängigkeit davon, ob wir die Wirklichkeit an unserer Phantasie oder Phantasiewelten aneinander messen.

Wenn wir in unserer Seele die Erinnerung an eine Spaltung zweiter Ordnung heraufbeschwören, dann sind wir ins Stadium der Spaltung dritter Ordnung gelangt, und so können wir uns weiter in die Welt von Spaltungen vierter, fünfter und weiterer Ordnung erheben. Welcher Ordnung der ideale Strom, in den wir geraten sind, auch sein mag, nichts hindert uns daran, uns mit einer erneuten Erhebung in einen Strom höherer Ordnung zu begeben. Auf diese Weise eröffnet sich uns die endlose Perspektive der geistigen Vertiefung (oder wenn man so will: Erhebung); der menschliche Verstand erscheint wie ein Meer, bis zu dessen Grund zu tauchen sich der Seelenforscher vergeblich bemüht. Und der Philosoph erscheint uns wie jemand, der auf unendliche Spaltung aus ist, die Welt also am liebsten aus unendlicher Höhe betrachten möchte.

Nun steht bereits klar vor uns, dass über etwas nachzusinnen oder nachzudenken soviel bedeutet wie zu diesem etwas einen idealen Strom hinzuzuschalten. Über diese Überlegung könnten wir wieder nachsinnen, das heißt, wir können ihr einen weiteren idealen Strom hinzufügen; und so können wir weiter voranschreiten und Ideen immer höherer Ordnung bilden. Das Gesagte kann ich auch so ausdrücken, dass wir jeden Strom immer nur durch einen Strom höherer Ordnung auffassen können, woraus unwillkürlich folgt, dass wir die Dinge für sich genommen niemals erkennen können. Zugleich verstehen wir auch, warum all unsere Kenntnisse relativen Charakter besitzen. Wir können Strom a erst verstehen, wenn wir ihn zu b, diesen wiederum zu c und den zu d ins Verhältnis setzen und so weiter ad infinitum durch die endlose Reihe der Spaltungen immer höherer Ordnung hindurch. Eine Sache an sich zu verstehen würde bedeuten, sie zu verstehen, ohne mit ihr einen idealen Strom zu verknüpfen, mit anderen Worten: sie zu verstehen, ohne über sie nachzudenken, was aber unmöglich ist.

Auf den idealen Strömen höherer Ordnung basiert alle Überlegenheit des menschlichen Geistes, beruht die Möglichkeit der Dichtung, der Wissenschaft und der Philosophie selbst. Hier will ich jedoch nur darauf hinweisen, welch außergewöhnliche Rolle diese Ströme überall im Leben spielen, wo zwei Individuen in ein Verhältnis miteinander kommen. Die unermesslich vielen Illusionen, die die Menschen einander gegenüber nähren und die die Seelenforscher nicht genug studieren, die Dichter und Schriftsteller nicht genug besingen und beschreiben, die Intriganten und Politiker nicht genug zu ihren eigenen Vorteilen ausnutzen können; all dieses riesige, uneinsehbare, labyrinthische Gewebe der menschlichen Gefühle, das die menschliche Gesellschaft wie ein magisches Bindemittel zusammenschweißt, ist zum größten Teil nichts anderes als das wunderbare Spiel der idealen Ströme zwischen Mensch und Mensch, der Reflex der Seele in der Seele, der immer höhere und höhere ideale Ströme weckt.

Denn wenn einander zwei Personen, sagen wir X und Y, gegenüberstehen, und X hat einen Gedanken *a*, kann sich Y von diesem Gedanken *a* einen Begriff *b* bilden und X von diesem Begriff *b* einen Begriff *c,* Y kann sich nun über dieses *c* einen

Begriff *d* bilden und so weiter, bis ihr Verstand in dieser gegenseitigen Prüfung ermüdet. Mit dieser allgemeinen Formel können wir das Verhältnis zweier Individuen charakterisieren, wenn sie des jeweils anderen Seele ausspähen. Der eine späht, was für einen Begriff sich der andere über seine verborgene Absicht gebildet hat, und er späht auch, wie sehr der andere dieses Spähen bemerkt. Dieses gegenseitig erforschende Verhältnis zweier Seelen habe ich niemals so wunderbar dargestellt gesehen wie bei Dostojewskis Raskolnikoff, wo sich der Romanheld und der Geheimpolizist gegenüberstehen. Der große russische Schriftsteller kann bewundernswert darstellen, wie die beiden Männer versuchen, den Verstand des anderen zu übertrumpfen, indem der eine den anderen spüren lässt, dass er seine geheimen Gedanken herausgefunden habe und ihn dies so spüren lässt, dass die andere Partei immer noch im Zweifel über die allerhintersten Gedanken ihres Gegenübers bleibt. Für dieses Katz-und-Maus-Spiel, das die beiden Seelen miteinander treiben, kann ich kein schöneres Beispiel anführen, und Ähnliches lässt sich höchstens in den Romanen von Balzac finden. Wer sich über das Spiel der höheren idealen Ströme einen lebhaften Begriff verschaffen will, sollte deshalb die Werke der genannten beiden großen Romanautoren aufmerksam lesen.

Es ist klar, dass wir den Gedanken, den wir uns von dem Gedanken des anderen bilden, für einen höheren idealen Strom halten müssen: Und klar ist auch, dass das gegenseitige Erforschen der Gedanken zu immer höheren und höheren idealen Strömen führt. Wem fiele hier nicht die Erscheinung der vielfachen Spiegelung ein, die entsteht, wenn wir zwischen zwei einander gegenüber stehenden Spiegeln Platz nehmen. Der eine Spiegel wirft unser Bild in den anderen, der wirft das aufgenommene Bild zurück, dieser spiegelt es wiederum zurück und so weiter, so dass wir uns in einer Reihe hinter einander auftauchender Bilder vervielfacht sehen. Ähnlich können sich zwei Seelen ineinander spiegeln, und gerade dieses gegenseitige Spiegeln ist es, was das Entstehen der idealen Ströme höherer Ordnung verursacht. Und wie sich eine Seele in der anderen spiegeln kann, so ähnlich ist dies auch jeder Seele in sich selbst möglich, so dass sich der menschliche Geist auf dem Wege immer neuen In-sichgehens zu immer höheren idealen Strömen erhebt.

Es ist unmöglich, auch nur einen annähernden Begriff davon zu bieten, welche unermesslich große Rolle die höheren idealen Ströme im gesellschaftlichen Leben der Menschen spielen. Jeder möge sich selbst beobachten, wenn er einer anderen Person gegenübersteht: Ob er nicht etwas Unbenennbares, etwas Unerklärliches in seinem Verhältnis zu der anderen Individualität findet, etwas, was mit menschlichen Worten nicht ausgedrückt werden kann. Zwei Menschen verstehen und missverstehen einander immer auf solche Weise, dass es keine tiefe Analyse gibt, die all die Faktoren aufdecken könnte, die dieses gegenseitige Verstehen und Nichtverstehen verursachen. Niemand weiß das so gut wie die Dichter und Künstler, und deshalb können sie, ganz gleich, in welcher Situation sie zwei Menschen auftreten lassen, immer etwas Mystisches sowohl in die Situation als auch in das Verhältnis der Seelen legen. Etwas Mystisches, das nichts anderes ist als das Spiel der Sympathien und Antipathien und mit dem Einanderverstehen und -missverstehen zusammenhängt. Nun, wenn wir gründlich untersuchen, worauf dieses Geheimnis basiert, dann bemerken wir, dass sich die eine Seite instinktiv und blitzschnell eine Anschauung über den geistigen Strom der anderen bildet, dass also mit anderen Worten die eine Seite ständig ihr eigenes Bild in der Seele des anderen prüft, woraus zwischen den beiden Seelen ein erstaunlich kompliziertes Spiel der höheren idealen Ströme resultiert. Verstehen und Missverstehen wechseln einander mit großer Schnelligkeit ab, Reflex bringt Reflex, Illusion Illusion hervor, und es entsteht ein Rausch, der selbst den nüchternsten Seelenforscher schwindeln macht und in Enttäuschungen stürzt. Dies unendlich viele Komische und Tragische, das das tägliche Leben auf Schritt und Tritt vor uns ausbreitet, stammt zum Großteil aus der gegenseitigen falschen Spiegelung der Seelen. Derjenige, dessen Auge in der Untersuchung solcher falscher Spiegelungen geschärft ist, wird nicht fertig mit dem Traurigsein und Lachen über das menschliche Elend. Gerade diese vielen lächerlichen und erbärmlichen Enttäuschungen sind es, die den Philosophen schließlich dahin führen, dass er das Insicheingeschlossensein, die vollkommene Einsamkeit der Individualität einsieht. Die Untersuchung der höheren idealen Ströme führt am sichersten zur Entdeckung des Prinzips der Individualität.

Melchior Palágyi

# PSYCHOLOGISCHE AUFSÄTZE

## – Zweite und abschließende Mitteilung[17] –

## Die Erinnerung

Die Menschen bemerken erst, dass sie eine Erinnerung haben, wenn sie sie anstrengen müssen, daher entsteht bei ihnen der Irrglaube, die Erinnerungsfähigkeit sei eine schlummernde Kraft, die nur gelegentlich und eher ausnahmsweise in Aktion tritt. Dazu trägt noch bei, dass sie ihre Erinnerung gewöhnlich nur wegen unwesentlicher Dinge: einer Zahl, eines Ortes, eines Zeitpunktes oder sonstiger Daten anstrengen, so dass sie sich daran gewöhnen, die Erinnerung als eine Art Rumpelkammer anzusehen und sie keinesfalls zu den geistigen Fähigkeiten höherer Ordnung zu zählen. Diese Geringschätzung des Gedächtnisses hat auch auf die Wissenschaft übergegriffen; kein psychologisches System räumt der Erinnerung auf zureichende Weise einen Ort und eine Rolle im geistigen Leben des Menschen ein.

Dabei zeigt sich bei etwas Nachdenken sogleich, dass die Erinnerung im Geschehen unseres Seelenlebens von erstrangiger Bedeutung ist. Wir können nichts betrachten und über nichts nachdenken, ohne dass uns die Dinge sich selbst oder andere Dinge in Erinnerung rufen. Der Ungar bezeugt ein sehr richtiges psychologisches Gespür, wenn er die Ausdrücke „in den Sinn kommen" und „in Erinnerung kommen" beinahe als gleichbedeutend ansieht. Das Nachdenken ist im Wesentlichen nichts anderes als Erinnerung beziehungsweise das Übergehen von einem Gegenstand auf den anderen mit Hilfe der Erinnerung. Nehmen wir die Erinnerung aus der Seele heraus, fällt sogleich die gesamte Welt der Besinnung in Trümmer, weil es unmöglich ist, ohne Erinnerung Ideen zu verbinden. Es ist ohne jede längere Analyse – gleichsam von vornherein – gewiss, dass es in unserer Besinnung keinen einzigen Augenblick gibt, in dem die Erinnerungsfähigkeit nicht aktiv ist. Wenn wir dies

---

[17] [17] Palágyi: *Az emlékezet*, Athenaeum (philos. und staatswissenschaftl. Zeitschrift, hg. v. d. Akad. d. Wissenschaften in Budapest), 1893, Band II, Heft 4, S.538-547.

einsehen, müssen wir unbedingt untersuchen, welche Rolle die Erinnerung in allen Augenblicken unseres Erinnerns spielt.

Die psychologische Wissenschaft hat das Geschehen unseres geistigen Lebens bisher nur sehr einseitig beleuchtet. Seit Locke gründen die Seelenforscher das geistige Leben beinahe ausschließlich auf sinnliche Eindrücke; mit anderen Worten: Die Psychologie hat sich in *sensualistische* Richtung entwickelt. Jeder Psychologe hielt es für seine Pflicht, das gesamte Geschehen unseres Seelenlebens aus sinnlichen Eindrücken aufzubauen, obwohl offensichtlich war, dass sich das, was wir Verstand nennen, niemals auf die reine Sinnlichkeit zurückführen lässt. Die unvoreingenommenen Denker haben dies immer sehr lebhaft empfunden, aber sie wussten sich nicht zu helfen, das heißt: Sie wussten nicht, auf welches seelische Element außer der sinnlichen Wahrnehmung sie die Welt der Besinnung aufbauen sollten. Meine Auffassung ist, dass jede Intelligenz auf zwei Säulen ruht: auf der sinnlichen Wahrnehmung und auf der Erinnerung. Was ich als reale und ideale Ströme bezeichnet habe, das ist eigentlich nichts anderes als der sinnliche Eindruck und das Erinnerungsbild. Den Begriff Erinnerung habe ich aber nicht verwendet, denn dieser wird gewöhnlich in sehr engem Sinne verstanden.

Der Ausdruck „reale und ideale Ströme" ist sehr geeignet zur Vermeidung jedes Missverständnisses. Unter einem realen Strom verstehe ich das, was in der Seele unter unmittelbarem Einfluss der *gegenwärtigen* Umgebung geschieht, und unter einem idealen Strom das, was in der Seele geschieht, wenn sie nicht unter unmittelbarem Einfluss der gegenwärtigen Umgebung steht. Aus dieser Definition erhellt, dass wir unter dem realen Strom die sinnlichen Eindrücke zu verstehen haben; aber es ist vielleicht nicht ganz klar, dass unter dem idealen Strom die Tätigkeit der Erinnerung zu verstehen ist. Denn wenn unsere Seele nicht unter dem Einfluss der gegenwärtigen Umgebung steht, dann kann in ihr vielerlei geschehen, was wir üblicherweise nicht zur Erinnerung zählen. So würde beispielsweise niemand das Ausmalen der Zukunft, die Bildung poetischer Ideale oder die Lösung wissenschaftlicher Fragen der Erinnerung zuerkennen. Unter Erinnerung verstehen die Menschen das unproduktive Gedächtnis, das Gedächtnis, das einfach die Vergangenheit reproduziert, das

Geschehene nachbildet, kopiert. Nun, von einem solchen Gedächtnis spreche ich nicht, denn meiner Ansicht nach existiert keine im Wesentlichen kopierende Fähigkeit. Nur ein sehr unproduktiver Verstand konnte eine solche kopierende Fähigkeit in sich entdecken, d. h. ein Verstand, der nicht zur Selbstbeobachtung und zu eingehendem Nachdenken fähig ist.

Die Erinnerung „reproduziert" niemals in dem Sinne, dass sie einen gewesen Eindruck wiederherstellt, denn dann gäbe es ja keinen Unterschied zwischen Wahrheit und Erinnerungsbild, und wir müssten dem Erinnerungsbild dieselbe Realität beimessen wie dem unmittelbaren sinnlichen Eindruck selbst. Nichtsdestoweniger sind die Menschen in der heutigen Zeit geneigt, die Erinnerung als eine im Wesentlichen reproduktive Tätigkeit anzusehen, wovon die sogenannte naturalistische Richtung in der Kunst Zeugnis ablegt. Diese falsche künstlerische Richtung ist nicht allzu ernst zu nehmen, denn auch die Künstler selbst nehmen sich nicht sehr ernst, ebenso wie man überhaupt niemals befürchten muss, dass sich geniale Menschen allzu sehr in irgendeine absurde Theorie verrennen; es ist immer eher die epigonale Generation, die einer unmöglichen modischen Theorie folgt oder zu folgen scheint. Schlimmer ist, dass die Erinnerung in der wissenschaftlichen Psychologie als rein reproduktive Kraft verstanden wird, dass es also die Wissenschaft selbst ist, die die Natur der Erinnerung verkennt. Genau das ist der Grund dafür, dass die herrschende Psychologie so einseitig sensualistisch ausgerichtet ist, denn wenn jemand die Erinnerung im Wesentlichen als Reproduktion betrachtet, dann ist klar, dass er auf sie keinerlei Gewicht legen wird und daher auch nicht einsehen kann, welch großartige und bewundernswerte Rolle ihr im geistigen Leben des Menschen zukommt.

Falsch ist die Lehre von *Hume,* der im seelischen Leben originale und kopienartige Bilder unterscheidet, beziehungsweise, wie er sich selbst ausdrückt: Impressionen und Ideen, zwischen denen der Unterschied darin bestünde, dass erstere die lebhaften Originale wären, letztere die blassen Kopien. Auf eine solche Unterscheidung eine Psychologie zu gründen, ist eine Unmöglichkeit, denn die Erinnerungsbilder sind nicht reine Kopien der ursprünglichen sinnlichen Eindrücke, und die beiderlei Elemente unterscheiden sich nicht nur nach ihrer reinen Intensität voneinander. Ich gebe zu, dass Erinnerungsbilder im Allgemeinen blass zu sein pflegen, aber ich ziehe in Zweifel, dass der Grad der Lebhaftigkeit den einzigen und wahren Unterschied zwischen dem originalen Eindruck und der Erinnerung ausmacht. Vor allem muss man wissen, dass wir manchmal Erinnerungsbilder haben, die sich durch außerordentliche Lebhaftigkeit auszeichnen, und dass wir überhaupt Visionen besitzen, die den Wettstreit mit der Wirklichkeit getrost aufnehmen können. Sollte dies jemand in Zweifel ziehen wollen, weise ich nur darauf hin, dass wir reale Eindrücke haben, die überaus blass und verschwommen sind. Immer wieder machen wir die Erfahrung, dass die unmittelbare Gegenwart einen so schwachen Eindruck auf uns ausübt, dass dieser nach einigen Minuten aus unserer Erinnerung herausfällt. Immer wieder wissen wir nicht einmal, was wir sehen, was wir hören, was wir tasten, was wir empfinden: Wir wissen es deshalb nicht, weil unsere Aufmerksamkeit schwach ist und infolgedessen unsere Eindrücke blass sind. Vergleichen wir unsere lebhaftesten Erinnerungsbilder und die am wenigsten lebhaften sinnlichen Eindrücke: Welchem von ihnen können wir wohl die größere Intensität zuschreiben? Ich für meinen Teil glaube, dass jeder zumindest in seinem Urteil zögern wird, weil er nicht entscheiden kann, ob er den blassen Eindruck, den manchmal die unmittelbare Umgebung verursacht, höher heben soll als jene lebhaften Visionen, die gelegentlich vor der in sich selbst versunkenen Seele erscheinen. Ich selber, das gestehe ich ein, zögere bei der Entscheidung dieser Frage nicht. Für mich ist klar, dass es Erinnerungen und überhaupt ideale Ströme gibt, die die realen Eindrücke an Intensität übertreffen. Denn wie könnte denn die Seele in sich selbst versinken, wenn es nicht vorkäme, dass der ideale Strom den Sieg über den realen Strom davonträgt? Die Tatsache, dass der Mensch zur Entrückung, zum Insichversinken fähig ist, widerlegt Humes Lehre vollständig. Wenn man unwillkürlich ins Träumen und Sinnen gerät, ist der ideale Strom in einem unbedingt intensiver als der reale Strom, denn sonst könnte man nicht träumen und sinnen, sondern wäre mit der unmittelbaren Umgebung beschäftigt.

Nur das oberflächlichste Denken wird den Unterschied zwischen realem und idealem Strom allein im Grad der Lebhaftigkeit suchen. Wer diesen Unterschied genauer untersucht, wird auf immer größere Schwierigkeiten stoßen, bis er plötzlich feststellt, dass er eigentlich einer Grundfrage unserer Weltanschauung, einem sogenannten Urrätsel, gegenübersteht. Denn sagen wir z. B., (ABCD) stehe für ein Erlebnis aus unserer Jugendzeit und (abcd) für die Erinnerung an dieses Erlebnis, die gerade in uns erwacht ist. Wer glaubt, (abcd) unterschiede sich nur in der Intensität von (ABCD), wäre sehr enttäuscht, und so wird allgemein enttäuscht sein, wer in der Lebhaftigkeit den wesentlichsten Unterschied zwischen Wirklichkeit und Erinnerung zu entdecken meint. Ich will hier sogleich auf einen viel wesentlicheren Unterschied verweisen. Dem gewissen Erlebnis (ABCD) ging damals in unserer Seele ein Eindruck oder Gedanke $X$ voraus, und auf es folgte ein Eindruck oder Gedanke $Y$, an die wir uns nicht mehr erinnern können. Dem Erinnerungsbild (abcd) hingegen ging ein Eindruck $u$ voraus und ihm folgte ein Eindruck $v$, die überhaupt nichts mit $X$ und $Y$ zu tun haben. Das heißt, das Erinnerungsbild tritt in einer vollkommen anderen seelischen Umgebung auf als das ursprüngliche Erlebnis selbst. Überhaupt erscheint jedes Erinnerungsbild unter ganz anderen äußeren Umständen oder jedenfalls anderen seelischen Bedingungen als das ursprüngliche Erlebnis. Daher ist jede Erinnerung mit einem Baum vergleichbar, der aus seinem Boden gerissen und in einen gänzlich anderen Boden verpflanzt wurde. Dabei ist es keineswegs unwesentlich, welcher ein Eindruck einem Bild in unserer Seele vorausgeht und welcher Eindruck ihm folgt, gerade dieser Verbindung gebührt sogar die größte Aufmerksamkeit. Zwischen dem originalen Eindruck und dem Erinnerungsbild verursacht also schon einen unaussprechlichen Unterschied, dass sie unter vollkommen abweichenden seelischen Umständen oder seelischen Bedingungen auftreten. Wir selbst sind mit der Zeit andere geworden, anders ist auch die Welt um uns herum, und das Erinnerungsbild der Vergangenheit, das unter diesen veränderten äußeren und inneren Bedingungen aufersteht, wird selbst auch anders, als das ursprüngliche Erlebnis war. Wir lachen jetzt über das, über das wir einst geweint haben; was uns damals zum Lachen brachte, macht uns jetzt traurig; was uns in der damaligen Situation am wichtigsten erschien, das haben wir vielleicht vergessen, und womöglich kommt uns jetzt etwas am wichtigsten vor, auf das wir zuvor kaum geachtet haben usw.

Wenn wir dies gründlich bedenken, werden wir spüren, dass die Erinnerung die Kopie der Vergangenheit ist und auch wieder nicht, wir werden spüren, dass die Vergangenheit zur Gegenwart geworden ist und doch nicht als Gegenwart bezeichnet werden kann. Auf diese Weise ergreift uns die unermessliche Merkwürdigkeit der Erinnerungsbilder, die uns unsicher macht, ob wir diese Bilder als Vergangenheit oder als Gegenwart ansehen sollen. Als Gegenwart können wir sie nicht betrachten, denn das Erinnerungsbild bezieht sich ja auf die Vergangenheit und besitzt, obgleich es in unserer Seele gegenwärtig ist, keine Realität. Die Vergangenheit können wir ebenfalls nicht in ihm sehen, denn die Vergangenheit ist ja das, was nicht mehr ist und sich in seiner Realität nicht wiedererwecken lässt. Was ist es, das von der Vergangenheit verlorenging, und was, das von ihr im Erinnerungsbild erhalten blieb; was ist es, das die Erinnerung zur Gegenwart macht und dennoch nicht gestattet, dass sie über die Realität unserer gegenwärtigen Umgebung verfügt? Wer könnte auf diese Fragen antworten? Wer könnte sagen, worin der Unterschied zwischen realem und idealem Sein, zwischen Wirklichkeit und Traum besteht?

Aber wenn wir den Unterschied auch nicht in Worte fassen können, so ist doch jedenfalls klar, dass es nicht die Lebhaftigkeit oder Blässe sind, die die Grenze zwischen den beiden Welten ziehen. Ich gebe auch zu, dass die realen Eindrücke in ihrer Gesamtheit genommen intensiver, unverhältnismäßig stärker sind als die idealen Ströme; aber was ist diese Unterscheidung wert, wenn einige ideale Ströme dennoch lebhafter sind als einige blasse reale Ströme? Viel wesentlicher ist die Unterscheidung, die ich oben vorgenommen habe und die sich so ausdrücken lässt, dass sich die Erinnerungsbilder dadurch von den ursprünglichen Eindrücken unterscheiden, dass sie eine andere seelische Umgebung haben, also auch selbst andere sind. Diese Unterscheidung ist wesentlicher, weil sie sich ausnahmslos auf alle Erinnerungsbilder und alle ursprünglichen Eindrücke bezieht. Es gibt kein Erinnerungsbild, das unter genau denselben seelischen Bedingungen entsteht, unter denen auch der ursprüngliche Eindruck entstanden ist.

Zu den vorigen Ausführungen könnte jemand einwenden, dass die Erinnerung ja ebenso diese seelische Umgebung $X$ und $Y$, unter der das Erlebnis (ABCD) zustande kam, aufwecken kann; d. h. es könnte eine Erinnerung (xabcdy) entstehen, die eine vollkommen getreue Kopie des Erlebnisses (XABCDY) wäre. Dies bestreite ich nicht. Tatsächlich ist die Erinnerung (xabcdy) viel perfekter als die Erinnerung (abcd), d. h. sie spiegelt die Vergangenheit viel besser wider, denn sie deckt auch die seelische Umgebung auf, in der das Erlebnis (ABCD) entstanden ist. Aber ich frage, ist das Erinnerungsbild (xabcdy) schon vollkommen? Hatte nicht das Erlebnis (XABCDY) selbst auch eine seelische Umgebung, die uns folgender Ausdruck vor Augen führt: X'(XABCDY)Y'? Wieso erweckt die Erinnerung nicht auch die Eindrücke X' und Y' auf, wenn sie wirklich ein getreues Abbild der Vergangenheit sein will? Und selbst wenn sie diese wieder erstehen ließe, wo blieben dann die Eindrücke X'' und Y'', außerdem X''' und Y''' usw., die dem Erlebnis (ABCD) ebenfalls vorangingen oder ihm folgten?

So kommen wir also zum Begriff des immer getreueren Erinnerungsbildes, das das ursprüngliche Erlebnis mit immer reichhaltigeren Details und in immer breiterer seelischer Umgebung aufweckt. Diese immer konkreteren Erinnerungen werden die immer getreuere Illusion der wirklichen Vergangenheit erwecken, aber immer nur die Illusion, denn die vergangene Wirklichkeit selbst in ihrer Vollkommenheit und Realität kann auch die phänomenalste Erinnerungsfähigkeit nicht wieder herstellen. Wie viele Künstlerseelen sind schon in Raserei verfallen, um die Erlebnisse der Vergangenheit durch extreme Anspannung ihrer wunderbaren Erinnerung bis ins kleinste Detail wieder herzustellen! Wenn wir von künstlerischer Leidenschaft sprechen können, dann kann diese gewiss nichts anderes sein als das quälende und tötende Verlangen, mit Hilfe der Erinnerung die Vergangenheit mit der perfektesten Illusion der Realität zu neuem Leben zu erwecken. Aber vergeblich: Die Erinnerung bleibt nur Erinnerung, die Illusion nur Illusion. Ja, wenn es eine Macht gäbe, die ein Erlebnis mit seiner seelischen Umgebung zusammen auferstehen lassen könnte, diese Umgebung in Verbindung mit einer weiteren Umgebung und so weiter, mit einem Wort, wenn die Erinnerung jedes kleinste Moment unseres Lebens zusammen mit seinen Verbindungen aufwecken könnte, dann könnten wir von der Erinnerung als einer reproduktiven Kraft sprechen, die die Vergangenheit auferweckt und wieder zu Wirklichkeit macht; dann hätte jener ideale Strom nicht idealen Charakter, sondern wäre selbst eine sich wiederholende Wirklichkeit; dann könnte man das Rad der Zeit wirklich zurückdrehen, das Leben und die ganze Welt von vorn beginnen. Aber solange nicht jemand dieses Wunder hervorbringt, solange werde ich die Erinnerungsfähigkeit nicht als eine wesentlich reproduktive Kraft ansehen.

Erinnerungsbilder lassen sich schon deshalb nicht als Reproduktion bezeichnen, weil sie von einigen, sogar meist von überaus vielen Umständen der Vergangenheit absehen. Das heißt, dass die Erinnerung zugleich auch immer abstrahiert, so, dass wir die Fähigkeit zur Abstraktion als in der Erinnerungsfähigkeit inbegriffen betrachten müssen. Gerade deshalb möchte ich nicht von Erinnerung sprechen, sondern lieber vom idealen Besinnungsstrom. Mit diesem Begriff verbindet nämlich niemand einseitig gebildete, ungeschickte Vorstellungen. Der ideale Strom ist bei mir gleichbedeutend mit der Erinnerung, aber mit der Erinnerung im weitesten Sinne; mit derjenigen, die auch die Abstraktion und die schöpferische Phantasie umfasst. Tatsächlich kann sich die Erinnerung im Menschen in zwei Richtungen zu immer höherer geistiger Tätigkeit entwickeln; entweder in Richtung der Abstraktion oder der Vereinigung, so dass wir von der abstrahierenden oder vereinenden, also von der analysierenden und der schöpferischen Erinnerung sprechen können.

Dass alle Erinnerung mehr oder weniger abstrakten Charakters ist, wird aus meinen bisherigen Ausführungen vollkommen deutlich, denn im Erinnerungsbild sehen wir immer von gewissen Umständen der Vergangenheit ab. Nicht weniger deutlich ist aber auch, dass alle Erinnerung mehr oder weniger schöpferischen Charakter besitzt, denn wenn wir die Eindrücke der Vergangenheit in der Gegenwart verspüren; dann treten diese Eindrücke gerade dadurch, dass sie in die gegenwärtigen Umstände verpflanzt werden, in ganz neue Beziehungen ein; und gerade diese neuen Beziehungen bewirken, dass die Erinnerung schöpferische Kraft gewinnt. Wer jedoch der Erinnerung die abstrahierende und schöpferische Fähigkeit um jeden Preis absprechen will, der tut am besten daran, wenn er den Ausdruck „idealer Strom" akzeptiert. Ich werde also von abstrakten oder vereinenden bzw. von analysierenden und schöpferischen idealen Strömen sprechen. Besser gesagt, ich eigne jedem idealen Strom eine gewisse Abstraktion oder einen analytischen Charakter zu, weil er ein Absehen von einigen Umständen der Realität enthält; und ich werde auch jedem idealen Strom einen gewissen vereinenden oder schöpferischen Charakter zusprechen, weil er darauf gerichtet ist, gewisse Beziehungen und Zusammensetzungen der Wirklichkeit aufrechtzuerhalten.

Dass der ideale Strom immer eine gewisse schöpferische Kraft besitzt, beweise ich wie folgt. Angenommen, die Erinnerung zitiert das Erinnerungsbild $a$ eines realen Eindrucks $A$. Dieses $a$ wird gerade dadurch übereinstimmend mit $A$, dass die Erinnerung auch die Umgebung von $A$, nämlich $X$ und $Y$, zitiert. Also wäre $a$ das Bild von $A$, wenn (xay) das Bild von (XAY) ist. Aber dies ist wiederum nur möglich, wenn die Erinnerung auch die Umgebung von X und Y, also X' X'' und Y'Y'' zitiert. Damit also $a$ wirklich $A$ entspricht, müsste (x'xx''ay'yy'') (X'XX''AY'YY'') entsprechen und so weiter ad infinitum. Da aber diese Anforderung nicht erfüllt ist und die Erinnerung nie vollkommen mit der Wirklichkeit übereinstimmt, ist es klar, dass sich die Beziehungen zwischen den einzelnen Elementen geändert haben müssen, also erscheint beispielsweise X nicht mehr in der Umgebung von X' und X'', sondern die Erinnerung hat hier vielleicht ein altes Element fallenlassen und es durch ein neues ersetzt, so dass X in eine andere Umgebung getreten ist und so auch selbst in gewisser Hinsicht zu etwas anderem geworden ist. Die Elemente des alten Erlebnisses treten im idealen Strom unbedingt in neue Beziehungen, und so ist gewiss, dass der ideale Strom unter allen Umständen schöpferischen Charakter haben wird.

Wenn wir also den Charakter irgendeiner Intelligenz kennen lernen möchten, dann müssen wir einerseits wissen, auf welchen realen Strömen oder sinnlichen Eindrücken (Erlebnissen) sie beruht, andererseits müssen wir einer Untersuchung unterziehen, welche idealen Ströme diese Intelligenz in sich entwickelt, zu welchen Abstraktionen und Zusammensetzungen sie fähig ist. In einer früheren Arbeit habe ich dargelegt, dass die idealen Ströme immer höhere Ordnung erreichen können dadurch, dass sie von der Erinnerung immer wieder heraufbeschworen werden. Diese idealen Ströme höherer Ordnung lassen sich auch in zwei Richtungen entwickeln: entweder in die analytische oder in die schöpferische Richtung. Auf diese

Weise gelangen wir in der Wissenschaft zu immer höheren Abstraktionen und in der Kunst zu immer idealeren Konzeptionen.

Melchior Palágyi

# Das Gesetz der Vernunft.[18]

## – Eine neue Grundlegung der Logik –

## 1.

*Unter dem Gesetz der Vernunft verstehe ich einen Gedanken, der bewusst oder unbewusst, gewollt oder ungewollt in jedem unserer Gedanken enthalten ist.* Das Gesetz der Vernunft ist ein notwendiger und allgemeiner Gedanke; das heißt: Ohne dieses Gesetz ist es unmöglich, einen Gedanken zu formulieren, und es gibt keinen Gedanken – ganz gleich, ob er für richtig oder für falsch gehalten wird –, der so außergewöhnlich wäre, dass er nicht von diesem einen Gedanken Zeugnis ablegte. Dass in aller Tätigkeit des Verstandes ein solches Gesetz verborgen sein muss, ist von vornherein zu erwarten. Die menschliche Vernunft kann sich selbst nämlich nicht verleugnen, und was von ihr stammt, muss unverkennbar ihr Zeichen an sich tragen. Dieses gemeinsame Siegel, das die menschliche Vernunft jedem Gedanken aufdrückt, zum Zeichen dafür, dass dieser Gedanke wirklich aus ihrer Werkstatt hervorgegangen ist, bezeichne ich als Gesetz der Vernunft. Wenn ein solches Gesetz existiert, kann es nur eines sein. Denn angenommen, zwei Gedanken, $A$ und $B,$ erheben gleichermaßen Anspruch auf den Titel Gesetz der Vernunft, dann ist $A$ als Vernunftgesetz in jedem anderen Gedanken – also auch in $B$ – enthalten; und aus demselben Grunde muss auch $B$ als Vernunftgesetz in allen anderen Gedanken – also auch in $A$ – enthalten sein. Wenn nun jedoch $A$ in $B$ enthalten ist und auch $B$ in $A,$ so bedeutet das, dass die beiden Gedanken in eins fallen. Das Gesetz der Vernunft ist also ein einziger Gedanke, oder besser gesagt nicht ein Gedanke, sondern der Gedanke an sich.

Ein Gedanke, der in jedem Gedanken enthalten ist, kann als Bindeglied zwischen sämtlichen Gedanken dienen und dient auch dazu. Das Gesetz der Vernunft ist also ein Gedanke, der einen unserer Gedanken mit dem anderen und jeden mit sämtlichen anderen in Zusammenhang bringt. Durch seine Erkenntnis erhebt sich unsere Weltauffassung auf die Stufe der bewussten Einheitlichkeit, d. h. sie wird zu einem

---

[18] Palágyi: *A logika új alapvetétese,* Jelenkor, Jg.I, Nr. 18-26, Juni bis August 1896.

einheitlichen philosophischen System. *Die Feststellung des Gesetzes der Vernunft ist also gleichbedeutend mit der Grundlegung des Systems der Philosophie.*

Jeder, der Gedanken formt, bedient sich des Vernunftgesetzes: Man muss es sich nicht leihen und kann das auch gar nicht, denn es ist jedem von Anbeginn eigen, dadurch, dass er als Mensch geboren ist. So erklärt sich, dass die Menschen unter Berufung auf ihren „angeborenen nüchternen Verstand" alle Untersuchungen der Vernunft für überflüssig erklären. Sie haben insofern recht, als sie spüren, dass wir das Gesetz der Vernunft nicht aus Büchern erworben, sondern „von unserer Mutter ererbt" haben. Aber es ist eine Sache, etwas als ererbt zu besitzen, und eine andere zu erkennen, welcher Natur dieses Erbe ist. Die irrtümliche, also in inneren Widersprüchen befangene Logik stammt genau daher, dass wir das Gesetz der Vernunft anwenden, ohne uns über es Rechenschaft ablegen zu können. Der ererbte (unbewusste) Besitz des Vernunftgesetzes garantiert also nicht das richtige logische Denken; zu diesem kann die Vernunft nur gelangen, wenn sie sich um die Kenntnis ihrer selbst bemüht, ihr eigenes Gesetz formuliert und es bewusst gebraucht.

**2.**

Das, was ich als Gesetz der Vernunft bezeichne, haben die Philosophen bisher in drei Richtungen gesucht:

Einige bemerkten, dass unsere Begriffe in einem Verhältnis der Unter- und Übergeordnetheit stehen, oder formelhaft ausgedrückt, eine „Begriffsleiter", eine „Begriffshierarchie" bilden. Wenn wir die Leiter immer höher hinaufsteigen, gelangen wir zu immer allgemeineren Begriffen, deren Wirkungsbereich immer weiter ist, die jedoch zugleich immer grauer und leerer sind. An der Spitze der Leiter (oder Pyramide) würde der einzige und graueste Begriff thronen, der über alle anderen herrscht. – Wenn die Philosophie nichts anderes wäre als Dichtung, dann könnten wir uns mit diesem formelhaften Ausdruck zufriedengeben, denn die angebliche Begriffspyramide veranschaulicht das wechselhafte Wesen unserer Welt ebenso hübsch wie ihr einheitliches.

Andere haben Ähnliches nicht in Bezug auf die Begriffe, sondern auf die Gesetze (Urteile) beobachtet. Ein Gesetz gewinnt seine Gewissheit aus einem anderen, dieses wiederum aus einem dritten und so weiter. Man muss also letztlich zu einem Gesetz gelangen, das seine Gewissheit nicht von einem anderen bezieht, sondern in sich selbst gewiss ist. Dies wäre zugleich das in sich selbst klare Gesetz, das sein Licht nicht von einem anderen Gesetz verliehen bekommt, sondern in ursprünglichem Licht prangte wie die Sonne. In der Suche nach einem solchen in sich selbst gewissen, selbstverständlichen oder Grundgesetz (Axiom) äußerte sich bislang am entschiedensten die Ahnung von einem Gesetz der Vernunft. Nur blieb die große Frage offen, was das Kennzeichen eines Grundgesetzes sei. Der eine Denker nimmt nämlich als selbstverständlich an, was ein anderer nur aufgrund eines Beweises für akzeptabel hält. In Arithmetik, Geometrie, Mechanik und Physik wimmelt es nur so von angeblichen Grundgesetzen, denn was einer für wahr hält, ohne dass er eine Möglichkeit zu seinem Beweis fände, das ist er geneigt, einfach zum Grundgesetz zu erklären. – Die Feststellung des Grundgesetzes ist eine schwerere Aufgabe als alle anderen, weil die Beweisverfahren hier ihren Dienst versagen. Wenn es um andere Gesetze geht, kann ich meine für sie sprechenden Argumente anführen, und wenn diese Argumente sich als einwandfrei erweisen, ist der Nachweis gelungen. Wenn es aber an einem meiner Argumente etwas auszusetzen gibt, dann mache ich dieses Argument zum Gegenstand eines eigenen Beweises und so weiter. Und sollte der Beweis des Gesetzes auch nicht vollkommen gelingen, so hat doch wenigstens die Diskussion begonnen und kann im Fluss gehalten werden.

Aber jede menschliche Diskussion staut sich dort auf und gerät in kritische Stockungen, wo jemand ein Gesetz an sich für gewiss erklärt. Denn wenn ich ein Gesetz als Axiom aufstelle, jemand anders dieses aber nicht als solches akzeptieren kann, weshalb er fordert, dass ich mein Gesetz beweisen soll – dann kann ich das nicht leisten, denn wenn mein Beweis gelänge, ich also mein Gesetz auf ein anderes Gesetz zurückführen könnte, dann stellte sich gerade heraus, dass mein Gesetz in Wirklichkeit kein Grundgesetz ist. Eine Einigung kann in diesem Fall nur so zustande kommen, dass wir vorher festlegen, was eigentlich „selbstverständlich" bedeutet, was wir also unter einem Grundgesetz verstehen wollen. – *Das Abweichen meiner Logik von den bisherigen liegt in der Interpretation des Axioms.* Meiner Ansicht nach ist das Kennzeichen des Grundgesetzes oder Gesetzes der Vernunft, dass es in jedem unserer Gedanken enthalten ist. In sich selbst gewiss kann nämlich nur ein Gesetz sein, ohne das wir uns nirgends und niemals über irgendeinen Gegenstand einen Gedanken bilden können bzw. von dem wir uns *unmöglich befreien können, ganz gleich, an welches andere Ding wir denken.* Dies ist zugleich das offensichtlichste Gesetz, denn es ist unweigerlich in jedem anderen vorhanden, gerade deshalb ist es aber zugleich auch das unklarste, ahnungsvollste, am wenigsten bewusste Gesetz, denn unsere Aufmerksamkeit richtet sich gerade auf das am wenigsten, was sie überall umgibt. Obgleich also das Gesetz der Vernunft nichts anderes ist als der selbstverständliche, in sich gewisse Gedanke, verlangt seine Aufdeckung dennoch eine Untersuchung, die tiefer reicht als alle anderen.

Die Anhänger der dritten Richtung suchen weder nach einem höchsten Begriff noch nach einem in sich gewissen Grundgesetz, sie widmen ihre Aufmerksamkeit vielmehr den Beziehungen und Zusammenhängen zwischen den Gesetzen und kommen fortwährend auf die Frage zurück, wie man mit unbedingter Gewissheit schlussfolgern könne. Sie bemerken nicht, dass wir die Beziehung zwischen zwei Gesetzen wiederum nur mit Hilfe irgendeines Gesetzes zustandebringen, weil wir einen Gedanken an einen Gedanken nur mittels eines Gedankens anknüpfen können. Um also das Gesetz $A$ mit irgendeinem $B$ zu verknüpfen, brauchen wir ein Gesetz $C$, aber dieses $C$ hängt mit $A$ wieder durch ein Gesetz $D$ und das $D$ mit $A$ wieder durch ein Gesetz $E$ zusammen und so weiter. Unsere Gedanken könnten daher niemals in einen Zusammenhang kommen, wenn nicht ein Gedanke existierte, der zwischen sämtlichen Gedanken vermittelt, weil er in ihnen allen enthalten ist. Dies ist gerade das Grundgesetz, das ich als Vernunftgesetz bezeichne. *Die Schlussfolgerungslehre ist also auf die Findung des Gesetzes der Vernunft zu gründen;* dies ist es, was *Aristoteles* außer Acht gelassen hat und was in seiner Schlussfolgerungslehre so spürbar fehlt.

**3.**

Die drei Richtungen hat man sich nicht gerade auf verschiedene Philosophen verteilt zu denken; so finden wir beispielsweise bei *Aristoteles* alle drei; er beschäftigt sich mit den Klassen unserer Begriffe (Kategorien), ohne nach dem Gesetz der Begriffsbildung zu forschen; er bringt das Grundgesetz der Vernunft zur Sprache, ohne seine Bedeutung zu erkennen; er stellt Regeln für die richtige Schlussfolgerung auf, ohne das Grundprinzip aller Schlussfolgerungen aufzudecken. Die drei Richtungen werden bei ihm niemals zu einer, wofür die Erklärung darin zu suchen ist, dass *die Vernunft bei ihm von Beginn an in drei Kräfte aufgeteilt auftritt:* Die eine ist die Kraft, die die Begriffe schafft, die zweite ist die Urteilskraft, die die Begriffe zu Urteilen verbindet, die dritte ist die Schlussfolgerungskraft, die aus den Urteilen Schlussfolgerungen ableitet. Auf diese Weise kommt zwischen den drei Vernunftkräften die Vernunft selbst abhanden. Es ist nämlich eine alte Sache: Wenn wir etwas im Ganzen verwerfen wollen, ist es am zweckmäßigsten, es in Teile aufzulösen, denn zwischen den Teilen geht nichts so sicher verloren wie gerade das Ganze. Die drei Vernunftkräfte ziehen sich seit *Aristoteles* durch die Geschichte der Logik und sind zum tötenden Buchstaben beinahe jeder Untersuchung der Vernunft geworden. Der Verstand wurde zu einer immer komplizierteren mystischen Maschinerie. Seine elementarste Tätigkeit ist nach dieser Auffassung die Bildung von Begriffen; wenn er damit fertig ist, dann verschmelzen die Begriffe im Hochofen der Kritik irgendwie zu Urteilen, während schließlich die höchste Vernunftfähigkeit, die Schlussfolgerungskraft, aus den Beziehungen der Urteile auf irgendeine Weise Schlussfolgerungen herausschmilzt. Auf diese Weise sind ein unterer, mittlerer und höchster Verstand entstanden, die in ihrer Struktur an ein Gebäude aus mehreren Stockwerken erinnern. Das wäre ja letztlich noch nicht schlimm, aber die Stockwerke mussten mit Treppen verbunden werden, und weil deren Anzahl ungewiss war, wurden zwischen den Stockwerken Zwischen- und Mezzaningeschosse eingeschoben; das Gebäude türmte sich immer weiter auf, und weil auch die Linie des Erdgeschosses ungewiss blieb, ließen sich seine Fundamente in immer tiefere und tiefere Wahrnehmungsschichten hinunter. Ist es da ein Wunder, wenn sich in diesem geheimnisvollen Gebäude die Vernunft so gut verbergen konnte, dass sie mit der Zeit vollkommen unauffindbar wurde?

Es stellt sich unwillkürlich die Frage, auf welchem Wege die Logiker zur Unterscheidung der drei Vernunftkräfte gelangt sind. Ihr Ausgangspunkt ist ziemlich klar, denn für das, was sie Begriff nennen, ist Zeichen in der Rede das Wort, das Symbol für das Urteil ist der einfache Satz, und der Vertreter der Schlussfolgerung in der Rede schließlich ist der zusammengesetzte Satz. *Also brachte die Gliederung der menschlichen Rede die Logiker darauf, drei Vernunftkräfte zu unterscheiden.* Die griechische Logik verband die Untersuchung der Vernunft ganz offen mit der Untersuchung der Zeichen und Gliederung der Sprache: Grammatik und Logik lebten in unschuldiger geschwisterlicher Gemeinschaft, ohne zwischen Mein und Dein zu unterscheiden. Mit der Zeit begann jedoch *die Logik, sich für diese Verwandtschaft zu schämen,* und vergaß teils bewusst, teils unbewusst ihren ursprünglichen Ausgangspunkt. Die einzelnen Teile der Rede wurden in der Logik mit anderen Bezeichnungen versehen als in der Grammatik, und die neuen Kunstwörter verhüllten den gemeinsamen Ursprung immer mehr. Durch die falsche Kunstrede entfremdete sich die Logik von der Untersuchung der Rede. Auf diese Weise wurde sie ihrem eigenen Ursprung untreu, verlor mit dem Boden unter den Füßen ihre Methode und verstand sich selbst nicht mehr.

*Die Neugeburt der Logik ist nur möglich, wenn wir zu den griechischen Traditionen zurückkehren und die Untersuchung der Vernunft offen auf die Untersuchung der Struktur der menschlichen Rede gründen.* Aber diese Rückkehr bedeutet zugleich *eine grundlegende Reform der griechischen Logik.* Die griechische Untersuchung der Vernunft ist von der ungewissen Verschmelzung von Grammatik und Logik und von ihrer ebenso ungewissen Trennung charakterisiert. Wenn wir jedoch die Untersuchung der Vernunft ganz bewusst mit der Struktur der Sprache in Verbindung bringen, dann entsteht gerade durch diese Bewusstheit eine scharfe Grenzlinie zwischen jeder grammatischen und logischen Forschung. Der Vernunftforscher setzt sich zum Ziel, das Gesetz zu ermitteln, das über jegliche Tätigkeit der menschlichen Vernunft herrscht. Denn wo kann man dieses Gesetz für alle nachweisen, wenn nicht da, wo die Vernunft sich für jeden wahrnehmbar äußert: in der Rede, in der Redestruktur. Der Vernunftforscher betrachtet die Rede als sinnliches Zeichensystem, das er einzig und allein in Augenschein nimmt, um daran das Siegel der Vernunft auf eine für alle wahrnehmbare

Weise nachzuweisen. So untersucht er also nicht, was an der Sprache flexibel ist: beispielsweise, wodurch sich die Ausdrucksweise des einen Menschen von derjenigen eines anderen, ein Dialekt oder eine Regionalsprache von der anderen unterscheidet; er forscht nicht danach, inwiefern sich die Sprache eines Volkes oder einer Nation von der einer anderen unterscheidet und inwiefern bestimmte Sprachen miteinander verwandt sind, als wären sie Mitglieder derselben Familie; er betrachtet nicht das historische Leben der Sprachen, die Veränderungen in der Form der Wörter und Redensarten im Verlauf der Zeit. Dies und Ähnliches überlässt er den Sprachforschern und beschäftigt sich einzig mit dem, was allen Sprachen gemeinsam ist, was auf allen Lippen und zu jeder Zeit gleichermaßen lebt; mit dem also, das in der Sprache notwendig ist, unveränderlich, ewig; mit dem, das jede Rede zu Rede macht und ohne das die Rede nicht sein könnte, was sie ist, ohne das sie nicht menschliche Gedanken ausdrücken könnte.

## 4.

Die modernen Vernunftforscher scheuen allerdings davor zurück, die Vernunft in der Struktur der Rede zu untersuchen. Sie sind von tiefem Misstrauen gegenüber dem menschlichen Wort durchdrungen und lieben es, das Wort als Verfälscher des Gedankens darzustellen: Dabei bemerken sie nicht, dass sie auch dann gezwungen sind, zu Wörtern zu greifen, wenn sie die Wörter mehr oder weniger geistreich schmähen. Der erste Platz unter den Anklägern des menschlichen Wortes gebührt *Bacon* von Verulam. Er bezeichnet die Rede – oder besser gesagt die Wörter – als eine der Hauptursachen für die Trugschlüsse der Menschen. Diese Trugschlüsse unterteilt er in vier Klassen: in die Trugschlüsse des Stammes, der Höhle, des Marktes und der Bühne (idola tribus, specus, fori, theatri). Auch *Bacon* hat es – wie wir sehen – mit der Einteilung eilig, denn er weiß, dass er auf diese Weise am leichtesten vermeiden kann, das Wesen der Trugbilder aufzudecken. Zu den Trugschlüssen der ersten Klasse sollen diejenigen gehören, die sich auf den menschlichen Stamm als Stamm beziehen. Wenn jedoch solche existierten, dann blieben sie ewig unerkennbar, denn wenn ein Individuum vorkäme, das einen Trugschluss des menschlichen

Stammes als Stammes erkennte, dann bewiese diese Person gerade mit dieser ihrer Entdeckung, dass der betreffende Trugschluss nicht ein Trugschluss des Stammes ist, sondern nur einer der Individuen, denn es hat sich ja ein Individuum gefunden, das sich von diesem Trugschluss befreien konnte. Dergestalt fällt die erste Klasse der Trugschlüsse vollkommen weg. Zugleich ist zu sehen, wie *Bacon* die Wörter gebraucht, wenn er die Wörter geißelt, und dass er wirklich allen Grund hatte, dem Wort gegenüber Misstrauen zu hegen. – Die zweite Klasse der Trugschlüsse nennt er mit einem an Platon erinnernden Wortbild „Trugschlüsse der Höhle": Darunter versteht er die Irrtümer des Individuums, die sich aus dessen spezifischer Beschränktheit ergeben. – Ich glaube, dass alle möglichen Irrtümer in diese eine Klasse gehören und dass die gesamte Klassifizierung Bacons überflüssig ist. *Bacon* jedoch erachtet auch die Unterscheidung einer dritten und vierten Klasse als notwendig. In die dritte Klasse gehören seiner Ansicht nach die Irrtümer des „Marktes", die aus dem Gebrauch der Wörter stammen. Aus dieser Klassifizierung sollte deutlich werden, dass die Wörter und die Rede im Allgemeinen weder zum Menschen als Stamm noch zum Menschen als Individuum gehören, weil sie sonst in der ersten oder zweiten Klasse Platz nehmen dürften. Aber eigentlich ist es schade, diese Klassifizierung ernst zu nehmen; es ist offensichtlich, dass Bacon vier schöne Vergleiche zur Verfügung hatte und die menschlichen Trugschlüsse um der vier schönen Schlagworte willen in vier Teile teilt, aber wenn er gerade Lust gehabt hätte, zwölf schöne Vergleiche zu erdenken, dann hätten sich die menschlichen Irrtümer in zwölf Divisionen gruppiert. So geht ein Redner mit den Wörtern um, wenn er gegen die Wörter redet. Die Verdächtigung des Redners ist durch *Bacon* in der englischen Philosophie Mode geworden. *Locke* widmet ein ganzes Buch seines Hauptwerkes der Untersuchung der Wörter und rügt die Wörter aus gewissenhaftem Herzen mit Wörtern. Der Zorn der englischen Sinnforscher richtet sich jedoch vorrangig gegen die sogenannten abstrakten Wörter und überhaupt gegen den Vorgang der Abstraktion (abstractio). Auch *Berkeley* schimpft über die Wörter, vor allem über die, die „abstract ideas" ausdrücken, denn diese verderben angeblich das menschliche Denken. Dieser geistreiche und paradoxe Philosoph geht schon beinahe so weit, die Möglichkeit der Abstraktion zu leugnen. Hinter der Verdächtigung der Wörter verbirgt sich ein tiefes Misstrauen gegenüber der menschlichen Vernunft selbst. Denn wenn wir die Wörter gleichsam als Banknoten der Vernunft betrachten, wer würde dann bei einer Erschütterung des Glaubens an den Kredit dieser Noten Konkurs erleiden, wenn nicht die menschliche Vernunft selbst?

Jeder Argwohn und Zweifel ist solange gefährlich, wie er gestaltlos und nicht fassbar ist wie der Nebeldunst, der sich auf die Dinge legt, deren Konturen verwischt und jede klare Unterscheidung unmöglich macht. Wir wollen also untersuchen, worauf dieses Misstrauen beruht, das gerade die tiefsten Geister gegenüber dem Wort und der auf diesem aufbauenden menschlichen Rede hegen. Gewiss können wir das Wort missbrauchen, wir können diesen Missbrauch sogar zu einer ganzen Kunst entwickeln. Was wir Rede, Literatur, Tagespresse nennen, ist zumindest teilweise nichts anderes als ein Missbrauch des menschlichen Wortes mit der Fähigkeit des Redners und Formulierers. Die grobe und feine, berechnende und unwillkürliche Arglistigkeit wohnt der menschlichen Rede inne. Die Rede ist eine Waffe im Lebenskampf, eine mächtige Waffe, die normalerweise nicht von der selbstlosen Vernunft, sondern vom launenhaft verschrobenen oder bösartig disziplinierten Eigeninteresse geschwungen und geführt wird. Aber die Philosophen stört nicht nur das und nicht einmal das hauptsächlich. Sie haben das Gefühl, dass man die Bedeutung der Wörter nicht mit der Strenge feststellen kann, wie es nötig wäre, damit wir andere und uns selbst vollkommen verstehen. Deshalb unternehmen sie beinahe unglaubliche Anstrengungen, den Sinn der Wörter zu fixieren und herauszustellen. Und weil sie für all diesen Bemühungen keinen ausreichenden Erfolg sehen, sind sie geneigt auszusprechen, dass das Wort für den Ausdruck des menschlichen Gedankens überaus ungeeignet und unfähig sei.

Sie können allerdings nicht so weit gehen, das Wort für überhaupt und vollkommen ungeeignet für den Ausdruck des Gedankens anzusehen. Denn wenn jemand behauptete, dass die Rede den Gedanken überhaupt nicht ausdrückt, dann dürfte er auch nicht erwarten, dass wir dieser seiner Rede einen Sinn beimessen, und dem Betreffenden bliebe nichts andres übrig, als endgültig zu verstummen. So würde der ins Extrem geführte Argwohn sich selbst töten. Also sprechen die Philosophen nur vorsichtig von der *großen Schwäche der Wörter*. *Descartes* und *Leibniz* sinnieren geradewegs darüber, ob die Philosophie ein Zeichensystem nach dem Muster der Mathematik festlegen solle, das die Gedanken mit mathematischer Genauigkeit ausdrückt und verbindet. Aber wenn jemand auch ein solches Zeichensystem erdächte, könnte der Übergang zu dieser neuen Ausdrucksweise doch nur über die gewöhnliche Rede geschehen; unsere Gedanken müssten aus der gewöhnlichen Rede gleichsam übersetzt werden in die neue, künstlichere philosophische Sprache, die also – wie die Übersetzung vom Ursprungstext – immer von der gewöhnlichen menschlichen Rede abhängig bliebe und sich niemals von der ursprünglichen Schwäche befreien könnte, die der gewöhnlichen Rede anhaftet; sie könnte dem menschlichen Denken höchstens einen höheren Schliff verleihen.

In der Geschichte der Philosophie treffen wir auf Schritt und Tritt auf den unheilbaren Hang zu Utopien, dessen Kennzeichen es ist, dass er „den Menschen endgültig aus seiner Haut schlüpfen lassen" und „ihm endgültig den alten Adam ausziehen" will. Wir müssen begreifen, dass die Utopien und die Verzweiflung über die Menschheit im Grunde aus demselben Mutterschoß geboren sind. So lässt sich das grenzenlose Misstrauen gegenüber der Sprache, das sich in den Schriften von *Bacon* und *Locke* äußert, auf denselben psychologischen Grund zurückführen wie *Descartes'* und *Leibniz'* Traum von einer zu schaffenden perfekten philosophischen Sprache. Ersteres Misstrauen und letztere Träumerei beleuchten dieselbe Tatsache von entgegengesetzten Seiten: Die Verzweiflung über die menschliche Sprache, in deren Tiefe sich die Verzweiflung über die menschliche Vernunft verbirgt. *Descartes* selbst spricht aus, dass die Voraussetzung für die Zusammenstellung einer philosophischen Sprache wäre, dass wir im Besitz eines vollkommenen Begriffssystems sein müssten. Mit anderen Worten: Die Voraussetzung für die perfekte Philosophie ist die perfekte Sprache; aber zur vollkommenen Sprache können wir nur gelangen, wenn wir zuerst das vollkommene philosophische System geschaffen haben. So ist es also klar, dass wir weder das eine noch das andere erreichen können, denn die Verwirklichung des einen erforderte immer schon die vorherige Verwirklichung des anderen. Was ist dies anderes als ein „lasciate ogni speranza" gegenüber der menschlichen Vernunft? Jene berühmte „lingua philosophica" lässt sich gänzlich mit dem „homunculus" in eine Reihe stellen. Ebenso, wie es eine logische Unmöglichkeit ist, in der Retorte auf chemische Weise einen Menschen herzustellen, ist es auch eine logische Unmöglichkeit, in der Retorte auf künstlichem Wege die vollkommene menschliche Sprache zu erschaffen. Denn wer einen Menschen in der Retorte herstellte, wäre genauso kein menschliches Wesen, wie kein Mensch wäre, wer eine vollkommene Sprache ersinnen wollte. Das eine hätte keine Nachkommen mehr nötig, die andere brauchte keine Rede mehr. Wer solche Utopien spinnt, spielt nur mit den Wörtern; und er spielt auf eine Weise mit ihnen, dass er die Bedeutung seiner eigenen Worte nicht versteht. Er missbraucht die Rede und er missbraucht die Vernunft, denn er bemüht sich nicht, das in der menschlichen Rede und damit zusammen in der menschlichen Vernunft verborgene Gesetz klar zu erkennen und bewusst zu formulieren.

Eine nicht geringere logische Verirrung ist es, dass diese philosophische Sprache nach dem Muster mathematischer Zeichen entstehen müsse. Die wunderbare Zeichensprache, mit der die Mathematiker ihre Gedanken ausdrücken, würde umgehend zu einer seelenlosen, unverständlichen Kritzelei werden, wenn sie ihre Abhängigkeit von der natürlichen lebendigen Sprache verlöre. Derselbe Geist, der der menschlichen Sprache innewohnt, hat auch die mathematischen Symbole geschaffen, und das Symbolsystem der Algebra ist nichts anderes, als zu bestimmten Zwecken komprimierte gewöhnliche menschliche Rede, oder, um es so zu sagen, nichts anderes als ein Seitentrieb des Hauptstammes der menschlichen Rede. Ebenso, wie es sinnlos wäre, den Stamm des Baumes nach dem Vorbild seiner Äste umzugestalten, so unsinnig ist auch der Gedanke, dass an die Stelle der allgemeinen menschlichen Rede ein nach dem engeren mathematischen Vorbild verfertigtes Zeichensystem treten sollte. Wer sich über so etwas den Kopf zerbricht, dürfte auch getrost wünschen, wir mögen unseren Körper so umgestalten, dass er rein aus Händen oder rein aus Füßen besteht.

In unserer Zeit wurden auch Versuche unternommen, eine solche „lingua philosophica" auf mathematischem Wege zu konstruieren: Mit den Namen *Boole* und *Jevons* ist der sogenannte *„logische calculus"* verbunden, der die Sätze aus mathematischer Perspektive untersucht und sie einer mathematischen Betrachtung unterzieht. Es ist ein Charakterzug dieser Experimente, dass sie nicht in den Geist des Satzes eindringen und gerade nur das an ihm erfassen, was aus einseitiger mathematischer Perspektive interessant ist. Gerade darum beweist dieser neumodische „logische calculus" schlagender als alles andere, wie wenig der enge mathematische Gesichtspunkt in der Lage ist, die im Satz verborgene Operation der Vernunft wirklich zu erfassen. Während er einerseits die Operation der Vernunft vernachlässigt, die dem Satz die Seele gibt, also die logische Frage vernachlässigt, die sich in der Struktur der menschlichen Sprache verbirgt, eröffnet er andererseits auch für die mathematische Betrachtung ein gewisses ödes Feld, so dass der Mathematiker vielleicht noch weniger Genuss an ihm findet als der Vernunftforscher. Auf diesen „logischen calculus" werde ich bei Gelegenheit noch eingehen, denn es steht zu befürchten, dass die wissenschaftliche Welt imstande sein könnte, ihm eine Bedeutung beizumessen, auf die er überhaupt keinen Anspruch erheben kann. Es ist eine uralte Utopie der Philosophie, dass sie sich in Mathematik verwandeln müsse, und dieser Wunschtraum äußerte sich seit der Schule des *Pythagoras* in mehr als einem ungeschickten Versuch. Wir werden uns ihm nur erfolgreich entgegenstellen können, wenn wir das Verhältnis der Mathematik zur Logik klären, was nur möglich ist, wenn wir den Geist völlig verstehen, der im Symbolsystem der Mathematik lebt. Und dies ist nur möglich, wenn wir vorher das in der Struktur der allgemeinen menschlichen Rede, also in jedem menschlichen Gedanken, verborgene Gesetz verstehen. Wir müssen also keine neue Rede erfinden, sondern die vorhandene verstehen.

Wir können unsere Rede nur geeignet machen, Gedanken auszudrücken, wenn wir unsere Logik entwickeln, diese aber können wir nur entwickeln, indem wir uns bemühen, das Gesetz unseres Denkens zu erkennen, und dieses Gesetz können wir nur erkennen, wenn wir darauf hinarbeiten, die Struktur unserer Rede zu verstehen; denn das Gesetz der Vernunft steckt in der Struktur der menschlichen Rede. Man sollte also die menschliche Rede nicht bemängeln, sondern sie vielmehr verstehen, denn schwach ist weniger die menschliche Rede als vielmehr derjenige, der sie verwendet, schwach ist der einzelne Mensch.

Jeder Argwohn und alle Zweifel, die sich gegen den einzelnen Menschen als Individuum richten, werfen einen Schatten auch auf die menschliche Rede. Wir hegen deshalb Misstrauen gegenüber dem menschlichen Wort, weil wir von ihm glauben, es sei allen Arten und Stärken von Gemüts-, Charakter- und Geistesschwäche eines jeden Menschen vollkommen ausgeliefert. Aber sobald wir diesen unseren Verdacht auf diese Weise verdichtet und in Form gegossen haben, sind wir auch sofort von ihm befreit. Denn es ist ein Irrtum zu glauben, dass die Rede vollkommen von der Willkür des Einzelnen abhängt. Die Rede ist nicht das Machwerk des Einzelnen, sondern eine natürliche Erscheinung unter anderen natürlichen Erscheinungen; nur dass sie zwischen allen bekannten Erscheinungen ganz einzigartig, einzig ist, weil sich in ihr die natürliche Kraft äußert, die wir als Vernunft bezeichnen. Für diese Auffassung haben die heutigen Naturforschungen und die durch sie befruchtete Sprachwissenschaft die Geister schon ausreichend vorbereitet. Der menschlichen Rede wohnt eine Kraft inne, die ebenso unabänderlich ihrem Gesetz folgt wie Wärme, Licht oder Elektrizität. In der Struktur der menschlichen Rede ist etwas, woran sich jede individuelle Laune, jeder individuelle Affekt, jeder individuelle Wille bricht. Deshalb können wir sagen, dass nicht nur der Mensch die Rede verwendet, sondern umgekehrt auch die Rede den Menschen. Und jetzt können wir auch den Zweifel deutlicher ausdrücken, den die Philosophen gegenüber der Rede genährt haben.

Sie sahen in ihr nichts Ständiges, Unveränderliches. Ihnen schien, als änderte sich die mündliche Rede von Lippe zu Lippe, von Region zu Region, von Volk zu Volk und von Epoche zu Epoche, und als gäbe es in diesem Wogen nichts Beständiges. Dabei braucht man nach dem Unveränderlichen in der menschlichen Rede gar nicht lange zu suchen: Wir wissen alle, dass es in der Gliederung der Rede liegt, über die sich niemand hinwegsetzen kann. Die Rede muss aus Sätzen, die Sätze müssen aus Wörtern gebildet werden: Dies ist ein Zwang, dem niemand entkommt.

Die Lautmassen, die in den Gelenken der Rede wogen, sind sehr veränderlich, aber in diesen Gelenken selbst liegt etwas Unveränderliches, dort haben wir also das Gesetz der Vernunft zu suchen. Die Vernunftforschung klebt nicht an den veränderlichen Lautmassen der Wörter, sie richtet ihr Augenmerk vielmehr auf die

*Gliederung der Rede.* Nicht die Wörter sind die Hauptsache in der menschlichen Rede, es ist vielmehr die Struktur. *Bacon, Locke* und *Berkeley* sprechen immer von Wörtern, wenn sie die menschliche Rede bemängeln, und auch daran ist zu sehen, dass sich ihre Aufmerksamkeit nicht auf das Beständige in der Rede richtet, sondern auf das, was in ihr schwankend ist. So brauchen wir uns auch nicht zu wundern, wenn sie von so tiefer Unzufriedenheit gegenüber der Sprache erfüllt sind.

Wichtig ist außerdem einzusehen, dass wir die Untersuchung der Vernunft überhaupt auf nichts anderes gründen können als auf die Untersuchung der Sprachstruktur. Ich berufe mich hier nicht auf das historische Argument, dass die griechische Logik Sprache und Vernunft willkürlich in Verbindung gebracht habe, auch nicht darauf, dass die neueren Vernunftforscher, wenn sie von Begriffen, Urteilen und Schlussfolgerungen sprechen, eigentlich ebenfalls immer von der Struktur der Rede sprechen, ob sie es eingestehen oder nicht. Vielmehr will ich einen Augenblick lang annehmen, dass es irgendeinem Philosophen tatsächlich gelungen wäre, mit Hilfe einer besonderen Begabung den Gedanken abstrahiert von den Kennzeichen der Rede und abstrahiert von allen anderen Merkmalen, entkleidet der Wörter, gleichsam nackt zu erfassen. Ich will annehmen, dass jemand unter Umgehung jeglicher sinnlicher Zeichen mit der Kraft des nackten Verstandes die jungfräulich nackte Vernunft untersucht, und ich frage nur, auf welchem Wege der Betreffende diese zeichenlose Vernunftuntersuchung seinen Mitmenschen mitteilen könnte, wenn nicht auf dem Wege der Zeichen der Rede. Während sich also dieser Philosoph mit nackter Vernunft in die nackte Vernunft vertiefte, wären diejenigen, die ihm zuhören, gezwungen, die menschliche Vernunft durch Untersuchung und Interpretation der Zeichen seiner Rede zu untersuchen, das heißt sie wären gezwungen, die Untersuchung der Vernunft gebunden an die Symbole der Rede auszuüben. Die nackte Vernunftuntersuchung wäre also nur für den Privatgebrauch geeignet bzw. wäre eine Privatangelegenheit des Menschen, in die niemand auf der Welt eingreifen könnte, denn jeder Eingriff erforderte den Gebrauch der Symbole der Sprache. Nun frage ich aber, was für eine Methode der Vernunftuntersuchung, überhaupt was für eine wissenschaftliche Methode das ist, wenn sie keinerlei Eingriff anderer duldet und so jegliche

Kontrolle von vornherein unmöglich macht. Eine solche Methode ein für allemal zu brandmarken, ist nur deshalb nicht nötig, weil sie in Wirklichkeit noch niemals irgendjemand angewendet hat. Es ist eine kühne Selbsttäuschung, dass die Gedanken frei von den Einwirkungen jeglicher sinnlicher Merkmale untersuchbar seien. Tatsächlich haben die Philosophen die Untersuchung der Vernunft ja wirklich immer an die Symbole der Sprache gebunden, obgleich sie dies – was schlimm genug ist – oft unbewusst taten.

## 5.

Von allen Täuschungen, die gerade durch die Redebegabung entstehen, besteht die größte Täuschung in der Auffassung, dass wir auch ohne sie denken bzw. dass wir von ihrer Erforschung bei der Grundlegung der Logik absehen könnten. Es geht jedoch nicht darum, von der Rede abzusehen, man muss sie vielmehr beherrschen; und dieses Beherrschen ist nur möglich, wenn wir danach streben, ihre Struktur zu verstehen. Solange wir den Schlüssel zu dieser Struktur nicht gefunden haben, stolpern wir über unsere eigenen Worte und haben das Gefühl, alle menschliche Rede sei nur gauklerische Verstandestäuschung. Wenn ich beispielsweise sagte „das Gold ist gelb", dann erklingen die beiden Wörter Gold und gelb in der Zeit getrennt, und wenn ich die beiden Wörter niederschreibe, dann erscheinen sie auch räumlich getrennt. Wenn ich jedoch das Gold in der Wirklichkeit betrachte, zeigen sich das Gold und sein Gelbsein nicht in Zeit oder Raum getrennt voneinander. *Die Gliederung der Rede ist etwas anderes als diejenige der Dinge selbst.* Dies spürten die englischen Sinnforscher, auch wenn sie es nicht klar ausdrücken konnten, dabei tastete sich *Hobbes* an diesen Gegenstand heran. Und weil wir als Wirklichkeit ausschließlich das bezeichnen, was unsere Sinne vor uns ausbreiten, entsteht der Anschein, dass die Gliederung der Rede die Gliederung der sinnlichen Wirklichkeit beziehungsweise Ordnung verfälscht. Dieser Anschein reizte die englischen Sinnforscher zu so großem Zorn und erfüllte sie mit so tiefem Misstrauen gegenüber der menschlichen Rede, dass sie sie als Verfälscherin der wahren Erkenntnis betrachteten. Statt zu versuchen, die Gliederung der menschlichen Rede zu verstehen, sind sie auf sie wütend geworden. Aus dieser Quelle stammt auch die Spaltung zwischen den Sinnen einerseits und der Rede beziehungsweise der Vernunft andererseits, die die westliche Philosophie auf die schiefe Bahn des Sensualismus getrieben hat. Die englische Philosophie ist seit *Bacon* größtenteils kaum etwas anderes als der Kriegszug der menschlichen Vernunft gegen die menschliche Vernunft, um die sinnliche Erfahrung zum Triumph über die Vernunft gelangen zu lassen. Am pointiertesten kommt dies bei *Hume* zum Ausdruck. Nachdem seine Vorgänger mit großer Kraft der Vernunft darum bemüht waren, die Vernunft auf irgendeine Weise aus den menschlichen Kenntnissen auszugrenzen, bemerkt Hume plötzlich, dass sich in unsere sinnliche Erfahrung überall der Gedanke von Ursache und Wirkung, also eine Operation der Vernunft, hineinmengt. Er wundert sich über alle Maßen, dass bei der Auffassung der Dinge in der Welt auch die Vernunft zu Wort kommt, obwohl die Sinne nirgends eine Ursache oder eine Wirkung in den Dingen aufzeigen. Dieses übermäßige Staunen Humes gehört zu den glänzendsten und zugleich humorvollsten Momenten in der Geschichte der Philosophie. So hat sich schließlich herausgestellt, dass sich die Vernunft allen Vernünfteleien zum Trotz doch nicht aus der Wissenschaft bzw. aus der Philosophie eliminieren lässt.

Die griechische Philosophie wusste die menschliche Vernunft und mit ihr die menschliche Rede wenigstens noch zu schätzen, insofern steht sie hoch über der englischen und der ihren Spuren folgenden westlichen neuen Philosophie. Aber um das wahre Verständnis der Struktur der Rede war auch die griechische (aristotelische) Logik nicht bemüht. Sie nahm die Gliederung der Rede als Tatsache hin, ohne die *Bedeutung dieser Tatsache* zu untersuchen. Ihr kam überhaupt nicht in den Sinn, sich darüber zu wundern, dass die Rede aus Wörtern besteht, dass sich die Wörter zu Sätzen und diese wiederum zu Satzketten aneinanderreihen, obwohl die philosophische Vernunft gerade dadurch charakterisiert ist, dass sie sich über das wundert, was selbstverständlich scheint, denn sie entdeckt die Frage der Fragen, wo es jemand anderem nicht einmal in den Sinn kommt, eine Frage zu stellen. Oder ist es etwa nicht etwas Besonderes, dass die Rede eine Gliederung aufweist, und zwar eine solche, die anscheinend nicht mit der sinnlichen Gliederung der Dinge übereinstimmt?

Wo wohnt denn, wenn sich die Rede in Teile gliedert, der Gedanke? Vielleicht im einzelnen Wort oder zwischen zwei benachbarten Wörtern oder im einzelnen Satz oder zwischen den Sätzen? Ist es nicht ein Albtraumspiel, das der Gedanke durch die Gelenke der Rede mit uns treibt? Der Gedanke, den wir sozusagen einmal gedacht haben, dehnt sich ja auf der Spindel der Rede zu Wörtern und Satzfäden aus und zieht sich in der Zeit entlang. Wer die Gedanken nicht entkommen lassen, sondern sie wirklich erfassen und verstehen will, der muss unbedingt darum bemüht sein, die eigentümliche – will sagen wunderbare – Gliederung der Rede nicht zu stören.

Aber selbst die griechische Logik kam, wie gesagt, nur so weit, die Gliederung der Rede einfach als Tatsache hinzunehmen, ohne dass sie auf den Sinn dieser Tatsache neugierig gewesen wäre. Sie hat die Redeteile behandelt wie ein Botaniker die Blumen: Sie hat sie klassifiziert. Aber ebenso wie sich die neue Naturkunde nicht damit zufriedengeben kann, die Tiere und Pflanzen nach Gattungen, Familien usw. zu klassifizieren, sondern zugleich den Plan der Schöpfung erforscht, der sich in den Varianten des tierischen und pflanzlichen Lebens äußert, genauso kann sich ein Vernunftforscher nicht damit zufrieden geben, die Redeteile Klassen zuzuordnen; er ist vielmehr darauf aus, jenen Grundgedanken oder jene Grundidee, die in der Gliederung der menschlichen Rede stumm verborgen ist, dort herauszulesen. Die griechische Logik hat es versäumt, dies zu tun; sie hielt die Gliederung der Rede für *Form;* für eine Form, die keinen Gedanken enthält. So entstand die *formale Logik.* Unter der formalen Logik ist also eine Logik zu verstehen, die der Gestalt der Rede beziehungsweise des Gedankens keine Bedeutung zumisst; die also diese Gestalt für sich genommen als eine rein mechanische Form ohne Sinn betrachtet und sie so abhandelt. Dies ist ein Verfahren, als würde jemand der Tatsache, dass der menschliche Körper aus Kopf, Rumpf und Extremitäten besteht, keine Bedeutung zuschreiben, weil dies ja nur zur Form gehört. Oder wenn er in der inneren Struktur eines Kunstwerkes, sagen wir einer Tragödie, keinen tieferen Sinn sähe, sondern die Szenen und Akte als mechanische Form betrachtete, bei deren Festlegung der Verfasser von keinerlei Gedanken geleitet war. Nun, die menschliche Sprache, dieses Meisterwerk aller Werke, muss in ihrer Struktur in jeder Hinsicht irgendeinen strukturellen Gedanken bergen, ebenso, wie die Idee jedes einzelnen Kunstwerkes unausgesprochen in der Struktur dieses Werkes enthalten ist. Diesen strukturellen Grundgedanken der menschlichen Sprache und zugleich der menschlichen Vernunft suche ich hier in diesem Aufsatz.

Obwohl ich also eine Logik plane, die die strukturelle *Form* jeder menschlichen Rede und damit jedes menschlichen Gedankens untersucht, kann doch diese Logik auf keinen Fall eine formale Logik sein, aus dem einfachen Grund, dass diese Form meiner Auffassung nach auch selbst Gedanke ist, und zwar der Gedanke der Gedanken. Ein Gedanke, der alle Gedanken formt und strukturiert, mit einem Wort: das Grundprinzip, das Gesetz aller möglichen Gedanken. Es hat keinerlei Sinn, die Form der Rede, also des Gedankens, für eine mechanische Form zu halten. Denn was würde das bedeuten? Es würde bedeuten, dass die Kraft, die unseren Gedanken die Gestalt verleiht, selbst keine gedankliche Kraft wäre. Und da frage ich nun, was für eine Vernunft ist das, über die eine andere Kraft herrscht, die der Vernunft vollkommen fremd ist? Was für eine Vernunft ist das, die aus zwei Kräften besteht, so dass nur eine von ihnen Vernunft wäre, und diese den Sinn der Gedanken gäbe, während die andere keine Vernunft mehr wäre, und letztere über die erstere herrschen würde, da sie die Daten jener in Form knetet. Eine solche zu einem Teil aus Vernunft, zum anderen Teil nicht aus Vernunft zusammengesetzte Vernunft kann nur – eine zersetzte Vernunft sein. Tatsächlich kann nur die Vernunftszersetzung die Gedanken auf eine Weise entzweireißen, dass einerseits ein Gedankeninhalt existierte, der keine Form hat, und andererseits eine Gedankenhülse, der der Gedanke fehlt.

Diese Vernunftzersetzung hat verursacht, dass die Philosophen zwischen zwei Arten von Logik unterschieden haben: zwischen einer formalen Logik, die sich mit der rein mechanischen Form der Gedanken beschäftigt, und einer inhaltlichen Logik – der Erkenntnislehre –, die den rein formlosen Erkenntnisinhalt untersuchen soll. Beide Arten von Logik haben eine gleichermaßen schiefe Weltauffassung entstehen lassen. Die formale Logik, die ihr Spiel mit den leeren Gedankenhülsen trieb, wurde zur Mutter des sogenannten „*Scholastizismus*", gegen den die westliche Philosophie der Neuzeit zu Recht zu Felde zieht. Während diese Philosophie der Neuzeit jedoch gegen den Missbrauch der Formalität des Gedanken aufbegehrte, schoss sie in ihrer

Oppositionstreiberei über das Ziel hinaus und erklärte im Namen der sinnlichen Erfahrung und im Zusammenhang damit im Namen der Psychologie auch der Vernunft den Krieg, die die Gedanken formt, strukturiert und also Gesetze gibt. In dieser Arbeit verfolge ich das Ziel, diese gesetzgebende Vernunft gegenüber der westlichen Philosophie der Neuzeit zu ihrem Recht kommen zu lassen.

Sowohl die „formale Logik" als auch die auf psychologischem Fundament ruhende inhaltliche Logik, also die neuzeitliche „Erkenntnislehre", sind als große Verirrungen des menschlichen Geistes zu betrachten, die aus dem Grundübel des menschlichen Geistes, der Lehre von den zwei Prinzipien (Dualismus), herrühren. Die Logik kann weder formale Logik noch Erkenntnislehre sein, sondern nur beides in einem. Deshalb sehe ich, wenn ich die Gliederung der Sprache untersuche, in dieser Gliederung keine leere Form, sondern einen Gedanken, der alle Gedanken des Menschen strukturiert. Das heißt, ich sehe in ihr das oberste Prinzip und Gesetz der Vernunft. Dieses Gesetz der Vernunft ist zugleich das oberste Prinzip und Gesetz der Natur selbst. Dieselbe Kraft, die in jeder natürlichen Erscheinung am Werk ist, äußert sich auch in der natürlichen Erscheinung, die wir als die menschliche Rede bezeichnen. In der Natur der Sprache und damit auch in der Vernunft kann sich kein anderes Gesetz verbergen als das, das im Gesamten der Natur verborgen ist. Dies sage ich jedoch nur als Vorannahme. Vorerst ist noch nicht einmal entschieden, ob die Vernunft ein solches Gesetz hat, wie ich es in ihrer Interpretation am Anfang meiner Arbeit fordere. Wenn aber ein solches Gesetz existiert, dann muss es in der Struktur der Rede erkennbar sein, denn wenn es im sinnlichen Zeichensystem der Gedanken nicht zu finden ist, dann würden wir es überall auf der Welt vergeblich suchen.


## 6.

Unser Weg ist bereits abgesteckt. Unsere Aufmerksamkeit richtet sich auf die Gliederung der Rede, und zwar in erster Linie nicht auf die einzelnen Wörter, sondern auf die einzelnen Sätze. Jede einzelne abgeschlossene gedankliche Handlung äußert sich nämlich im Satz, während das einzelne Wort für sich genommen niemals eine abgeschlossene gedankliche Handlung symbolisiert. Es ist zwar wahr, dass wir auch dem einzelnen Wort an sich eine Bedeutung und einen Sinn zuzuschreiben, aber das ist nur möglich, weil wir fähig sind, dieses Wort in einer beliebigen Anzahl von Sätzen zu verwenden. Wenn ich das Wort „Gold" nicht in Sätze stellen könnte wie: Gold ist glänzend, Gold ist gelb usw., dann hätte dieses Wort überhaupt keinen Sinn. Seinen Sinn entfaltet das Wort in den Sätzen, in denen es verwendet wird. Wenn wir also unser Augenmerk auf die Gliederung des Satzes richten, können wir sicher sein, dass wir auch die Rolle des Wortes nicht vergessen. Währenddessen setzt sich derjenige, der von einer Untersuchung einzelner Wörter ausgeht, der Gefahr aus, in diese Untersuchung auch schon die Untersuchung des Satzes hineinzubringen, *ohne dies zu bemerken.* Es ist nämlich unmöglich, ein einzelnes Wort so einer Betrachtung zu unterziehen, dass wir es uns nicht innerhalb von Sätzen denken, weil wir sonst dem Wort keinerlei Sinn zuschreiben könnten. Tatsächlich sind die Logiker ausnahmslos in den Fehler verfallen, bei der Untersuchung der Wörter unversehens die Sätze zu untersuchen.

Wir wollen ein beliebiges Handbuch der Logik aufschlagen. Drei Hauptkapitel finden wir darin auf alle Fälle: In einem geht es um die „Begriffe" (Wörter), im nächsten um die „Urteile" (Sätze) und im dritten um „Schlussfolgerungen" (zusammengesetzte Sätze). Die Begriffe haben eine gesonderte Existenz, die Urteile haben eine gesonderte Existenz, und die Schlussfolgerungen haben wiederum eine gesonderte Existenz. So hat sich die menschliche Vernunft aufgelöst. Und diese Logiker bemerken nicht, dass es unmöglich ist, von den Begriffen (Wörtern) zu sprechen, ohne zugleich auch die Urteile (Sätze) zu behandeln. Sie wollen die Sache so darstellen, als hätten wir zuerst Begriffe ohne jede Urteilsfähigkeit, dann setzten wir aus ihnen Urteile zusammen ohne jede Schlussfolgerungsfähigkeit, bis schließlich in der Zusammensetzung der Urteile die höchste Vernunftkraft, die Schlussfolgerungsfähigkeit, zur Geltung kommt. Dabei ist offensichtlich, dass ein Begriff nur dadurch Begriff sein kann, dass er in Urteilen vorkommt, und dass Begriffe außerhalb von Urteilen nicht existieren können, sowie, dass Wörter nur deshalb einen Sinn haben, weil sie ihren Sinn in Sätzen entfalten.

Könnten wir aus ihnen keine Sätze bilden, ginge ihnen sogleich jede Bedeutung verloren.

Was nun die zusammengesetzten Sätze (Schlussfolgerungen) betrifft, so ist klar, dass in ihnen das Hauptgewicht auf die *Verbindung* der Sätze fällt. Und die Verbindung zwischen zwei Sätzen lässt sich immer in einem extra Satz ausdrücken. Ich will sogleich ein Beispiel geben. „Seit gestern ist die Lufttemperatur von -2° auf +3° gestiegen, also hat das Eis unweigerlich zu schmelzen begonnen." Die beiden Sätze werden hier von dem Wort „also" verbunden, und in diesem „also" liegt ein ganzer Satz mit der Bedeutung, dass zwischen dem Anstieg der Temperatur und der Eisschmelze eine kausale Beziehung besteht. Im Allgemeinen sind die Beziehungen zwischen Sätzen selbst auch Gedanken, und zwar Gedanken von mehr oder weniger prinzipieller Bedeutung, die sich in den verschiedenen Konjunktionen verstecken. Diese Verbindungsgedanken selbst lassen sich auch in Sätze fassen, so wie sich überhaupt jeder Gedanke unbedingt in Form eines Satzes ausdrücken lässt. Wenn wir also den Satz untersuchen, ist in dieser Untersuchung auch schon die Untersuchung der Satzverbindungen enthalten, da auch die Verbindung selbst ein Gedanke ist und als solcher nur in Form eines Satzes vollkommen verständlich wird. *Wer die Struktur des Satzes verstanden hat, hat zugleich auch die Struktur der menschlichen Rede verstanden.* Die Philosophen können das aus dem Blick verlieren, aber jeder einfache Schulmeister weiß, dass „die Sprache auf der Basis der Satzlehre gelehrt werden muss". Nun, auch die menschliche Logik muss aus der Gliederung des Satzes erkennbar sein.

In der Gliederung des Satzes dürfen wir uns hier nur dasjenige Moment vor Augen halten, das in ausnahmslos jedem Satz vorhanden ist. Denn was kein gemeinsames Merkmal jedes möglichen Satzes ist, das kann auch kein allgemeines Merkmal der menschlichen Vernunft sein, das heißt: Es kann nicht das Gesetz der Vernunft enthalten, dessen Aufdeckung wir uns zum Ziel gesetzt haben. Jede Sprache und jeder Dialekt aller Zeiten stimmen darin überein, dass die Sätze in ihnen eine duale Gliederung aufweisen, durch die sie in einen Subjekt- und einen Objektteil zerfallen. Es gibt zwar in der Rede Sätze, die diese duale Gliederung nicht klar herausstellen, aber bei ihnen handelt es sich teils um Verkürzungen, die der Hörer in Gedanken ergänzen muss (wie z.B.: Panem et circenses!), teils verdecken, verschleiern sie ihre duale Gliederung nur (wie z. B.: Es blitzt!). Schließlich gibt es Sätze, die – wenn man sie überhaupt so nennen darf – nur aus einer Interjektion bestehen (wie z. B.: Brr!). Diese sogar phonetisch ungewissen Eruptionen sind jedoch am wenigsten geeignet, den Charakter der menschlichen Rede festzustellen. Unartikuliert, wie sie sind, haben diese Ausbrüche, die aus urtümlichen Gemütsbewegungen herrühren, denselben Charakter wie die Eruptionen von Tieren, nur dass der gezähmte Mensch auch die Ausbrüche seiner Gemütsbewegungen scheinbar zu Wörtern stilisiert. Die Interjektionen sind nur scheinbar Wörter und im Wesentlichen nichts anderes als unartikulierte Eruptionen. Wenn wir sie zu Wörtern stilisieren, dann können wir dies nur durch die Fähigkeit, durch die wir die gegliederte Rede besitzen. Ohne die Fähigkeit zur gegliederten Rede behielten die Gemütseruptionen ihren rein tierischen Charakter und ließen sich nicht zu scheinbaren Wörtern stilisieren.

Die duale Gliederung, die sich in ausnahmslos jedem Satz zeigt, verleiht der menschlichen Rede menschlichen Charakter. Wenn es zu zeigen gelingt, dass diese duale Gliederung keine leere Form ist, sondern einen Gedanken in sich birgt, dann haben wir den Gedanken gefunden, der in jedem menschlichen Gedanken ausnahmslos enthalten ist, das heißt, wie haben das Gesetz der Vernunft konstatiert. Von nun an haben wir also folgende Frage vor uns: Was ist der Sinn oder die Bedeutung der dualen Gliederung des Satzes bzw. der Subjekt-Prädikat-Struktur?

Die Logiker haben diese duale Gliederung einfach als Tatsache hingenommen, ohne dass ihnen in den Sinn gekommen wäre, darüber nachzudenken. Dabei verursacht das Nichtverstehen dieser dualen Gliederung, dass die Menschen allgemein an der Theorie der zwei Prinzipien (Dualismus) leiden, und nur das Verstehen dieser dualen Gliederung kann zu einer Weltanschauung nach einem Prinzip (Monismus) führen. Solange wir nämlich die Bedeutung des dualen Charakters des Satzes nicht aufgedeckt haben, so lange steht jeder Satz und damit zusammen jeder Gedanke wie eine Art gauklerische Verstandestäuschung vor uns. Denn wie ist es möglich, ohne inneren Widerspruch über ein Subjekt $a$ ein Prädikat $b$ auszusagen? Entweder ist $b$ etwas anderes als $a$, dann enthält jeder Satz eine Unmöglichkeit; oder aber $b$ ist identisch mit *a*, und dann scheint die duale Gliederung des Satzes nichtssagend, über-flüssig und nutzlos zu sein. Wozu ist die ganze Satzstruktur gut, wenn das Prädikat den Sinn des Subjekts als seelenloses Echo wiederholt? Wieso bildet dann nicht lieber das Subjekt schon für sich genommen einen Satz? Wozu ist es gut, das *a* von sich selbst zu unterscheiden und als *b* zu bezeichnen, damit sich *b* nachträglich dennoch als identisch mit *a* erweist? Dies enthielte ja eigentlich einen doppelten Widerspruch. Denn wenn wir *a* von sich selbst unterscheiden und *b* nennen, dann nehmen wir mindestens für die Dauer eines Augenblick *b* wirklich als von *a* unterschieden an, was aber ein offensichtlicher Widerspruch ist. Und wenn wir jetzt nachträglich das – von *a* unterschiedene – *b* dennoch mit *a* identifizieren, dann sind wir zum zweiten Mal in einen Widerspruch mit uns selbst geraten.

Damit habe ich auf den *scheinbaren* Widerspruch hingewiesen, der in ausnahmslos jedem unserer Gedanken enthalten ist. Denn die duale Struktur des Satzes begleitet uns in Gedanken überallhin, und sie erweckt überall dieselbe Täuschung, wenn auch durch die unendliche Verschiedenartigkeit der Gegenstände immer in neuer Gestalt und neuer Version. Wenn wir uns auf eine Untersuchung der Begriffe Raum und Zeit, Materie und Kraft, organisches und anorganisches Sein, Individuum und Rasse, Körper und Seele usw. usf. einlassen, verwickeln wir uns überall in Widersprüche, und die Geschichte der Philosophie deckt eigentlich nichts anderes auf als den an-dauernden Kampf der menschlichen Vernunft mit diesen inneren Widersprüchen.

*Herbart* beispielsweise spricht aus, dass die Begriffe, die allgemein verwendet wer-den, in inneren Widersprüchen stehen; seiner Ansicht nach besteht die Aufgabe der Philosophie gerade darin, dass wir unsere Begriffe „bearbeiten" und sie von Wider-sprüchen reinigen. Aber wie soll denn wohl diese „Bearbeitung" vor sich gehen, wir haben doch beinahe unendlich viele Begriffe, und wenn es uns an einer Stelle mit Müh und Not gelingt, den inneren Widerspruch zu beseitigen, wer garantiert dann, dass er nicht an einer anderen Stelle als noch gefährlicheres Geschwür aufbricht? Wie sollen wir gegen die zahllosen inneren Widersprüche kämpfen, wenn wir nicht zur gemeinsamen Wurzel aller Widersprüche vordringen? Herbarts Metaphysik ist eine wahre Ansammlung innerer Widersprüche: Bei ihm zerfasert sich die Welt in unendlich viele kleine Teile („Reale"), die jedes für sich selbstständig sind. Es hat den Anschein, dass die Zerrüttung der Vernunft desto größer wird, je weiter wir die Begriffe bearbeiten. Das ist ja auch gar nicht anders möglich: Wenn wir von den „Begriffen" ausgehen und nicht von der grundlegenden Handlung der Vernunft, die sich im Satz äußert, dann muss unsere Welt unrettbar in zusammenhanglose Stücke zerreißen.

Auf Erfolg im Kampf mit den scheinbaren Widersprüchen in der menschlichen Vernunft können wir nur hoffen, wenn wir den prinzipiellen Grund dieser scheinbaren inneren Widersprüche aufdecken. Ich bezeichne diese inneren Widersprüche als scheinbar, weil wir in der Hoffnung leben, dass es gelingen kann, sie zum Verschwinden zu bringen. Solange dies jedoch nicht gelingt, beunruhigen sie die menschliche Vernunft sehr ernsthaft, ja, sie peinigen sie sogar. Ich habe oben den Widerspruch in der dualen Struktur des Satzes aufgezeigt, der jeden unserer Gedanken gleichermaßen gefährdet, und habe damit alle möglichen Verstandestäuschungen zu einer einzigen zusammengefasst. Alle Verwirrung der Vernunft rührt daher, dass der Mensch seine eigene Rede, die Struktur seiner eigenen Rede, nicht versteht. Zugleich ist auch klar, was wir unter dem sogenannten „inneren Widerspruch" verstehen. Es ist dies ein Widerspruch, an dem die menschliche Vernunft selbst zu leiden scheint und der daher ausnahmslos auf jeden menschlichen Gedanken übergeht.

Solch einen inneren Widerspruch kann es nur einen geben, denn wenn zwei davon existierten: *A* und *B,* dann müsste der eine im anderen inbegriffen sein. (Der Beweis lässt sich so führen wie derjenige, der deutlich macht, dass es nur ein einziges Gesetz der Vernunft geben kann.) Was ich also an der Struktur des Satzes aufgedeckt habe, ist nicht irgend ein Widerspruch von mehreren, sondern der Widerspruch an sich, die allgemeine menschliche Vernunfttäuschung. Das Erkennen des Vernunftgesetzes will nichts anderes sein als die Beendigung dieses inneren Widerspruchs.

Von den neueren Philosophen war es *Hegel,* der den scheinbaren Widerspruch ahnte, der in jedem unserer Gedanken enthalten ist; nur betrachtete er ihn nicht als einen scheinbaren, sondern als einen tatsächlichen Widerspruch und lehrte, dass der

Gedanke in unablässigem Widerspruch mit sich selbst lebt und sich bewegt, das heißt, er erhob den Widerspruch selbst zum Gesetz der Vernunft. Mit anderen Worten: Er machte aus der Verstandestäuschung, die in der dualen Struktur des Satzes verborgen ist und die menschliche Rede und damit das gesamte menschliche Denken durchdringt, ein philosophisches System; dabei bemerkte er nicht, dass das, was er als „dialektischen Prozess" bezeichnete, nichts anderes ist als die Verstandestäuschung, die aus der unverstandenen Struktur der Rede resultiert. *Schopenhauer* nannte *Hegel* nicht ohne Grund einen Sophisten, denn die Sophistik bestand jederzeit aus der Täuschung, die der Rede innewohnt, und genau *Hegel* ist es, dessen Gedankensystem eine einzige große Orgie dieser Täuschung der Rede darstellt. Außerdem muss ich anmerken, dass denjenigen, der die Sophistik in ein System zu fassen vermag, nur ein Schritt vom richtigen Denken trennt, wobei dieser eine Schritt zugegebenermaßen der Unendlichkeit selbst gleichkommt im Hinblick auf den, der ihn nicht tun kann.

Der Sophist müsste nur verstehen, worauf sein eigenes Handwerk beruht, er müsste sich nur Rechenschaft ablegen darüber, was ihn zu seinem gauklerischen Spiel befähigt. Aber gerade zu diesem einen Schritt ist er nicht in der Lage, denn sonst würde er einsehen, dass das, womit er andere in Verwirrung bringt und täuscht, in erster Linie nichts anderes ist als seine eigene innere Verwirrung und Selbsttäuschung.

## 7.

Die Grundlegung der Logik und die Entlarvung jeder möglichen Sophistik ist eigentlich ein und dieselbe Aufgabe. Wir werden das Gesetz der Vernunft unmöglich konstatieren können, wenn wir nicht die Täuschung aufdecken, die ausnahmslos in allen menschlichen Köpfen, in jedem Verstand und in jeder gedanklichen Handlung steckt. Diese allgemeine menschliche Verstandestäuschung empfindet nicht jedes Individuum gleichermaßen, daher bemüht sich auch nicht jeder mit gleicher Kraft, sich von ihr zu befreien. Die meisten Menschen nehmen diese Täuschung nur in schwachem Maß zur Kenntnis: einesteils, weil sie überwiegend ein Gemütsleben führen und die Täuschung nur innerhalb der Gemütswelt im Spiel der Freuden und Leiden bemerken; anderenteils, weil sie überwiegend mit der Interessenjagd beschäftigt sind und jene Täuschung nur in den Farben eines trügerischen Interessenspiels vor ihnen steht. Bei alledem gibt es keinen menschlichen Verstand, dem nicht in diesem oder jenem Augenblick schwindelte von dem Trugbild, das in seinen eigenen Gedanken verborgen ist, insbesondere, wenn er an den Anfang und ans Ende, an die Unendlichkeit von Raum und Zeit denkt. Er lebt in dem Irrtum, nur einzelne Gedanken hätten eine so schwindelerregende Wirkung auf seinen Verstand, während die alltäglichen Gedanken im Allgemeinen frei seien von diesem Schwindel. Dabei steckt die Täuschung und der mit ihr einhergehende Schwindel ausnahmslos in jedem menschlichen Gedanken, nur dass die anderweitig in Anspruch genommene menschliche Seele keine Zeit hat, sich darüber Rechenschaft zu geben. Ganz gleich, welche unbedeutend scheinende Frage man stellt: Sobald man sich bemüht, wirklich in ihre Tiefe vorzudringen, wird man plötzlich feststellen, dass man sich in einen inneren Widerspruch mit sich selbst verwickelt. Der innere Widerspruch lauert also in jedem menschlichen Gedanken, nur dass wir ihn nicht der gebührenden Aufmerksamkeit würdigen. Der philosophische Verstand jedoch empfindet die drohende Gefahr an jedem Punkt des menschlichen Denkens. Deshalb ist der Ausgangspunkt der Philosophie nichts anderes als jenes Gefühl des Trugbildes, des Schwindels, das unseren Verstand überall gefährdet, egal, welchen Gedanken wir in feste Begriffe fassen wollen. Zugleich wird auch verständlich, warum die Menschen im Allgemeinen so ein geringes Gespür für philosophische Erörterungen haben. Sie spüren nicht ausreichend die Gefahr, die den menschlichen Verstand als Verstand von jeder Seite bedroht, und deshalb empfinden sie auch nicht ausreichend das Bedürfnis, sich der Gefahr entgegenzustellen. Daher besteht die erste Aufgabe eines Lehrers der Philosophie darin, diese Gefahr, in der der menschliche Verstand schwebt, möglichst spürbar zu machen.

Es scheint, als ob von den Völkern, von denen unsere historische Tradition uns Nachricht gibt, die Griechen am geistreichsten waren. Die griechischen Denker spürten den inneren Widerspruch, der die menschliche Vernunft beunruhigt, und brachten ihn in vielfältigen sogenannten lemmatischen Schlüssen zum Ausdruck. Die Blütezeit der griechischen Philosophie ist nichts anderes als der in *Sokrates* und seinen Nachfolgern (Platon, Aristoteles) verkörperte Kampf der echten logischen Bemühungen gegen die Sophistik. Auf diese Weise lehrt die Geschichte gleichsam anschaulich, in welch enger Verbindung die Sophistik und die echte logische Bemühung zueinander stehen.

Dies kann auch gar nicht anders sein, denn wie könnten wir das menschliche Denken festigen, wenn wir nicht das gründlich kennten, was diesen Verstand schwindlig machen könnte.

Den Kampf, den die klassische griechische Philosophie mit der Sophistik führte, nehme ich hier wieder auf. Ich decke die Täuschung auf, die jedem menschlichen Gedanken ausnahmslos innewohnt. Ich zeige, dass der Schwindel des Verstandes aus der dualen Gliederung des Satzes stammt, die uns in jedem unserer Gedanken begleitet. Und ich behaupte, dass wir uns von diesem Schwindel nur befreien können, indem wir uns bemühen, die duale Gliederung des Satzes zu verstehen, also den stumm in ihr verborgenen Gedanken aufzufassen.

Jetzt müssen wir uns also davon überzeugen, dass der Widerspruch, der in der dualen Gliederung des Satzes verborgen ist, wirklich nur reiner Anschein ist. Zuerst jedoch muss ich zeigen, wie der Verstand versucht, diesen scheinbaren Widerspruch scheinbar zu glätten, wie also der Verstand auch dann in Sophistik verfallen kann, wenn er gegen die Sophistik kämpft. Mit anderen Worten, wie jemand Gefangener der Täuschung der Rede sein kann, auch wenn er bemüht ist, diese Täuschung zu zerreißen. Der Betreffende kann solche Betrachtungen anstellen:

Wenn wir über ein Subjekt *a* ein Prädikat *b* aussagen, dann ist *b* nicht als verschieden von *a* zu betrachten, denn sonst enthielte der Satz tatsächlich einen Widerspruch. Aber wir können auch nicht sagen, *b* sei mit *a* identisch, denn dann würde die duale Gliederung des Satzes überflüssig.

Zwischen diesen beiden Extremen gibt es einen goldenen Mittelweg. Das Subjekt *a* ist kein einfacher, sondern ein zusammengesetzter Begriff, eine Einheit mehrerer unterschiedlicher Merkmale. Nehmen wir z. B. einen einfachen Satz wie: Das Gold ist gelb. Hier ist das Subjekt ein aus verschiedenen Merkmalen, das heißt aus einfacheren Begriffen zusammengesetzter Begriff. Diese Merkmale oder einfachen Begriffe sind folgende: glänzend, gelb, schwer, ziehbar usw. Das Prädikat ist nur dazu da, eines von diesen zahlreichen oder zahllosen Merkmalen hervorzuheben. Wenn wir also sagen, das Gold sei gelb, tun wir damit nichts anderes, als eines der Merkmale des Goldes hervorzuheben. In dem Satz gibt es auf alle Fälle Identität; „gelb" sagen wir nämlich weder über das Gewicht des Goldes noch über seine Ziehbarkeit, sondern gelb nennen wir nur das, was am Gold wirklich gelb ist. Dennoch macht diese Identität den Satz nicht leer. Das Verdienst dieses Satzes besteht darin, dass er den Begriff des Subjekts in seine Elemente zergliedert, ein Merkmal unter den anderen herausanalysiert und zugleich zeigt, dass es mit den anderen Merkmalen in Verbindung steht.

Auf diese Weise ist die Frage allerdings nicht gelöst, sondern nur ausgespielt. Der Sophist hat die Frage – möglicherweise gutgläubig und unbewusst – von der Struktur des Satzes auf die Struktur des Begriffs verschoben. Schon oben habe ich darauf hingewiesen, dass es unmöglich ist, die Begriffe (Wörter) zu untersuchen, ohne gewollt oder ungewollt die Untersuchung des Satzes mit einzubeziehen. Der Scheinphilosoph jedoch hat unsere Aufmerksamkeit vom Satz abgelenkt und sich an dem Begriff (Wort) Gold festgeklammert. Wieso sollte man sich auch mit dem Satz befassen, wenn schon das Wort selbst einen Sinn hat? Einen Satz gibt es nicht mehr; changé-passé: der Satz ist verschwunden. Nur Wörter gibt es. Aber jetzt noch einmal changé-passé: Und es gibt doch einen Satz. Im Wort ist der Satz, er ist mit Haut und Haar in das einzelne Wort gezogen, in das Subjekt. Und ich ziehe ihn nun dort heraus; nicht nur einen ziehe ich heraus, sondern gleich ein ganzes Bündel: Beliebig viele ziehe ich heraus.

Denn was tut es, dass der Begriff (also das Wort) die Einheit mehrerer unterschiedlicher Merkmale ist, wie die Logiker zu sagen pflegen. Es bedeutet, dass in dem Begriff viele Sätze verborgen sind. Eine ganze Schar von Sätzen, die ein gemeinsames Subjekt haben. Um dieses gemeinsame Subjekt gruppieren sich die Merkmale des Begriffs wie Prädikate. Aber wieso mussten diese Prädikate denn jetzt „Merkmale" getauft werden? Einfach, damit das neue Wort uns in die Irre führt und wir nicht bemerken, dass, wenn wir von Merkmalen sprechen, eigentlich nur von Prädikaten die Rede ist. Und wieso musste man das Wort Prädikat irgendwie verschwinden lassen? Einfach, damit mit ihm zusammen auch das Wort Subjekt aus der Erörterung verschwindet. Der Begriff ist nur aus Merkmalen zusammengesetzt, das heißt, der Begriff ist nichts anderes als eine Anhäufung der in ihm steckenden Prädikate. Es gibt also kein Subjekt mehr; changé-passé: das Subjekt ist verschwunden. Aber jetzt ziehe ich die Prädikate, die im Begriff stecken, heraus, und es bleibt doch das Subjekt übrig; changé-passé: das Subjekt ist wieder da.

Das ganze Spiel beruht, wie zu sehen ist, darauf, dass der Unterschied zwischen Subjekt und Prädikat innerhalb der Struktur des Begriffs unterschlagen wird. In dem Nebel, den das Wort „Merkmal" verbreitet, verschwindet dieser Unterschied. Aber die Merkmale hängen doch irgendwie miteinander *zusammen,* denn sie bilden ja *einen* Begriff. Das Wort Zusammenhang verhüllt also, dass es bei den Merkmalen ein zentrales Merkmal geben müsste, das als gemeinsames Subjekt dient und die anderen prädikativen Merkmale zusammenhält. Nennen wir dieses zentrale Merkmal $x$ und alle prädikativen Merkmale $u$; dann ist die Frage, wie man über ein $x$ als subjektives Merkmal ein von ihm verschiedenes $u$ als prädikatives Merkmal aussagen kann. Das heißt, die alte Frage ist geblieben; nur dass der Sophist sie vor uns versteckt hat, indem er unsere Aufmerksamkeit vom Satz auf das einzelne Wort gelenkt hat.

Strenger ausgedrückt: sei $a = b$ das Symbol eines einfachen Satzes, wo $a$ das Subjekt und $b$ das Prädikat vertritt und das Zeichen $=$ die Beziehung zwischen Subjekt und Prädikat darstellt. Die Frage ist, wie man über ein Subjekt $a$ ein von ihm verschiedenes Prädikat $b$ aussagen kann. Diese Frage selbst möchte der Sophist unterschlagen. Zu diesem Zweck sagt er, dass der Begriff $a$ eine Einheit mehrerer Merkmale sei, unter denen auch $b$ vorkomme, so dass der Satz nur dazu diene, unter den zahlreichen Merkmalen das Merkmal $b$ als in die Verbindung gehörendes herauszuanalysieren und auszuzeichnen. Nennen wir also die Merkmale, die den Begriff $a$ bilden, $b, c, d \ldots x, y, z$. Diese Merkmale hängen miteinander zusammen und bilden durch ihren Zusammenhang den Begriff $a$. Die Frage ist jedoch, wie diese Merkmale zusammenhängen, wie sie also eine Einheit bilden können. Diese Frage berührt jedoch der Sophist nicht, dabei ist gerade dies das Problem. Denn was bedeutet es, dass diese Merkmale, die jeweils verschiedene Begriffe bedeuten, in Zusammenhang miteinander eine Einheit bilden? Es bedeutet, dass unter ihnen eines ist, sagen wir das Merkmal $x$, das als Subjekt für die anderen prädikativen Merkmale dient. Die Frage, wie die Merkmale miteinander zusammenhängen, ist also vollkommen identisch mit der Frage, wie man über $x$ als Subjekt ein von ihm verschiedenes Prädikat $b$ oder $c$ usw. aussagen kann. Während der Sophist nämlich die Frage, wie die Merkmale, die den Begriff bilden, miteinander zusammenhängen, gar nicht berührt hat, hat er eigentlich die Frage unterschlagen, wie man über ein Subjekt $a$ ein von ihm verschiedenes Prädikat $b$ aussagen kann, und dies ist die Grundfrage der menschlichen Logik.

So ist deutlich geworden, dass dieses trügerische Spiel nur deshalb einigermaßen gelingen konnte, weil die Logik die Frage nach der Beziehung von Wort (Begriff) und Satz (Urteil) nicht ernsthaft klärt: Sie schmuggelt in das Wort den Satz (in den Begriff das Urteil) und lässt die Sache dennoch so erscheinen, als untersuchte sie das Wort unabhängig vom Satz. Deutlich geworden ist außerdem, dass die Frage, die in der dualen Gliederung des Satzes verborgen liegt, nichts anderes ist als die bislang nicht geklärte Frage nach der Beziehung von Wort und Satz. Schließlich ist deutlich geworden, dass man die große Frage nach der Gliederung der menschlichen Rede bei der dualen Gliederung des Satzes anpacken muss, denn dann läuft man nicht Gefahr, den Satz in das einzelne Wort zu schummeln, ohne es selbst zu bemerken.

Alle allgemein zugänglichen Logik-Handbücher und -systeme schmuggeln auf die oben gezeigte Weise die Frage nach der Verbindung von Subjekt und Prädikat weg. Dieser Umstand kann schon allein als Entschuldigung dafür dienen, dass ich die obigen Überlegungen ausführlicher als nötig formuliert habe.

## 8.

Ich komme zur Lösung der aufgeworfenen Grundfrage. Die Vernunftkrise (Dilemma), in die wir geraten sind und die jede menschliche Vernunftkrise in einem einzigen Brennpunkt vereinigt, ist folgende:

In dem Satz a = b wagen wir es nicht, *b* als mit *a* identisch zu bezeichnen, damit nicht jeder Satz zu einer leeren Identität wird; andererseits wagen wir es nicht, *b* als von *a* verschieden zu bezeichnen, damit nicht jeder Satz im Licht der Unmöglichkeit vor uns steht. Wir können auch die Sätze nicht in zwei Klassen einteilen, von denen die eine Klasse die identischen Sätze enthielte und die andere diejenigen, in denen *b* von *a* verschieden ist, denn auf diese Weise würden alle Sätze entweder leer oder unmöglich.

Das heißt, wir sind da angelangt, dass der Sinn jedes möglichen menschlichen Satzes und damit jedes möglichen menschlichen Gedankens in Gefahr zu schweben scheint. Wie entkommen wir dieser allgemeinen menschlichen Vernunftkrise?

Darf man denn wirklich über irgendein *a* kein von ihm verschiedenes *b* aussagen? Was hindert uns daran? Es ist offensichtlich, dass hier das Grundprinzip aller sinnlichen Erfahrung in uns spricht. Wir empfinden als als Unmöglichkeit, einem sinnlichen Eindruck *a* als Subjekt einen von ihm verschiedenen sinnlichen Eindruck *b* als Prädikat zuzueignen. Wenn ich etwas als rot sehe, sofern ich es so sehe, kann ich über es nicht sagen, dass es den Eindruck von blau auf mich macht. Über den sinnlichen Eindruck des Gewichts als Subjekt kann ich nicht den sinnlichen Eindruck von stinkend als Prädikat aussagen. Wenn ich also zwei sinnliche Eindrücke als voneinander verschieden empfinde, kann ich sie, sofern ich sie wirklich als voneinander verschieden empfinde, nicht in das Verhältnis von Subjekt und Prädikat setzen. Dieses Prinzip ist so klar, dass niemand fähig ist, sein Gegenteil wirklich zu denken. Es ist eine Unmöglichkeit, etwas als etwas anderes zu empfinden, als wir es wirklich empfinden. Dies ist das sogenannte *Prinzip der Identität,* in dessen Sinne der Eindruck *a* einzig und allein der Eindruck *a* sein kann. Oder wir können es auch als *Prinzip des Widerspruchs* bezeichnen, in dessen Sinne der sinnliche Eindruck *a* nicht ein von ihm unterschiedener sinnlicher Eindruck *b* sein kann.

Die Vernunftkrise, in der wir gefangen sind, können wir also folgendermaßen ausdrücken: Das Prinzip der „Identität" verbietet, dass wir über den sinnlichen Eindruck *a* den von ihm verschiedenen sinnlichen Eindruck *b* aussagen. Andererseits wird die Dualität des Satzes zu einer vollkommenen Vergeblichkeit, wenn wir über *a* immer nur *a* aussagen; denn wozu sollte man etwas mit zwei Zeichen ausdrücken, was sich auch mit einem Zeichen ausdrücken lässt? Wir müssen also entweder das Prinzip der Identität aufgeben, was unmöglich ist; oder wir müssen die Dualität des Satzes und damit der menschlichen Rede aufgeben, was ebenfalls unmöglich ist.

Diese Krise zeigt, dass wir entweder das Prinzip der Identität nicht verstehen oder die zwangsweise Handlung der Vernunft nicht verstehen, die die duale Gliederung des Satzes erforderlich macht, oder schließlich, dass wir keines von beiden verstehen. In der Tat ist letzteres der Fall: Wir verstehen weder das Prinzip der Identität noch die duale Struktur des Satzes, weil beide zu verstehen dieselbe Sache ist.

*Das Grundübel der Logik besteht darin, dass sie das Prinzip der Identität nicht deutlich gemacht hat,* das jedoch jeder Mensch zu verstehen meint; und sie hat es deshalb nicht deutlich gemacht, weil sie die Bedeutung der dualen Gliederung des Satzes nicht untersucht hat.

Wenn wir den Satz gleichsam als Maschine betrachten, als Gedankenmaschine, dann wird ihn sicher jeder mit dem Flugzeug vergleichen: die beiden Flügel bildet die Subjekt-Prädikat-Struktur, und sein körperliches Gewicht ist der sinnliche Eindruck, den er ausdrücken möchte. Die Frage ist, wie diese Maschine funktioniert, beziehungsweise wie in dieser Maschine die Urteilskraft am Werk ist, wenn sie einen sinnlichen Eindruck feststellt (konstatiert). Wenn wir die beiden Flügel mit zwei unterschiedlichen sinnlichen Eindrücken belasten, explodiert die Maschine sofort. Vor dieser Explosion schützt uns das sogenannte Prinzip der Identität oder des Widerspruchs. Es bleibt uns also nichts anderes übrig, als die beiden Flügel zweimal mit demselben sinnlichen Eindruck zu beladen. Dann explodiert die Maschine zwar nicht laut, aber sie wird zum stillen Toten und fällt fein sanft in Stücke. Denn wenn jeder Flügel die Last des gesamten sinnlichen Eindrucks trägt, dann ist der eine Flügel überflüssig und kann also weggelassen werden, der verbleibende Flügel jedoch bildet keine Maschine mehr. Der Satz zerfällt und scheint auf alle Fälle eine unmögliche Maschine zu sein. Die gesamte menschliche Rede zerfasert in Wortleichen, denn das Wort für sich genommen ist, wenn es in keinen Satz gestellt werden kann, wirklich nur eine Leiche.

Wer dieses Dilemma in den Satzkonstruktionen nicht spürt, wird natürlich auch die Lösung nicht verstehen, denn es liegt in der Natur des menschlichen Verstandes, dass er zuerst das Brennen eines inneren Widerstandes empfinden muss, sonst hat die Lösung keine verstandesberuhigende Wirkung auf ihn. Diese Lösung aber ist folgende: Es ist klar, dass es unmöglich ist, einen Satz nur aus den Symbolen sinnlicher Eindrücke zu erschaffen. Es bleibt also nichts anderes übrig, als eines der Symbole des Satzes als *nicht-sinnliches* Symbol zu betrachten. Wenn man irgendeinen sinnlichen Eindruck feststellen (konstatieren) muss, dann symbolisiert das Subjekt das Nichtsinnliche und das Prädikat das Sinnliche, das wir über es aussagen. Den sinnlichen Eindruck sagen wir zwangsweise über das aus, was nicht sinnlich ist. Was in Raum und Zeit erscheint, das ist die Erscheinung dessen, was für sich genommen nicht in Raum und Zeit existiert. Dieses nicht in Raum und Zeit existierende, also das für sich genommen Unveränderliche, Ewige, nenne ich Wesen; die in Raum und Zeit existierende, sich ständig umgestaltende, unermessliche Vielfalt hingegen Erscheinung. *Die Welt ist nichts anderes als die Erscheinung des Wesens (Gottes):* Dies ist der Gedanke, der in allen Gedanken bewusst oder unbewusst, gewollt oder ungewollt enthalten ist. Dies ist das Gesetz der Vernunft.

Dass Subjekt und Prädikat die Beziehung zwischen Nichtsinnlichem und Sinnlichem darstellen, lässt sich am besten an einem Beispiel zeigen wie „ich bin". Hier symbolisiert das „ich" das Wesen und das „bin" die Erscheinung. In Sätzen, in denen das Subjekt kein Pronomen, sondern ein Substantiv ist wie in „das Gold ist gelb", verwischt das im Subjekt verborgene Nichtsinnliche infolge der an ihm haftenden zahlreichen sinnlichen Bezüge. Gerade deshalb war es nötig, mittels einer allgemeinen Untersuchung der Satzstruktur zu zeigen, dass jeder Satz zur Unmöglichkeit wird, wenn wir das Sinnliche nicht als Erscheinung des Nichtsinnlichen auffassen.

Der Einschnitt, der den Satz in einen Subjekt- und einen Prädikatsteil teilt, verleiht der menschlichen Rede einen göttlichen, also vernunftgemäßen Charakter. Die Menschen haben in den mannigfaltigen Erscheinungen der Natur überall und zu jeder Zeit das Göttliche geahnt; nur in ihrer eigenen Rede haben sie es nicht bemerkt, weil sie ihre Rede nicht zureichend schätzten und ihre eigenen Worte für überaus tückisch und betrügerisch hielten. Dabei tritt das Göttliche nirgends so offensichtlich in Erscheinung wie in den Gelenken der menschlichen Rede. In dieser Gliederung verkündet sich das Göttliche bzw. die Vernunft gleichsam stumm selber; nur dass der stumme göttliche Ruf, der in jedem menschlichen Gedanken enthalten ist, im unverschämten Lärm der allzu aufdringlichen Wörter verlorengeht oder zumindest verblasst. Also musste die Aufmerksamkeit auf die Gliederung der Rede gelenkt werden, um in Worte zu fassen, was wortlos zwischen den Wörtern verborgen ist.

Die Naturforscher suchen in den Erscheinungen der Natur die Gesetzmäßigkeit bzw. Vernunft, das Göttliche. Sie bemerken jedoch nicht, dass sie dazu nur fähig sind, weil sie über Redefähigkeit verfügen, weil sie ihre Wahrnehmungen also in ein gegliedertes Zeichensystem gießen können, wie es die menschliche Sprache ist. Ohne dieses gegliederte Zeichensystem wären wir nicht fähig, in der Natur eine Gesetzmäßigkeit zu erkennen; in uns würde nicht einmal die Neigung erwachen, nach der Gesetzmäßigkeit zu suchen, so wie sich an den Tieren keine solche Neigung zur Erforschung der Gesetze zeigt, was seine Ursache darin hat, dass sie nicht die Fähigkeit zu gegliederter Rede besitzen. Der Philosoph bemerkt, was die Naturforscher üblicherweise nicht sehen, dass nämlich das Grundprinzip für jede Naturforschung, für jede kluge Beobachtung und jedes Experiment in der Struktur der menschlichen Rede bzw. in der menschlichen Vernunft selbst enthalten ist. Deshalb lenkt er die Aufmerksamkeit für einen Augenblick von der unermesslichen Vielfalt der natürlichen Erscheinungen weg – nicht auf etwas „Übernatürliches", sondern auf eine noch nicht zureichend betrachtete natürliche Erscheinung, auf die menschliche Rede, in deren Gliederung das Grundprinzip aller Beobachtung, alles Denkens und aller Experimente verborgen ist, wie ich oben aufgedeckt habe.

Im Sinne dieses Grundprinzips schwebt jeder Satz bzw. jeder Gedanke in der doppelten Gefahr, entweder inhaltlich oder formal unmöglich zu werden. Wenn nämlich in einem Satz a = b *a* und *b* verschiedene sinnliche Eindrücke symbolisieren, dann ist der Satz inhaltlich unmöglich geworden. Wenn jedoch *a* und *b* denselben sinnlichen Eindruck symbolisieren, dann wird die Gestalt des Satzes bzw. seine duale Gliederung sinnlos. Es ist also klar, dass wir einer solchen inhaltlichen und formalen Unmöglichkeit nur entfliehen können, wenn wir eines der beiden Symbole als Symbol des Nichtsinnlichen betrachten. (Welches, das ist *vorerst* nebensächlich.) So kommen wir zum Grundprinzip des menschlichen Denkens, in dessen Sinne wir alles Sinnliche als die Erscheinung des Nichtsinnlichen auffassen müssen. Dies ist ein Zwang, der in der Form bzw. Struktur jedes unserer Gedanken vorhanden ist und den wir nur aufgeben könnten, wenn wir auf die gegliederte Rede verzichteten bzw. den menschlichen Charakter unseres Verstandes aufgäben.

Das Gesetz der Vernunft lehrt uns zugleich, dass wir weder das Nichtsinnliche in sich selbst als Nichtsinnliches noch das Sinnliche gesondert in sich als rein Sinnliches fassen können. Wir sind immer gezwungen, in der Erscheinung das Wesen zu denken und das Wesen in der Erscheinung zu spüren. Eine unabhängige Auffassung des Wesens als Wesen und der Erscheinung als Erscheinung würde erfordern, dass wir einen Satz aus zwei Subjekten oder zwei Prädikaten bilden müssten, was jedoch unmöglich ist. Wir können das Sinnliche nur durch das Nichtsinnliche und das Nichtsinnliche nur durch das Sinnliche auffassen. Das ist nichts anderes *als das Prinzip von der Einheit von Sinnlichem und Vernunft bzw. von Sein und Bewusstsein.* Gegen diesen Standpunkt des Monismus verstoßen die Philosophen ständig, wenn sie entweder das Nichtsinnliche an sich oder das Sinnliche als rein Sinnliches aufzufassen versuchen. Auf diese Weise lösen sie die Struktur des Satzes und zugleich den menschlichen Verstand auf. Unwillkürlich sind allerdings auch sie auf Monismus aus, und so betrachten sie entweder das Nichtsinnliche als allein wirklich und das Sinnliche als nichtige Täuschung, oder sie nennen das Sinnliche allein wirklich und das Nichtsinnliche leere Belanglosigkeit. Je nachdem teilen sie sich in die Parteien der Mentalisten und der Sensualisten (Anhänger des Vernunfts- bzw. Sinnesprinzips). Diese Parteien zerfallen dann wiederum in vielfältige idealistische und realistische Schattierungen. Gegenüber ihnen allen müssen wir den Standpunkt des einen Prinzips (Monismus) verteidigen.

**9.**

Manchem fällt es schwer zu verstehen, dass man das Sinnliche über das Nichtsinnliche aussagen muss, und derjenige behauptet dann, Subjekt und Prädikat seien gleichermaßen Symbole sinnlicher Eindrücke. Aber ich frage, worüber wir denn „gelb" sagen, vielleicht über das Gewicht des Goldes, über seine Härte oder Ziehbarkeit einzeln oder über alle zusammen? Gewiss nicht. Als gelb bezeichnen wir nur, was am Gold wirklich gelb ist. Dann aber lautet meine nächste Frage, was den menschlichen Verstand dazu zwingt, wenn er etwas konstatieren möchte, dies dann entzwei auszudrücken, also mit dem Prädikat das Subjekt zu duplizieren und so zu sprechen: dieses Gelb ist gelb. Wenn ich auf dem Klavier den Ton *C* anschlagen will, ist es nicht nötig, dass ich zweimal auf die Taste drücke, und jeder würde denjenigen für irrsinnig halten, der es beim Vorspielen eines Musikstücks für nötig erachtete, die einzelnen Töne zu Zwecken der Konstatierung doppelt vorzutragen. Nun, genauso ein Irrsinn scheint in der Gliederung der menschlichen Rede zu liegen, wenn sie einen einzelnen sinnlichen Eindruck durch die Verbindung zweier Zeichen, des Subjekts und des Prädikats, konstatiert. Und dieser Irrsinn sollte ein ständiger Zug der menschlichen Rede sein, der in jedem Satz von neuem erscheint? Dann wäre ja der Lautverkehr der Tiere als viel sinnvoller einzuschätzen als die menschliche Rede, und ein einzelnes Kläffen oder Jaulen eines Hundes geistvoller als jeder menschliche Gedanke, denn in diesem Kläffen oder Bellen steckt wenigstens kein Irrsinn. Die Menschen täten besser daran, die gegliederte Rede aufzugeben und den Inhalt ihrer Seele nur noch mit Interjektionen wie „ach" oder „oh" auszudrücken, was auch unter dem Aspekt der Bequemlichkeit empfehlenswert scheint. Die Verfechter des Sinnesprinzips wollen die menschliche Rede tatsächlich auf die Stufe einer solchen Interjektionssprache reduzieren. Einige „naturalistische" Autoren hegen geradezu eine Antipathie gegenüber dem Satz: Ihnen gilt der Satz als sehr sinnvoll, und sie wollen um jeden Preis den Eindruck der Sinnlosigkeit erwecken. Die Morgenröte beispielsweise würden sie so beschreiben: Grauheit! Nebelzerfließen! Lilaheit! Dämmerung! Gelbheit! Rotheit! Wasser! Blut! Ah! Oh! Wunderbar! Der reine Sinnes- und Nervenmensch erweckt auf diese Weise den Eindruck, verfeinert zu sein, und nennt sich einen „Impressionisten". Er möchte empfinden, ohne Besinnung und Bewusstsein.

Einige Sprachwissenschaftler behaupten, die gesamte menschliche Rede habe sich aus Interjektionen entwickelt. Ich wundere mich, dass noch kein sogenannter „Gelehrter" gekommen ist, der eine Entwicklungsleiter aufgestellt hat, auf der er über Piepsen, Quaken, Krächzen, Grunzen, Bellen und Brüllen schrittweise zur menschlichen Rede hinleitet. Ein solches Unterfangen würde den modisch „evolutionistischen" Lehren eine würdige Krone aufsetzen. Welch großartige neue „Wissenschaftsdisziplin" könnte sich hier herausbilden. Ausgerüstet mit dem gesamten Waffenarsenal der vergleichenden Anatomie, vergleichenden Biologie und vergleichenden Sprachwissenschaft, unter Einübung der Methoden der Lautanalyse sämtliche Stimmorgane der Tierwelt und ihre Funktion zu untersuchen einzig zu dem Zweck, den sogenannten Stammbaum der menschlichen Rede zu ermitteln bis hinunter zur Stummheit der Fische und sonstiger Wassertiere, und um zu zeigen, wie sich aus der Urstummheit von Mutter Natur Schritt für Schritt die menschliche Rede herausgelöst hat. Lässt sich ein glänzenderer Triumph der modischen westlichen Wissenschaft vorstellen? Und was die Hauptsache ist: Wie viele neue Lehrstühle, Versuchsstationen und akademische Mitgliedschaften ließen sich auf diese Weise organisieren!

Es wäre jedenfalls ein interessantes und unterhaltsames Experiment, zu den Methoden der Lautkommunikation der Tierwelt zurückzukehren, allein schon, um diese Lautkommunikation besser studieren zu können, – aber leider, leider können wir uns bei allem guten Willen nicht von unserem menschlichen Verstand befreien. Und o weh! der menschliche Charakter unseres Verstandes zwingt uns unwiderstehlich dazu, in dual gegliederten Sätzen zu sprechen, mehr noch, auch dazu, über diese duale Gliederung sogar nachzusinnen. Ich erkläre diese Dualität so, dass wir gezwungen sind, das Sinnliche über das Nichtsinnliche auszusagen. Denn dadurch vermeiden wir einerseits, über das Sinnliche anderes Sinnliches auszusagen und uns somit in eine inhaltliche Unmöglichkeit zu verwickeln, und andererseits, über das Sinnliche ewig dasselbe Sinnliche zu sagen und damit die menschliche Rede selbst in ihrer formalen Struktur irrsinnig erscheinen zu lassen.

Die Schwierigkeit, mit der wir hier zu kämpfen haben, ähnelt derjenigen beim Übergang von der gewöhnlichen Zahlenlehre zur Algebra. Während wir die Operationen in der gewöhnlichen Zahlenlehre stets mit unterschiedlich definierten Zahlen durchführen müssen, haben wir es in der Algebra nicht mehr mit einzelnen Zahlen, sondern sozusagen mit der Zahl an sich zu tun. Ähnlich geht es auch hier nicht um den unterschiedlichen Inhalt der einzelnen Sätze, sondern wir untersuchen im einzelnen Satz den Satz an sich, weil unser Ziel gerade darin besteht, in dem einzelnen, besonderen Gedanken den Gedanken selbst zu fassen, wobei wir von seinem besonderen Inhalt absehen. Meine Logik verhält sich unter diesem Aspekt zu den bisherigen so wie die Algebra zur gewöhnlichen Zahlenlehre. Die einzelnen Sätze mit ihrem besonderen Inhalt verdecken, was allen Sätzen gemeinsam ist, sie verdecken, dass jeder Satz, abgesehen von der besonderen Tatsache, die er gerade vertritt, in erster Linie ein Satz ist, also eine Handlung der menschlichen Urteilsfähigkeit. Da wir im Leben ständig zur Konstatierung immer wieder neuer sinnlicher Eindrücke übergehen, nimmt uns diese sinnliche Vielfalt derart in Anspruch, dass wir an die Handlung des Konstatierens selbst, die in jedem Satz enthalten ist, nicht denken. Ich richte meine Aufmerksamkeit gerade auf sie und frage, was es bedeutet, etwas zu konstatieren, was es auch sei, das wir mit unseren Sinnen bemerken. Seine Sinne benutzt auch das Tier, aber es ist nicht fähig, seine sinnlichen Eindrücke auf die Weise mit Hilfe des Satzes zu konstatieren wie der Mensch. Die Frage ist, was das Konstatieren zu einer Vernunftoperation mit menschlichem Charakter macht bzw. was die menschliche Rede von der Lautkommunikation der Tiere unterscheidet. Die übereinstimmende Antwort ist, dass sich dieser Unterschied in der eigentümlichen charakteristischen Gliederung der menschlichen Rede äußert. Nun, diese Gliederung zeigt, dass der Mensch, wenn er einen einzelnen sinnlichen Eindruck konstatieren will, auf sehr wundersame Weise vorgeht, denn statt diesen einzelnen sinnlichen Eindruck mit einem Zeichen zur Kenntnis zu geben, was sehr sinnvoll erschiene, greift er zu der scheinbaren Unsinnigkeit, eine sinnliche Tatsache durch zwei Symbole, durch die Verbindung von Subjekt und Prädikat, auszudrücken. Diese Dualität an Symbolen verursacht in den menschlichen Köpfen einen Schwindel, wie ihn der verspürt, der durch eine Täuschung des Auges alle Gegenstände doppelt sieht. Ich habe gezeigt, dass diese Verdoppelung dazu dient, dass wir die sinnliche Erscheinung auf ihr eigenes Wesen beziehen. Von allen Tieren der Welt ist nur der Mensch fähig, die Erscheinungen als Erscheinungen des Wesens aufzufassen; nur er ist fähig, das, was sich in Raum und Zeit ständig wandelt, in Gedanken auf eine solche Weise festzuhalten bzw. zu konstatieren, dass er es auf das bezieht, was nicht in Raum und Zeit existiert, was also unveränderlich, ewig ist. Und er ist nicht nur fähig dazu, sondern er ist auch unwiderstehlich dazu gezwungen; in diesem Zwang liegt der Grundcharakter seines Verstandes verborgen bzw. das Gesetz seiner Vernunft, von dem gerade die Dualität des Satzes für jeden ein sinnliches Zeugnis ablegt. Homo est animal metaphysicum.

Auf der Grundlage des Gesagten wird auch deutlich, warum die Vernunftforscher unser Augenmerk vom Satz auf das einzelne Wort lenken. Das einzelne Wort erweckt nämlich den Anschein, als würde unser Verstand eine einzelne sinnliche Tatsache mit *einem* Symbol ausdrücken; dabei setzt jede Handlung des Verstandes die Verbindung zweier Symbole voraus. Wenn wir jedoch dem falschen Anschein nachgeben, dass wir eine Tatsache mit einem einzigen Symbol ausdrücken können, dann haben wir dadurch unversehens den Charakter der menschlichen Rede vergessen, die duale Gliederung des Satzes, das heißt, wir haben die Vernunftoperation selbst vergessen, die in all unseren Gedanken verborgen ist. Wenn der einzelnen Tatsache in der Rede ein einzelnes Symbol entspricht, dann besteht kein Unterschied mehr zwischen der sinnlichen Gliederung der Welt und der geistigen Gliederung der menschlichen Rede; dann haben wir aus der Tätigkeit des menschlichen Verstandes den menschlichen Verstand selbst ausgesperrt, und es bleibt nichts weiter von ihm als die reine tierische Sinnlichkeit. Die sensualistische Denkweise zeigt sich also in nichts so deutlich wie darin, dass sie bei der Untersuchung der menschlichen Rede nicht den Satz zugrunde legt, sondern die einzelnen Wörter, denn nur auf diese Weise lässt sich aus allen Vernunfthandlungen die Vernunft selbst beseitigen.

Der Anschein, dass der einzelnen sinnlichen Tatsache in der menschlichen Rede immer ein einzelnes Wort entspricht, stammt daher, dass wir den einzelnen Gegenständen, vor allem den einzelnen Personen, jeder für sich einen *Namen geben*. In dieser Beleuchtung erscheint die menschliche Rede, als würden die Dinge getauft bzw. als würde jede Sache mit einer eigenen Lautgruppe gekennzeichnet. Als betrachtete der Mensch die gesamte Natur als eine Art riesiger Rumpelkammer und klebte an jeden einzelnen Lappen ein Wort, wie ein Botaniker an jede gepresste Pflanze einen Papierstreifen mit einer Aufschrift klebt. Diese überaus einfältige Auffassung von der menschlichen Rede besitzt bei alledem den Anschein der Gefälligkeit. Denn was anderes tun wir denn, wenn wir sprechen, als den Dingen einen Namen zu geben? Nun, es liegt mir vollkommen fern zu bestreiten, dass die Rede dazu dient, alles beim Namen zu nennen. Ich betone nur, dass die *Namensgebung mit Hilfe von Sätzen geschieht*. Wenn wir nicht fähig wären, diesen Satz zu bilden: „Dies hier ist ein Hund" oder „das dort ist ein Pferd" usw., dann wären wir nicht fähig, den Hund als Hund und das Pferd als Pferd zu bezeichnen usw. Die Logiker haben auch bemerkt, dass in jeder Benennung eine Operation der Vernunft verborgen ist, durch die wir etwas Spezielles mit etwas Allgemeinem in Verbindung bringen. Wir müssen erkennen, dass der einzelne Hund zum Hund als Art gehört, um ihn Hund nennen zu können. Die Logiker haben vieles versucht, um zu erklären, wie eigentlich die menschliche Vernunft vorgeht, wenn sie das Einzelne als zu einer Art gehörig erkennt, oder, wie man zu sagen pflegt: das Besondere irgendeinem Allgemeinen unterordnet. Dabei kommt die Verbindung des Einzelnen mit der Art oder des Besonderen mit dem Allgemeinen immer im Satz zum Ausdruck, und zwar in der Subjekt-Prädikat-Struktur des Satzes. Das ist es, was die Logiker nicht bemerkt haben. Das Verhältnis von Besonderem und Allgemeinem ist im Verhältnis von Subjekt und Prädikat inbegriffen. Überhaupt kann und muss man jede Frage, die die menschliche Vernunft betrifft, darauf zurückführen, was die duale Struktur des Satzes bedeutet bzw. was für ein Verhältnis es ist, das zwischen Subjekt und Prädikat besteht. Denn alle Gedanken müssen unbedingt in Satzform ausdrückbar sein. Die Untersuchung der Vernunft muss sich also auf die Untersuchung der Satzstruktur gründen und nicht auf die der einzelnen Wörter. Jede Logik, die vom Wort (Begriff) und nicht vom Satz (Urteil) ausgeht, ist eine falsche und gauklerische Logik, die unweigerlich zu einer dualistischen Weltauffassung, zu unbeholfenem Sensualismus oder zu nicht weniger unbeholfenem Mentalismus führt.

Die von den Wörtern ausgehende Logik ist gezwungen, in der Vernunft eine wortbildende oder begriffsbildende Kraft zu unterscheiden von der satz- bzw. urteilsbildenden Kraft. Dabei ist dies gerade so ein Verfahren, als schnitte jemand einen Apfel entzwei und schlussfolgerte nun, da zwei Halbäpfel entstanden sind, dass das Entzweischneiden mit zwei Messern geschehen sein müsse. Dieselbe Kraft, die im Satz als Urteilskraft erscheint und den Satz entzweiteilt, verursacht, dass Wörter mit einesteils substantivischem, anderenteils adjektivischem oder verbalem Charakter zustande kommen müssen: Das Messer der Urteilskraft ist also zugleich auch immer das Messer der Begriffsbildung. Dass die menschliche Rede nicht nur aus zwei Wörtern allein besteht, aus diesen: Wesen, Erscheinung (oder Gott, Welt), entsprechend der dualen Gliederung des Satzes, rührt nur daher, dass die Welt der Erscheinungen so unermesslich vielfältig ist und dass die satzbildende Kraft gegenüber den immer wieder neuen Eindrücken Gelegenheit zur Bildung immer neuer Wörter hat. Und während die menschliche Vernunft von einer Erscheinung zur nächsten übergeht, erscheint auch die satzbildende Kraft immer wieder in neuem Lichte: einmal wird sie beschreibende, ein anderes Mal erzählende, einmal klassifizierende, ein anderes Mal nach den Ursachen forschende Kraft zu sein scheinen. Dies zu behandeln, ist jedoch Aufgabe der Detaillogik und würde den Rahmen dieses Aufsatzes sprengen. Doch ganz gleich, in welchem Lichte die Kraft erscheint, die sich in der dualen Gliederung des Satzes zeigt: Sie bleibt immer dieselbe Vernunftkraft, und sie verkündet zwischen den Wörtern immer dieselbe Grundwahrheit, dass die Welt eine Erscheinung Gottes ist.

**10.**

Jetzt muss ich vor allem einen scheinbar sehr schwerwiegenden Einwand abwehren; es kann nämlich so scheinen, als ob es einen Widerspruch enthielte, über das Nichtsinnliche das Sinnliche auszusagen oder über das Wesen die Erscheinung. Wer das so sieht, kann auf folgende Weise Überlegungen anstellen: Ich akzeptiere, dass es unmöglich ist, über einen sinnlichen Eindruck einen von ihm verschiedenen sinnlichen Eindruck auszusagen, ich akzeptiere auch, dass die Dualität des Satzes eine Unmöglichkeit ist, wenn sie zu nichts anderem dient, als über etwas Sinnliches genau dasselbe Sinnliche auszusagen; ich akzeptiere also, dass es unmöglich ist, einzig aus den Symbolen für sinnliche Eindrücke einen Satz zu bilden; aber es ist nicht weniger ein Widerspruch bzw. eine Unmöglichkeit, über das Nichtsinnliche das Sinnliche auszusagen, über das, was nicht in Raum und Zeit ist, die Ausdehnung und den Zeitraum auszusagen, über das, was für sich genommen unveränderlich ist, die Veränderung auszusagen, über das Ewige das Vergehen auszusagen, also über das Wesen die Erscheinung auszusagen.

Nichtsinnliches und Sinnliches sind offensichtlich *Gegensätze*; es ist also unmöglich, über das eine das andere auszusagen. Der Verfasser hat, als er den „scheinbaren Widerspruch" in der dualen Gliederung des Satzes lösen wollte, unseren Verstand nur in immer neue und immer schwerwiegendere Widersprüche gestürzt. Und er hat mit seinen Überlegungen erreicht, dass wir bereits in der Subjekt-Prädikat-Struktur des Satzes einen tatsächlichen Widerspruch sehen müssen: zumindest müssen wir, wenn wir uns auf seinen Standpunkt begeben und seine Lösung akzeptieren, erklären, dass jeder Satz einen tatsächlichen Widerspruch enthält. So scheint es also, als teilte der Verfasser *Hegels* Standpunkt bzw. als bewegte sich seiner Auffassung nach das Denken in Widersprüchen weiter, obwohl er selbst geneigt ist, Hegel zu den Sophisten zu zählen.

In diesem Gedankengang erneuert sich jedoch nur die Verstandestäuschung, die ich von Anfang an bekämpft habe und gegen die ich mich durch das gesamte System der menschlichen Kenntnisse hindurch zur Wehr setzen muss. Die obige Rede versucht wieder, die Struktur des Satzes zu verschleiern, indem sie dafür den unbestimmten Sinn des Wortes „Gegensatz" verwendet. Gegensätzlich nennen wir ursprünglich bestimmte sinnliche Eindrücke, beispielsweise: vor und zurück, rechts und links, hinauf und hinunter, schwarz und weiß usw. Dabei ist sicher, dass ein solcher Gegensatz, da er nur zwischen sinnlichem Eindruck und sinnlichem Eindruck besteht, sich nicht auf das Verhältnis von Nichtsinnlichem und Sinnlichem beziehen kann. Damit also dieses Verhältnis nicht missverstanden werde, darf man Folgendes nicht aus dem Blick verlieren:

*a)* Das Wesen und seine Erscheinung können nicht in einem Verhältnis der *Ähnlichkeit* oder *Gleichheit* stehen, wenn wir unter Ähnlichkeit oder Gleichheit die Ähnlichkeit oder Gleichheit sinnlicher Eindrücke verstehen. Wir können über eine rote Farbe sagen, sie ähnele einer anderen roten Farbe, aber wir können nicht in diesem Sinne sagen, dass das Wesen der Erscheinung ähnelt, weil dadurch das Wesen an sich ebenfalls zur Erscheinung würde. Die Länge von einem Meter ist gleich wie die Länge von einem anderen Meter, ein Kilogramm ist gleich wie ein anderes Kilogramm, aber das Nichtsinnliche und das Sinnliche können nicht in diesem Sinne gleich sein.

*b)* Das Wesen und seine Erscheinung können auch nicht in einem Verhältnis der *Verschiedenheit* stehen, wenn wir unter Verschiedenheit sinnliche Verschiedenheit verstehen. Über das Rot können wir sagen, dass es sich vom Grün unterscheidet, aber das Nichtsinnliche und das Sinnliche können nicht in diesem Sinne als unterschiedlich betrachtet werden.

*c)* Das Wesen und seine Erscheinung können auch nicht in einem Verhältnis des *Gegensatzes* stehen, wenn wir unter Gegensatz den sinnlichen Gegensatz verstehen, wie die Richtungen rechts und links. Das Wesen ist weder unter noch über, weder vor noch hinter der Erscheinung, weder außer- noch innerhalb von ihr. Es gibt überhaupt kein Orts- oder Zeit- bzw. kein sinnliches Adverb, das das Verhältnis zwischen Wesen und Erscheinung ausdrücken könnte. Daher sind auch Wörter wie ähnlich, gleich, verschieden, gegensätzlich sowie alle ihre Schattierungen vom ersten bis zum letzten und zusammengenommen ungeeignet dafür, das Verhältnis zwischen Wesen und Erscheinung zu kennzeichnen, da sie in sinnlicher Bedeutung verstanden werden.

Die menschliche Vernunft ist gezwungen, das *Sein* selbst als Verhältnis zwischen Wesen und Erscheinung aufzufassen. Wenn wir etwas als seiend empfinden oder denken, dann bedeutet das schon, dass wir es als Erscheinung des Wesens betrachten *müssen.* Dass wir zwischen den Seienden Verhältnisse sehen, räumliche und zeitliche Verhältnisse, Ähnlichkeits- und Unterschiedsverhältnisse usw., ist alles eine Folge davon, dass wir das Sein selbst als Verhältnis von Wesen und Erscheinung auffassen. Das Verhältnis zwischen Wesen und Erscheinung ist also nicht *ein besonderes* Verhältnis, sondern *das Verhältnis an sich,* das in der unermesslichen Vielfalt und Verwicklung der anderen Verhältnisse in Erscheinung tritt. Dies ist nichts anderes als das selbstverständliche Verhältnis bzw. das *Verhältnis der Identität,* das in jedem Gedanken enthalten ist und das ich daher das Gesetz der Vernunft nenne. Der Gedanke der Identität bzw. der Erscheinung des Wesens ist kein einzelner besonderer Gedanke unter anderen, es ist der Gedanke selbst, der in der unermesslichen Menge der menschlichen Gedanken in Erscheinung tritt. Das menschliche Geschlecht hat nichts anderes als ausschließlich einen Gedanken, in dessen Sinne die Welt Gottes Erscheinung ist, und dieser Gedanke ist es, den wir durch die unermesslichen Reihen von Erfahrungen im Verhältnis zur Besonderheit der Beobachtungen in immer wieder neuen Varianten ausdrücken. Wenn ich z. B. sage, eins und eins sei zwei oder: die drei Winkelhalbierenden eines Dreiecks schneiden sich in einem Punkt, der den Mittelpunkt des Inkreises dieses Dreiecks bildet, oder: wenn wir einem Körper gleichzeitig zwei Bewegungen in unterschiedliche Richtungen mitteilen, dann bewegt sich der Körper auf der Diagonale dieser Richtungen weiter, oder: wenn man Zink mit Schwefelsäure übergießt, entwickelt sich zum einen Wasserstoff, zum anderen schwefelsaures Zinkoxid usw. usw., dann sind all diese Gedanken mit ihrem scheinbar so unterschiedlichen Inhalt und verschiedenen Zuschnitt eigentlich alles unterschiedlich modifizierte Erscheinungen eines einzigen Gedankens. Die Aufgabe des ausgebauten Systems der Philosophie besteht gerade darin zu zeigen, wie der einzige Grundgedanke des menschlichen Geschlechts sich in der Welt der Erfahrung zu einem ganzen

System von Wissenschaften verändert. Ich lege in diesem Aufsatz ausschließlich auf die Formulierung des Grundprinzips selbst Gewicht. Im detaillierten Ausbau meines philosophischen Systems muss ich dann zeigen, wie sich jedes Verhältnis in Abbildung des Grundverhältnisses herausbildet, das heißt auf welche Weise sich sämtliche Begriffspaare nach dem Beispiel der Stammbegriffe des Wesens und der Erscheinung herausbilden.

Aber damit kein Zweifel daran bleibt, dass wir über das Nichtsinnliche als Subjekt das Sinnliche als Prädikat aussagen können, mehr noch, dass dies die Vernunftmäßigkeit selbst ist, frage ich, was denn den Verstand so alarmiert, dass er davor zurückschreckt, dem Nichtsinnlichen als Prädikat das Sinnliche zuzueignen. Sicherlich dasselbe, was ihn davor zurückhält, das Nicht-Rote rot zu nennen. Aber diese Bezeichnung „nicht-rot" ist von sehr ungewisser Bedeutung; sie kann Gelb bedeuten, Grün, Blau usw., aber sie kann auch etwas bedeuten, das überhaupt nicht in den Bereich der Farben gehört, z. B. das Schwere, das Glatte, das Warme, das Eckige usw. usf., mit einem Wort: sinnliche Eindrücke jeglicher Art und Schattierung, die vom Rot abweichen. Wenn wir uns also hüten, über etwas „nicht-Rotes" rot auszusagen, dann huldigen wir nur dem Prinzip, dass es nicht erlaubt ist, über einen sinnlichen Eindruck etwas von ihm verschiedenes Sinnliches auszusagen. Aber wenn wir unter „nicht-rot" weder gelb noch schwer noch warm noch irgendeinen sinnlichen Eindruck verstehen, sondern geradewegs das Nicht-Sinnliche: Dann kann uns nichts mehr davon abhalten, über es rot auszusagen. Wenn also jemand nicht wagt, über das Nicht-Sinnliche das Sinnliche auszusagen: dann bedient er sich nur einer falschen Verallgemeinerung. Er verallgemeinert das Prinzip, dass wir von einem Sinnlichen nicht etwas anderes Sinnliches aussagen können, auf die Weise, dass man auch über etwas Nicht-Sinnliches nicht das Sinnliche aussagen darf. Niemals wird irgendeine Erfahrung dem widersprechen, dass man über das Nicht-Sinnliche das Sinnliche aussagen muss, denn alle sinnliche Erfahrung kann nur dagegen protestieren, dass wir über das eine Sinnliche etwas anderes Sinnliches behaupten. Andererseits zwingt uns die duale Gliederung des Satzes bzw. die sich in ihr äußernde Vernunft, im Sinnlichen die Erscheinung des Nichtsinnlichen zu sehen. Und was niemals irgendeine Erfahrung widerlegen kann und wozu uns die Vernunft im Ausdruck jeder möglichen Erfahrung unwiderstehlich zwingt, das können wir getrost als Gesetz der Vernunft akzeptieren, ja, wir akzeptieren es sogar bewusst oder unbewusst, gewollt oder ungewollt immer.

Dieser Gedankengang führt uns zu dem negierenden Wörtchen „nicht" bzw. zu Überlegungen über den verneinenden Satz. Bisher haben wir uns nur mit dem Behauptungssatz beschäftigt, mit dessen Hilfe wir die Präsenz eines sinnlichen Eindrucks ausdrücken, jetzt kommen wir zum verneinenden Satz, der uns die Nichtpräsenz eines sinnlichen Eindrucks kundtut. Auf den ersten Blick ist zu sehen, dass wir, wenn wir irgendeinen sinnlichen Eindruck konstatieren, z. B. diese Rose ist rot, zugleich zahllose andere sinnliche Eindrücke stillschweigend ausgeschlossen haben; mit dem Rot haben wir nämlich gesagt, dass diese Rose nicht gelb ist, nicht weiß usw. Jeder Behauptungssatz enthält in ungewisser – um nicht zu sagen unendlicher – Anzahl Verneinungssätze. Diese Rose kann ich nur als rot erkennen, wenn ich nötigenfalls in der Lage bin festzustellen, dass sie nicht gelb ist, nicht weiß usw., aber wenn ich nötigenfalls nicht fähig bin, festzustellen, dass sie nicht gelb, nicht weiß usw. ist, dann kann ich auch nicht mit Bestimmtheit feststellen, dass sie wirklich rot ist.

*Behauptung und Verneinung sind eigentlich dieselbe Operation der Vernunft,* denn wir können die eine niemals ohne die andere ausüben.

Wenn wir also zu Überlegungen über den verneinenden Satz übergehen, bietet sich uns nur eine neue Gelegenheit, die Operation der Behauptung zu beleuchten. Nun werden wir uns erneut davon überzeugen, dass die duale Gliederung des Satzes nur Sinn besitzt, wenn wir über das Nicht-Sinnliche das Sinnliche aussagen.

Wenn ich von dieser roten Rose sage, sie sei nicht gelb, so musste ich, wenn auch noch so flüchtig, versuchen, diese Rose als gelb zu denken, denn wenn ich das überhaupt nicht versuchen würde, dann könnte ich mich nicht davon überzeugen, dass die Rose in Wirklichkeit nicht gelb ist. Gerade weil ich den Versuch unternehme, bemerke ich, dass dies nur ein Gedankenexperiment war, und ich kann die Tatsache von dem Versuch unterscheiden, ich kann also sagen, dass die Rose in Wirklichkeit nicht gelb ist. Auf diese Weise haben wir es eigentlich mit drei Sätzen zu tun. Das eine ist der Behauptungssatz: die Rose ist rot; das zweite der Verneinungssatz: die Rose ist nicht gelb; das dritte ist der Versuchssatz in der Mitte: die Rose könnte gelb sein (bzw. die Rose kann als gelb gedacht werden). Wenn ich diesen mittleren Probesatz nicht bilden könnte, käme ich auch nicht bis zum Verneinungssatz; und wenn ich den Verneinungssatz nicht bilden könnte, wäre auch die Behauptung keine Behauptung. Behauptungs-, Versuchs- und Verneinungssatz bedingen einander also gegenseitig und konstatieren nur ein und dieselbe Satzbildungsfähigkeit der Urteilskraft. *Aristoteles* liebt es, sich mit jeder von ihnen gesondert zu befassen, derart, dass er ihre Einheit aus dem Blick verliert. Er zerstückelt die Urteilskraft, um ein bequemes Spiel mit den Stücken zu treiben, das beim Leser den Anschein von Strenge und der sorgfältigsten Ausbreitung der Details erweckt, dabei verhüllt diese scheinbare Strenge nur ein oberflächliches Denken, das die Einheit der Dinge aus dem Blick verliert.

Die Frage ist, wie wir den Versuchssatz „Die Rose könnte gelb sein" bilden. Vielleicht, so dass wir uns die Röte der Rose als gelb vorstellen? Gewiss nicht. Denn es gibt nicht die menschliche Einbildungskraft, die sich das Rote als das Gelbe vorstellen kann. Wir stellen uns auch gar nicht die Röte der Rose als gelb vor, sondern die Rose selbst. Das heißt, wenn wir den Versuchssatz bilden, vollführen wir den Versuch *nicht am Prädikat* des Behauptungssatzes, *sondern an seinem Subjekt.* Es ist also zu sehen, dass das Subjekt und das Prädikat im Behauptungssatz *keine gleichrangigen Rollen spielen,* denn wir können bei der Bildung des Versuchssatzes das Gedankenexperiment nicht am Prädikat, sondern ausschließlich am Subjekt des Behauptungssatzes durchführen. Wenn nun das Prädikat dieselbe Bestimmung im Satz hätte wie das Subjekt, dann könnten wir das Experiment, von dem hier die Rede ist, auch am Subjekt vollführen bzw. uns das Rote als gelb vorstellen. Die richtige Auffassung der Satzstruktur und damit der Urteilskraft hängt aber von der richtigen Unterscheidung zwischen den Rollen von Subjekt und Prädikat ab.

Nach der gewöhnlichen und einzig richtig scheinenden Auffassung wäre dieser Behauptungssatz: Die Rose ist rot, so zu interpretieren, dass das Rot an der Rose wirklich rot ist. Das heißt, in dem bezeichneten Satz wäre folgende Identität enthalten:

rot = rot. Eine Identität gäbe es also, wenn wir über irgendeinen sinnlichen Eindruck als Subjekt denselben sinnlichen Eindruck als Prädikat aussagen könnten, wodurch der Unterschied in der Rollenverteilung von Subjekt und Prädikat ausgelöscht wäre. Dies ist jedoch eine falsche Auffassung vom Prinzip der Identität, die ich von Anfang an versucht habe zu brandmarken und von deren Unhaltbarkeit uns die Struktur des Versuchssatzes erneut überzeugen wird. Der Satz „Die Rose ist rot" ist jetzt ersetzt durch: rot = rot. Wie sollen wir nun den Versuchssatz bilden? In dem Satz rot = rot können wir den Versuch ja nicht am Prädikat unternehmen, denn das Rote lässt sich nicht als gelb vorstellen, aber da das Subjekt sich nun in nichts mehr vom Prädikat unterscheidet, lässt sich der Versuch auch an ihm nicht mehr vollziehen. Wenn die Subjektrolle des Subjekts fallengelassen wird, ist nichts mehr da, an dem man experimentieren kann. Wenn also sowohl das Subjekt als auch das Prädikat eines Satzes sinnliche Eindrücke bezeichneten, dann verlöre der Verstand seine Versuchsfähigkeit und könnte keine Versuchssätze mehr bilden. Damit würde auch der Verneinungssatz unmöglich bzw. verlöre die menschliche Vernunft ihre Verneinungsfähigkeit. Mit der Verneinungsfähigkeit ginge auch die Behauptungsfähigkeit verloren, denn wenn ein Verstand nicht verneinen kann, ist auch seine Behauptung wertlos und nichtig. Auf diese Weise würde die menschliche Urteilskraft, die Vernunft, bankrott gehen. In Richtung dieses Bankrotts scheuchen den Verstand die Sensualisten, die das Nichtsinnliche, das Wesen, aus dem menschlichen Gedanken eliminieren wollen. Natürlich kann dies nicht vollkommen gelingen, denn die menschliche Vernunft kommt in der Rede mit der elementaren Macht einer Naturgewalt zur Geltung und lässt nicht zu, dass die duale Struktur und mithin die Rolle des Subjekts ausgelöscht wird. Die Vernunft kann man nicht kastrieren, das Wesen kann man nicht aus der Erscheinung ausmerzen, obgleich die Sensualisten sich selbst und andere glauben machen wollten, dass ihnen diese vornehme Operation gelungen sei. Sie wurden widerlegt von der allgemeinen menschlichen Vernunft, von der Vernunft der Rasse, die sich gegen ihren Willen in der Struktur ihrer Rede äußert.

Die richtige Logik hängt von der richtigen Auffassung der dualen Struktur des Satzes und des in ihm verborgenen Prinzips der Identität ab. Das Identitätsprinzip, wie es die Logiker bislang auffassten, enthält jedoch nur *Verbote.* Es verbietet uns, über einen sinnlichen Eindruck als Subjekt einen von ihm verschiedenen sinnlichen Eindruck als Prädikat auszusagen. Die Logiker haben zwar versucht, das Identitätsprinzip auch *affirmativ* zu interpretieren derart, dass man über einen sinnlichen Eindruck als Subjekt nur genau denselben sinnlichen Eindruck als Prädikat aussagen darf, aber auf diese Weise ist das Prinzip a = a leer und nichtssagend geworden und die duale Gliederung des Satzes zu einem Wahnwitz. In meiner Logik enthält das Identitätsprinzip ein *unbedingtes Gebot,* nämlich das, dass das Sinnliche über das Nichtsinnliche ausgesagt werden muss, die Erscheinung über das Wesen. Dies ist das Gesetz der Vernunft oder der *„kategorische Imperativ" der Logik.* Dasselbe Gesetz wird in der Welt des praktischen Handelns als moralisches Gesetz und in der schöpferischen Welt der Phantasie als ästhetisches Gesetz erscheinen. Dies ist, wie zu sehen ist, kein *„leeres Prinzip",* denn ihm verdanken wir es, dass wir der Welt einen Inhalt, noch dazu einen unendlichen, ewig gültigen Inhalt beizumessen haben. Das Prinzip a = a ist keine Formalität, sondern der in einen Satz komprimierte Gehalt aller menschlichen Wissenschaft: Die gesamte Naturforschung wird niemals damit fertig, es mit immer neuen Entdeckungen in das gebührende Licht zu stellen, und die Genies aller Weisen können seinen unendlich gewichtigen Inhalt niemals gebührend auffassbar machen.

## 11.

Die Abweichungen der philosophischen Systeme stammen aus dem dichten Verstandesnebel, der das Prinzip a = a umgibt. Ich möchte kurz auf die Hauptklassen von Irrtümern hinweisen, die aus dem verwirrtem Verständnis des Identitätsprinzips, also der Erscheinung des Wesens, resultieren.

*a)* Die meisten fassen das Prinzip a = a so auf, dass in ihm das eine a genau dieselbe Rolle spielt wie das andere bzw. dass diese den Rollenunterschied zwischen Subjekt und Prädikat auslöschen: Sie machen auch das Subjekt selbst zum Prädikat, sie betrachten auch das Wesen selbst als Erscheinung, wodurch die menschliche Rede und mit ihr zusammen auch die menschliche Vernunft ihren menschlichen Charakter verlören. Mit anderen Worten, sie konstatieren zwischen Wesen und

Erscheinung das Verhältnis der sinnlichen Gleichheit; ihr Weltbild lautet also: Erscheinung = Erscheinung. Die Welt ist nur sinnliche Erscheinung, in ihr erscheint keinerlei Wesen. Diese Auffassung wirkt monistisch, denn sie erklärt alles mit einem Wort: Erscheinung. (Sensualismus, Materialismus.) Sie hat es leicht, monistisch zu wirken, denn in der Formel Erscheinung = Erscheinung kann, da die beiden Seiten identisch sind, eine weggelassen werden; nur dass dadurch auch die Formel aufhört, Formel zu sein. Das heißt, diese Weltauffassung besitzt gar keine Formel. Wenn die Welt reine Erscheinung ist, in der kein Wesen erscheint, dann ist die Welt ein leeres Nichts. (Nihilismus.) Zusammen mit diesem Nihilismus wird der scheinbare Monismus unhaltbar, der die Welt als eine Erscheinung ohne Wesen betrachten möchte.

Es bricht sich also die zwingende Kraft der Vernunft Bahn, die Subjekt und Prädikat in der Struktur des Satzes unterschiedliche Rollen zuweist. Man ist auch gegen seinen Willen gezwungen, in der Formel Erscheinung = Erscheinung das Wort Erscheinung in zweierlei Sinn aufzufassen. Der oberflächliche Verstand greift also dazu, unter Erscheinung einmal die mit den Händen fassbare, tastbare Wirklichkeit zu verstehen und das andere Mal das sinnliche Bild, das diese Wirklichkeit im Gehirn hervorruft. Nun ist der Dualismus offensichtlich. Die Welt ist entzweigerissen: in eine Erscheinungswelt außerhalb der Hirnsubstanz und eine Erscheinungswelt innerhalb der Hirnsubstanz, die einander so verzweifelt ähneln wie ein Ei dem anderen. Sprechen wir es offen aus: Die Welt existiert in zwei Ausgaben. Ihre eine Ausgabe existiert außerhalb, die andere innerhalb des Schädels. Beide haben sinnlichen Charakter und sind miteinander identisch. Zu dieser Schlussfolgerung kommt derjenige, der auch aus dem Subjekt ein Prädikat machen will, als ob der Satz aus zwei Prädikaten bestünde, von denen das eine dasselbe sagt wie das andere.

Aber es würde einem ja nun doch den Verstand verwirren, dass die Welt in zwei identischen Exemplaren existieren sollte. Aus dieser Unmöglichkeit hilft ein Wort heraus. Nur das eine Exemplar – und zwar das, das außerhalb des Schädels existiert, kann original genannt werden, während im Gegensatz dazu das andere Exemplar – und zwar das, das innerhalb des Schädels existiert – nur eine Kopie des vorherigen ist. Wozu allerdings eine Kopie gut sein soll, wenn das Original selbst da ist, darüber schweigt die Chronik. Offenbar steht zu befürchten, dass das Original irgendwie abhanden kommt, verloren geht, und so musste also dafür gesorgt werden, dass wenigstens eine Kopie von ihm in der Hirnsubstanz erhalten bleibt.

Angeblich sind die beiden Welten miteinander identisch. Was außerhalb des Schädels eckig ist, das ist auch innerhalb des Schädels eckig, war draußen schwer ist, ist auch drinnen schwer, was draußen heiß ist, ist auch drinnen heiß, was draußen bunt und wohlriechend ist, ist auch drinnen bunt und wohlriechend. Aber wenn das so ist, wer sagt dann, dass das eine Weltexemplar nur Kopie ist? Wer sagt, dass die Welt innerhalb der Hirnsubstanz nicht ebenso original ist wie die Welt außerhalb der Hirnsubstanz?

Oder umgekehrt: Wenn sich die Berührung mit dem Feuer in der Innenwelt als Gefühl eines brennenden Schmerzes äußert, dann fügt das Feuer in der Außenwelt diesen Schmerz offenbar sich selbst zu. Die Wirklichkeit für sich genommen wird mit allen sinnlichen Qualitäten ausgestattet: mit Gestalt, Farbe, Gewicht, Duft, ohne dass ein Mensch nötig wäre, der diese Gestalt und Farbe als Gestalt und Farbe sieht, das Gewicht als Gewicht und den Duft als Duft empfindet. Der Winter selbst friert, und der Regen selbst weicht durch. Weil das Feuer sich selbst Schmerzen zufügt, tut es das auch beim Menschen; weil der Winter selbst bibbert, bibbert der Mensch auf seinen Spuren ebenfalls. Und weil der Regen selbst in der unangenehmen Lage ist, durchzuweichen, kann auch der Mensch nichts anderes tun, als den Regen nachzuahmen und ebenfalls durchzuweichen. – Diese Denkweise können wir als Standpunkt des plumpen dualistischen Realismus bezeichnen. Sie herrscht beinahe ausschließlich, bei Gelehrten und Ungelehrten gleichermaßen.

*b)* Der feinere, gebildetere Verstand stellt die Weltgleichung schon anders auf. Er bemerkt, dass die Dinge sich bei eingehenderer, detaillierter Beobachtung anders zeigen als auf den ersten oberflächlichen Blick. Mikroskop und Teleskop beispielsweise decken auf der Erde und am Himmel Dinge auf, die der Mensch mit bloßem Auge nicht bemerkt. Gewissenhafte, sorgsame Erfahrung tut ihre große Erziehungswirkung, und der Mensch beginnt scharf zu trennen zwischen der Wirklichkeit einerseits und dem in der Hirnsubstanz entstehenden Bild andererseits. Die Wirklichkeit selbst jedoch stattet er noch immer mit sinnlichen Qualitäten aus: Der Winter friert für ihn eigentlich immer noch, der Regen weicht immer noch durch. Das heißt, der Standpunkt ist noch immer der Standpunkt des dualistischen Realismus, nur dass er feiner, vorsichtiger, überheblicher geworden ist. Das Wesen für sich genommen ist auch nur Erscheinung, aber es unterscheidet sich sehr von dem sinnlichen Eindruck, den der Mensch von ihm gewinnt. Das eine ist die objektive Erscheinung, das andere die subjektive Erscheinung. Mit ersterer beschäftigt sich die Naturwissenschaft, mit letzterer die Psychologie. Zwischen der subjektiven und der objektiven Erscheinung besteht das Verhältnis von partieller Ähnlichkeit und partieller Verschiedenheit, die Weltgleichung nimmt folgende Gestalt an: Erscheinung ~ Erscheinung. Es wird zur Aufgabe der Wissenschaft, die subjektive Erscheinung möglichst übereinstimmend mit der objektiven Erscheinung zu machen, was natürlich trotz allen Fortschritts der Wissenschaft niemals vollständig gelingen kann. Die Weltgleichung bleibt also immer Erscheinung ~ Erscheinung, nur dass wir uns in dem Maße, in dem die Welt immer wissenschaftlicher wird, immer mehr dem Idealzustand nähern, in dem Erscheinung = Erscheinung ist. Dies ist jedoch nichts anderes als die Rückkehr zum anfänglichen Standpunkt des plumpen Realismus. Und so betrügt der verfeinerte Realismus sich selbst, wenn er sich als Idealbild den plumpen zum Ziel setzt.

Der sich verfeinernde Realismus wird von dem in ihm verborgenen Dualismus zunehmend in Unruhe versetzt. Diese Unruhe äußert sich in unermesslich vielfältigen Versuchen der Vereinheitlichung, von denen ich zwei hervorheben will, die in unserer Zeit am wichtigsten sind.

Der eine Versuch ist auf die Vereinheitlichung der sinnlichen Qualitäten gerichtet, wie wir es in der modischen Naturlehre erfahren. Klang und Farbe, Hitze, Magnetismus, Strom werden sämtlich zu Bewegungs- und Schwingungssymptomen. Jedes noch so kleine Teilchen, Molekül und Atom der Welt bewegt sich und schwingt. Was draußen in der Wirklichkeit nur Bewegung ist, Schwingen und Wogen, das erscheint im Gehirn in Gestalt der verschiedensten sinnlichen Qualitäten. All diese Qualitäten beginnen, ineinander überzugehen; die eine wandelt sich zur anderen. Das Grundprinzip der sinnlichen Erfahrung, dass man über einen sinnlichen Eindruck *a* nicht einen von ihm verschiedenen sinnlichen Eindruck *b* als Prädikat aussagen darf, verwischt. Die Farben machen Musik, die Klänge schlagen Flammen, die Hitze knallt, das Gewicht zuckt. Die Logik löst sich auf. – Ich merke an, dass ich mich hier nicht gegen die Tatsachen ausspreche, die von der neueren Naturlehre aufgedeckt wurden, sondern nur gegen die Zerstörung, die gewisse nebulöse, konfuse, nicht verstandene naturwissenschaftliche Lehren in den Köpfen angerichtet haben. Die naturwissenschaftlichen Entdeckungen selbst werden in neuem Licht vor uns stehen, wenn wir sie unter dem Prinzip der Identität oder der Erscheinung des Wesens betrachten werden. Vorerst sind wir jedoch so weit gekommen, dass die mit den unverdauten naturwissenschaftlichen Theorien angefüllten, gebildeten Köpfe beinahe unfähig geworden sind, eine intakte Weltauffassung zu verstehen. Wie der angebliche Lichtäther, so vollführt auch die Wahrheit selbst in jeder Sekunde zwanzig Billionen Schwingungen in den westlichen Gehirnen. Diese ständig schwingenden Gallert-Hirne müssen also vor allem zum Prinzip a = a zurückgeführt werden.

Der andere Versuch ist auf die Vereinheitlichung der Lebenserscheinungen gerichtet und hat dazu geführt, dass die abenteuerlichsten Mären der Entwicklungslehre gesponnen wurden (Evolutionstheorien), die mit den Phantasiegeschöpfen der griechischen Mythen wetteifern. Letztere erfreuen den Verstand wenigstens mit ihrer unvergleichlichen Schönheit, während die Evolutionslehren dem Schönheitsempfinden keinerlei Nahrung bieten, im Gegenteil, sie bringen es geradezu zur Empörung. Zugleich versündigen sie sich gegen die Logik, denn ihr gemeinsamer Gedanke besteht darin, dass wir über eine sinnliche Erscheinung *a* eine sinnliche Erscheinung *b* als Prädikat aussagen können. Diese augenfällige Unmöglichkeit mildern sie allerdings dadurch ab, dass sie *b* mittels eines langsamen Entfaltungsprozesses aus *a* herleiten. Mit anderen Worten, den Platz der offenen und schroffen Fälschung nimmt eine ganze Reihe feinerer und schrittweiser Fälschungen ein. Aus einer Erscheinung *a* wird über die Übergangszustände *x, y, z* usw. schließlich eine Erscheinung *b,* aber so, dass *b* dennoch *a* bleibt. Diese Theorie glaubt also, man könnte eine große Fälschung durch unendliche viele winzige Fälschungen verschwinden lassen.

Die menschliche Vernunft jedoch wird immer dagegen protestieren, dass es möglich sein soll, dass sich eine Erscheinung *a* selbst zu einer Erscheinung *b* wandelt und außerdem noch immer die Erscheinung *a* bleibt. Diese verderbte Auffassung des Begriffs Entwicklung kann ich erst detailliert aufdecken, wenn ich zur Lehre der Lebenserscheinungen übergehe. Bereits hier muss ich jedoch anmerken, dass eine Erscheinung *a* als solche sich niemals in eine andersartige Erscheinung *b* umwandeln kann. Wenn wir es mit einer Erscheinungsreihe zu tun haben, deren einzelne Abschnitte ich mit den Buchstaben *a, b, c, d* usw. bezeichne, dann bildet diese Reihe nicht dadurch einen Entwicklungsprozess, dass die Grunderscheinung *a* selbst sich in die Erscheinungen *b, c, d* usw. verändert, sondern dadurch, dass sich in all diesen Erscheinungen ein und dasselbe Wesen äußert. Reihen und Varianten von Erscheinungen vereinheitlichen wir immer durch das Wesen, wie ich dies in der Grundlegung der Naturwissenschaften noch werde ausführen müssen. Den scheinbaren Einwand, dass wir ja vielerlei Geschöpfe und vielerlei Entwicklungsprozesse zu unterscheiden haben und daher das Wesen selbst auch nicht als eines auffassen können, sondern in viele Wesen zergliedern müssen, kann ich erst an passender Stelle widerlegen.

*c)* Der tieferreichende Verstand, der sich bereits in die Selbstprüfung vertieft hat, bemerkt, dass es unmöglich ist, eine Weltauffassung mit menschlichem Charakter zu schaffen, wenn das Nichtsinnliche fortgelassen wird.

Aber während er so die Wahrheit zu erfassen scheint, lässt er sie sich in demselben Augenblick auch entgleiten, so dass er dem unglücklichen Schiffer gleicht, der mit großem Mut hundert Gefahren überwunden hat, um endlich im Hafen anzukommen, und der dort im Hafen Schiffbruch erleidet. Er erkennt nämlich das Nichtsinnliche als den Grund der sinnlichen Welt an, aber er konstatiert zwischen Sinnlichem und Nichtsinnlichem bzw. zwischen Erscheinung und Wesen das Verhältnis des Gegensatzes. Dies ist der Standpunkt des dualistischen Idealismus.

Die Abstufung, die aus den drei falschen Auffassungen des Prinzips der Identität stammt, steht uns jetzt bereits klar vor Augen. Der plumpe Realist misst dem Wesen für sich genommen sinnliche Qualitäten bei. Der Winter selbst friert, der Regen selbst weicht durch: Es ist keine lebende Seele nötig, die das Frieren und das Durchweichen spürt. Dem plumpen Realisten imponiert also seine eigene Sinnlichkeit so sehr, dass er ihretwegen sein innerstes Ich aus der Welt herauslässt: Es geht ihm wie dem Mann in der Anekdote, der die Mitglieder einer Gesellschaft auf keine Weise zusammenzählen kann, weil er ständig seine eigene werte Person vergisst. Diese menschliche Einfalt beuten die Possenschreiber in tausend Varianten aus. – Der feinere Realist will klüger sein. Er unterscheidet zwischen der Wirklichkeit und ihrem Bild, aber er wünscht, dass die Wissenschaft sich so weit entwickeln möge, dass dieser Unterschied verschwindet und an seine Stelle das Verhältnis der Identität tritt: Das heißt, er möchte auf wissenschaftlichem Wege zur unwissenden Einfalt des plumpen Realisten zurückkehren. Dies ist bereits das Sujet der höheren Komödie. – Schließlich kommt der arme gute Sisyphus, der dualistische Idealist, der den Stein auf den Berg hochwälzt, um ihn gerade auf dem Gipfel aus den Händen zu verlieren. Er erkennt das Nichtsinnliche an, aber er setzt es in einen Gegensatz zum Sinnlichen. Er reißt die Welt in zwei nicht zusammenpassende Teile, die auf wundersame Weise – wenn nicht anders, dann eben mit einer „prästabilierten Harmonie" oder einem trügerischen „dialektischen Prozess" – dennoch miteinander übereinstimmen. Er bemerkt nicht, dass das, was wir Gegensatz nennen, eigentlich zwischen Sinnlichem und Sinnlichem, wie z. B. zwischen der rechten und der linken Richtung, besteht und sich daher in seinem ursprünglichen Sinn nicht auf das Nichtsinnliche und Sinnliche beziehen kann. Es stellt sich also heraus, dass dieser dualistische Idealist das Verhältnis zwischen Nichtsinnlichem und Sinnlichem mit einem sinnlichen Maßstab misst bzw. dass auch er nur ein Opfer seiner Sinnlichkeit ist und gerade dadurch an ebensolchem Dualismus leidet wie der plumpe oder der feinere Realist.

Wir hingegen haben gesehen, dass man das Verhältnis zwischen Wesen und Erscheinung nicht mit einem sinnlichen Verhältnis messen darf: mit dem Verhältnis von Gleichheit und Unterschied ebenso wenig wie mit dem Verhältnis des

Gegensatzes. Das Verhältnis von Wesen und Erscheinung ist selbst der Maßstab, der Grundmaßstab der Vernunft, der als solcher nicht mit einem anderen gemessen werden kann und es auch nicht nötig hat, mit einem anderen gemessen zu werden.

Jedes andere Verhältnis hat es hingegen nötig, gemessen und verglichen zu werden; mehr noch: Jedes sinnliche Verhältnis zu begreifen bedeutet, es mit dem Verhältnis von Wesen und Erscheinung zu vergleichen, zu messen. Eben deshalb muss sich die Logik, also die Untersuchung der Vernunft, in zwei Teile teilen. Der erste Teil konstatiert das Gesetz der Vernunft und damit den Grundmaßstab aller Dinge: Dies ist die reine Logik. Der zweite Teil zeigt, wie man die unermessliche Vielfalt der von der Erfahrung gebotenen Verhältnisse dem Grundmaßstab der Vernunft anmessen kann: Das ist die angewandte Logik. Nur die angewandte Logik kann uns schließlich in der klaren Auffassung des Gesetzes der Vernunft bestärken, und deshalb muss ich denjenigen, der in meinen bisherigen Ausführungen eine Lücke sieht, auf die anderen Teile meiner Philosophie verweisen.

## 12.

Das hundertschichtige Netz der Irrtümer, das der menschliche Verstand um das Prinzip a = a spinnt, sämtlich aufzureißen und zerpflücken, ist eine Aufgabe, die sich nur ein kritischer Historiker der Philosophie stellen könnte. Ich berühre die Geschichte der Philosophie in dieser Arbeit nur gelegentlich, dort, wo ich es zur Verdeutlichung meines Standpunktes gerade als zweckmäßig ansehe. Hier möchte ich beispielsweise auf die Kritik von *Kants* logischem Grundgedanken eingehen, um meine eigenen Bestrebungen um so stärker herauszustellen.

Kant legt seiner Untersuchung der Vernunft zwei Unterscheidungen zugrunde. Zunächst unterteilt er die Erkenntnisse in solche mit dem Charakter „a priori" und „a posteriori": Erstere stammen seiner Auffassung nach aus der reinen Vernunft, letztere aus der Erfahrung. Das Unterscheidungsmerkmal der Erkenntnisse a priori ist die innere Notwendigkeit und die Allgemeinheit, mit der sie auftreten, während den Erkenntnissen a posteriori die Notwendigkeit und Allgemeinheit fehlt. Schon diese Einteilung zeigt, wie zaghaft Kant seinen eigenen Gedanken ergreift. Denn wann können wir irgendeine Erkenntnis wirklich allgemein und notwendig nennen? Doch dann, wenn sie sich ausnahmslos auf alles Erkennbare erstreckt; das heißt, wenn es keine detaillierten Kenntnisse gibt, in denen diese allgemeine Erkenntnis nicht enthalten ist. Kant jedoch wagt es nicht, eine solche wirklich allgemeine Erkenntnis zu fordern. Denn er unterscheidet Erkenntnisse a posteriori, denen die Allgemeinheit und Notwendigkeit fehlt, auf die sich also die Macht der Erkenntnisse a priori nicht erstreckt. Kant formuliert die allgemeine Erkenntnis nicht als wirklich allgemein, als universal, und gerade deshalb unterscheidet er Erkenntnisse, in denen keinerlei Allgemeinheit liegt. Das heißt, er kommt nicht so weit, ein Grundgesetz der Vernunft zu fordern, dessen Macht sich auf alle menschlichen Gedanken erstreckt, weshalb er auch solche Erkenntnisse unterscheiden muss, in denen nichts Allgemeines, nichts Notwendiges, also kein Gesetz, enthalten ist. Dies aber ist unmöglich, denn Erkenntnisse, die nichts Allgemeines, kein Gesetz, enthalten, können sich auf keine Weise in das gesetzmäßige System der anderen Erkenntnisse einfügen. Das wäre eine vollkommen alleinstehende Erkenntnis, die keinerlei Gemeinschaft mit anderen Erkenntnissen hielte; mit einem Wort: ein absolutes Wunder. Kant reißt die menschliche Vernunft und das menschliche Wissen entzwei. Er isoliert die Notwendigkeit und Allgemeinheit von der Erfahrung, indem erstere als Gesetz erscheint, für das es kein Beispiel gibt; letztere als Beispiel, dem das Gesetz fehlt.

Das beispiellose Gesetz und das gesetzlose Beispiel sind zu ewiger Spaltung verdammt und können nie mehr zueinander finden. Die eine Hälfte unserer Erkenntnisse befindet sich in dem traurigen Zustand, dass ihr die verallgemeinernde Kraft fehlt: die Vernunft; die andere Hälfte siecht in dem nicht weniger beängstigenden Zustand dahin, dass ihr die darstellende Kraft fehlt: die Sinnlichkeit. Unser Wissen besteht zum Teil aus vernunftlosen Erfahrungen, zum anderen aus erfahrungslosen Ideen. Die gesamte menschliche Wissenschaft teilt sich in prinzipienlose Wahrheiten und wahrheitslose Prinzipien auf. Dieser tödliche Dualismus bedroht Kants Logik auf Schritt und Tritt. Die deutschen Epigonenphilosophen *Fichte, Schelling, Hegel, Herbart* erkannten zwar die Gefahr von Kants Logik, aber diese Denker haben die große logische Wunde, indem sie sie heilen wollten, vollends vergiftet. Beim Beheben des Grundübels der Kant'schen Logik ist die deutsche Philosophie zugrunde gegangen. Der geistreiche und boshafte *Schopenhauer* hat das erkannt und ist in unbändige Wut verfallen, aber Kants Logik konnte trotz allen Eifers auch er nicht reparieren, hier und dort verdarb er sie sogar noch weiter, indem er den Apriorismus seines Meisters mit dem englischen Sensualismus vermischte.

Es gibt weder Erkenntnisse a priori noch Erkenntnisse a posteriori, denn wenn wir diese künstlichen Ausdrücke schon akzeptieren, dann müssen wir sagen, dass jede Erkenntnis sowohl apriorischen als auch aposteriorischen Charakter hat. Oder, um die Kunstwörter zu benutzen, die in unserer Zeit sehr modisch geworden sind: Es gibt weder ein deduktives noch ein induktives Denken, denn jeder Gedanke enthält sowohl Deduktion als auch Induktion. Wenn man etwas erfährt, erfährt man sofort Nichtsinnliches in sinnlicher Qualität, also das Allgemeine in besonderer Erscheinung. Aber das Nichtsinnliche in seiner Nichtsinnlichkeit oder das Sinnliche in seiner Sinnlichkeit zu erfahren, ist bezüglich des Menschen vollkommen unmöglich. Dies würde die völlige Zerstörung der dualen Gliederung des Satzes und das Erlöschen des menschlichen Charakters der Rede bedeuten. Ein Satz nämlich, der aus zwei Subjekten oder zwei Prädikaten zusammengesetzt ist, ist rein unmöglich. – Jawohl, es gibt Köpfe, die das Allgemeine in einer besonderen Erscheinung besser erfassen können als andere, und es gibt wieder Köpfe, die mehr Gefühl für die Besonderheit haben, in der ihnen das Allgemeine erscheint, das heißt: Es gibt abstraktere und sinnlichere Seelen, aber daraus folgt nicht, dass es zweierlei Erkenntnis gibt, deren einer die Allgemeinheit und deren anderer die Besonderheit vollkommen fehlte. Wenn jemand beispielsweise einen großen Kopf und kurze Beine hat und ein anderer einen kleinen Kopf und lange Beine, dann schließt man daraus üblicherweise nicht, dass es also zweierlei Menschen gibt, von denen der eine nur aus dem Kopf und der andere nur aus den Beinen besteht. So etwas können wir höchstens im Scherz oder zum Zweck schneller Veranschaulichung sagen. Ähnlich können wir von Erkenntnissen a priori und a posteriori nur im Scherz sprechen.

Kant spricht nicht einmal nur von einer einzigen Erkenntnis a priori, sondern von einer ganzen Fülle derartiger Erkenntnisse, die in der Mathematik, in der reinen Naturwissenschaft und im alltäglichen Begriffsbereich des Laien vorkommen sollen. Was für eine allgemeine und notwendige Erkenntnis ist es, die noch eine oder viele allgemeine und notwendige Erkenntnisse neben sich duldet? Diese müssten sich ja in einen Krieg miteinander verwickeln, denn jede von ihnen wäre darum bemüht, die Allgemeinheit und Notwendigkeit aller anderen zu beschränken, also unmöglich zu machen. Es ist jedenfalls eine sehr interessante Frage, woher es kommt, dass sich in unseren Erkenntnissen eine schrittweise Allgemeinheit zeigt, durch die wir uns zu immer allgemeineren und allgemeineren Erkenntnissen erheben: Aber die Behandlung dieser Frage gehört bereits in die angewandte Logik. Soviel steht jedoch auch hier schon ganz klar vor uns, dass nur *eine* allgemeine oder universale Erkenntnis im engen Sinne des Wortes möglich ist. Und auch diese eine einzige ist nicht apriorischen Charakters. Das Gesetz der Vernunft stammt nämlich – es vertritt ja die wirklich universale Erkenntnis – ebenfalls nur aus der Erfahrung, wie alle unsere anderen Erkenntnisse. Wir mussten Erfahrungen an der Struktur der menschlichen Rede machen, um das Gesetz der Vernunft erkennen zu können. Hätten wir nicht das sinnliche Zeichensystem, das wir als Sprache bezeichnen, und könnten wir in diesem sinnlichen Zeichensystem nicht Beobachtungen anstellen, wie sie ein Naturforscher in der Natur macht, dann könnten wir die Bedeutung der dualen Struktur des Satzes nicht erkennen, d. h. wir könnten das Gesetz der Vernunft nicht konstatieren. Ein charakteristischer Grundzug meiner Untersuchung der Vernunft ist also, dass ich die universale Erkenntnis bzw. das Gesetz der Vernunft auf dem Erfahrungswege feststelle. Auf dem Weg der Erfahrung zeige ich, dass uns in jeder Erfahrung das Nichtsinnliche in wahrnehmbarer Weise erscheint. Auf dem Erfahrungswege, denn ich untersuche Sätze, die in sinnliche Zeichen gekleidet sind, und außerdem nehme ich von diesen Sätzen nur diejenigen in Augenschein, die einen sinnlichen Eindruck zum Ausdruck bringen. Jetzt zeigt sich, welche Bedeutung es hat, dass ich bei meinen Überlegungen eine gewisse Einschränkung machen musste. Wenn ich beispielsweise über einen Satz nachdächte wie: Gott erschafft die Welt, wenn ich Überlegungen darüber anstellte, dass das Nichtsinnliche uns in den Bildern der Natur erscheint, dann würden mich alle zu Recht auslachen, denn in obigem Satz ist das Nichtsinnliche (Gott) schon in einem Wort klipp und klar bezeichnet, so dass es nicht ausgewiesen werden muss. Also habe ich mich mit ziemlicher Knappheit auf den Kreis der unmittelbaren sinnlichen Erfahrung beschränkt, um zu zeigen, dass wir in jeder sinnlichen Erfahrung das Nichtsinnliche in sinnlicher Qualität erfahren. Ich habe die Operation der Abstraktion in unmittelbarer Konstatierung der sinnlichen Eindrücke aufgedeckt und gezeigt, dass es ohne Abstraktion unmöglich ist, das elementarste sinnliche Faktum auf menschliche Weise zu konstatieren; denn das Konstatieren selbst ist ja nichts anderes als Abstraktion: die Abstraktion des Wesens von der Erscheinung. Wie dann die Operation dieser Abstraktion in immer abstrakteren Sätzen zur Geltung kommt, das ist bereits eine zweitrangige Frage, die zur angewandten Logik gehört. Die Hauptsache war zu zeigen, dass es im menschlichen Bewusstsein kein sinnliches Faktum gibt, das nicht eine Handlung der abstrahierenden Kraft der Vernunft wäre.

Nun könnte jemand fragen, wie es möglich sei, eine universale Erkenntnis, wie es angeblich das Gesetz der Vernunft wäre, aus der Erfahrung zu schöpfen, obwohl die Erfahrung immer nur Details, Bruchstücke bietet. Wenn wir diese duale Gliederung auch an einer sehr großen Anzahl einzelner Sätze erfahren, können wir doch nicht in voller Allgemeinheit, als Notwendigkeit aussprechen, dass der Satz eine duale Struktur haben muss. Der Mensch, der die Dampfmaschine, den Stromdynamo usw. erfinden konnte, könnte ja statt des Satzes auch eine neue Gedankenmaschine erfinden, die keine duale Gliederung mehr aufweist. Das Gesetz der Vernunft hat auch nur Erfahrungs-Allgemeinheit: Es ist ein solches, wie es der Mensch aus einer sehr großen Anzahl gleicher Fälle schöpfen kann. So zeigt beispielsweise die Erfahrung, dass Menschen, wenn sie ein bestimmtes Alter erreicht haben, sterben. Aber dass jeder Mensch notwendig sterben muss, das kann die Erfahrung, die immer nur mit einzelnen Fällen und der Anhäufung dieser Fälle dienen kann, niemals zeigen. Ähnlich ergeht es uns im besten Fall mit der Dualität des Satzes, weshalb sie nicht ein allgemeines und notwendiges Faktum genannt werden kann und sich aus ihr kein wirklich universaler Gedanke erklären lässt, der als Grundprinzip einer Wissenschaft dienen könnte.

So erhebt der verheerende Dualismus, der das Prinzip a = a um jeden Preis aus den Angeln heben möchte, immer und immer wieder das Haupt. Einmal will er, geleitet von Verachtung gegenüber dem Nichtsinnlichen, das Wesen (Gott) aus der Welt ausmerzen und das Sinnliche in seiner bloßen Sinnlichkeit erfassen, d. h. er will seine Sätze aus zwei Prädikaten bilden. Wenn aber diese sensualistische Bestrebung in ihre eigene Hilflosigkeit zurücksinkt, kommt sogleich die andere mystische Marotte zum Vorschein, und er will das Nichtsinnliche ohne jede Vermittlung durch eine Erscheinung in seiner Nichtsinnlichkeit erfassen, also seine Sätze aus zwei Subjekten bilden. Dieser Apriorismus macht sich selber glauben, aus der Erfahrung könne man keine universale Erkenntnis schöpfen. Nun, das trifft zu: Wenn ich mit oberflächlichem Verstand sage, dass die Menschen sterblich sind, dann fehlt diesem aus der Erfahrung geschöpften Urteil die unbedingte Notwendigkeit. Aber wenn jemand, während er die Worte „Der Mensch stirbt" stammelt, seine eigene Rede verstände, also wüsste, was es bedeutet zu sterben, dann könnte er in demselben Augenblick auch entscheiden, ob der Tod notwendig ist oder nicht. Ähnlich verhält es sich, wenn ich mit oberflächlicher Vernunft sage, dass die Sätze eine duale Gliederung aufweisen, dann verbirgt sich darin keine universale Erkenntnis, sondern nur eine solche, über die jeder Elementarschüler verfügt.

Aber wenn ich diese duale Gliederung verstehe, d. h. wenn ich also wirklich verstehe, was ich an meiner eigenen Rede erfahre, dann verbirgt sich in dieser dualen Gliederung für mich eine universale Erkenntnis. Wenn ich nämlich weiß, dass die Dualität des Satzes bedeutet, dass das Nichtsinnliche sich uns in sinnlicher Weise zeigt, wenn ich außerdem weiß, dass das Nichtsinnliche soviel bedeutet wie ewig, dann werde ich nicht mehr daran zweifeln können, dass es keinen Augenblick geben kann, in dem ich nicht dem begegnete, was ewig ist. Denn was für ein Ewiges ist es, das in gewissen Augenblicken aufhörte ewig zu sein? Ich werde also nicht darauf angewiesen sein, die unendliche Reihe der Sätze immer und immer wieder zu untersuchen und mich immer und immer wieder davon zu überzeugen, dass der Satz duale

Struktur hat und dass diese duale Struktur das Grundverhältnis von Wesen und Erscheinung symbolisiert. Vielmehr stelle ich für mich ein für alle Mal fest, dass sich der Mensch, solange es ihn gibt, kein sinnliches Zeichensystem statt der Rede ausdenken können wird, das die Rede vollkommen ersetzt und dessen Grundeinheiten keine duale Gliederung aufweisen.

Es trifft nicht zu, dass die Erfahrung immer nur Details, Bruchstücke bietet, denn in jedem Detail und jedem Bruchstück zeigt sich das Universale. *Wir erleben in jedem Augenblick das ewige Leben, wenn auch nur für einen Augenblick.* Aber in welchem Umfang uns dies bewusst wird, hängt davon ab, in welchem Umfang wir verstehen, was wir in einem Augenblick erfahren. Unsere Erfahrung tief und vollkommen zu verstehen, ist jedoch eine wirklich schwere Aufgabe. Ein Augenblick vertreibt den anderen aus unserem Denken, und mit dem verlorenen Augenblick meinen wir auch den ewig seienden zu verlieren, der sich in jenem Augenblick geäußert hat. Für die oberflächliche Erfahrung bleibt also eine Reihe sinnlicher Augenblicke, die desto leerer scheint, je oberflächlicher der Verstand ist, der sie widerspiegelt. Der rein animalische Lebenswille strebt nach nichts anderem als danach, dass sich diese Augenblicksreihe möglichst lange hinziehen möge. Der mystische Verstand hingegen glaubt, man müsste in den zeitlosen Zwischenraum zwischen zwei benachbarten Augenblicken eindringen, um das Nichtsinnliche in seiner Außerzeitlichkeit zu erfassen. Er bemerkt nicht, dass ja das Unendliche an allen Punkten des Seins in endlicher Gestalt vor uns steht und es nur von der Kraft unseres Bewusstseins abhängt, ob wir im Endlichen das Unendliche als unseren Besitz erkennen.

*Die menschlichen Erkenntnisse haben nur eine einzige Quelle, und das ist die Erfahrung.* Auch die Untersuchung der Vernunft ist eine Erfahrungswissenschaft, nur dass sie ihre Beobachtung nicht an Bäumen und Steinen, sondern an der Struktur der menschlichen Sprache anstellt, um die sich in dieser Struktur äußernde menschliche Vernunft zur Selbsterkenntnis zu führen. Ich bezeichne also klar die Quelle, aus der der Vernunftforscher seine Kenntnisse schöpft. Kant jedoch bezeichnet die Quelle nicht, aus der seine angeblichen apriorischen Erkenntnisse entspringen. Denn was er möchte, dass wir uns mit der reinen Vernunft in die reine Vernunft vertiefen, lässt sich unmöglich durchführen. Ich habe schon dargelegt, dass auch in dem Fall, dass es jemandem gelänge, mit der reinen Vernunft in die reine Vernunft einzudringen, diese Wunderkunst bezüglich der anderen Menschen vollkommen verloren wäre, weil auch diese Wunderkunst auf die Vermittlung sinnlicher Wörter angewiesen ist. Jetzt jedoch füge ich hinzu, dass es auf einer ungenügenden Beobachtung beruht, wenn der denkende Mensch glaubt, er stütze sich nicht auf sinnliche Zeichen, wenn er sich – wie man zu sagen pflegt – in seine eigenen Gedanken vertieft. Wenn beispielsweise jemand sehr geschickt und schnell geschriebene Ziffern multiplizieren kann, dann kann er seine Geschicklichkeit so weit entwickeln, dass er das Multiplizieren auch an vorgestellten Ziffern vollziehen kann. Auch der Denker, der sich in sich selbst vertieft, arbeitet mit solchen vorgestellten Zeichen, und zwar mit einer Geschwindigkeit, dass er beinahe glaubt, gar keine vorgestellten Zeichen nötig zu haben. Aber wie der Zauberkünstler, selbst wenn er mit noch so großer Blitzgeschwindigkeit Dinge verschwinden lassen oder hervorzaubern kann, sich selbst nicht glauben machen darf, dass er Dinge zu nichts macht oder aus dem Nichts erschafft, so darf auch der echte Seelenforscher nicht in die lächerliche Selbsttäuschung verfallen, ohne jede vorgestellte, also sinnliche Zeichen in der Lage zu sein, Gedanken in sich zu erfassen. Der Denker, der sich in sich selbst vertieft, stützt sich auf vorgestellte Gesten; Visionen entstehen und verschwinden vor ihm, die lautlosen Schatten flüchtiger Sätze oder Wörter huschen durch seine Seele. Dies ist ein Spiel, wie es das Licht mit den Wogen spielt, und wie das Licht keinen Glanz hätte, wenn sich die Wellen nicht bewegten, so könnte ohne das Spiel der vorgestellten Zeichen kein einziger Gedanke durch unseren Versand blitzen.

## 13.

Jeder Vernunftforscher gründet die Untersuchung der Vernunft gewollt oder ungewollt, bewusst oder unbewusst auf Überlegungen zum sinnlichen Zeichensystem der menschlichen Rede. Als charakteristisches Beispiel steht in dieser Hinsicht Kant vor uns, der in seiner zweiten grundlegenden Unterscheidung geradezu die duale Struktur des Satzes untersucht, ohne sich klar darüber Rechenschaft abzulegen, was er tut.

Während er zwischen analytischem und synthetischem Urteil unterscheidet, tut er eigentlich nichts anderes, als die Beziehung von Subjekt und Prädikat im Satz zu behandeln. Analytisch ist seiner Ansicht nach das Urteil, wenn das Prädikat im Begriff des Subjektes, wenn auch verborgen, bereits enthalten ist, so dass der Satz die Identität von Subjekt und Prädikat ausdrückt und eigentlich nichts anderes ist als eine Tautologie, die höchstens dazu dient, klar zu machen, was wir in irgendeinem Begriff, wenn auch nur verborgen oder unklar, ohnehin schon gedacht haben. Synthetisch hingegen ist das Urteil, wenn der Begriff des Prädikates vollkommen außerhalb des Subjektes fällt und so, wie eine ganz neue Aufklärung, zum Begriff des Subjektes beiträgt. Während also die analytischen Urteile nur unsere Gedanken klären, ansonsten aber vollkommen unproduktiv sind, bereichern die synthetischen Urteile sie mit neuen Elementen und bedeuten einen wahren Gewinn für das menschliche Wissen.

Nun wollen wir uns daran zurückerinnern, auf welche Weise ich angefangen habe, das Verhältnis von Subjekt und Prädikat im Satz zu behandeln. Dort habe ich gesagt, dass die duale Gliederung des Satzes auf jede Weise in Gestalt einer Unmöglichkeit vor uns steht. Denn wenn der Satz nur dazu gut ist, von einem Subjekt $a$ dasselbe $a$ als Prädikat auszusagen, dann wäre die duale Gliederung des Satzes der ständige Verkünder des menschlichen Wahnwitzes. Denn wozu mit zwei identischen Merkmalen ausdrücken, was wir auch mit einem Merkmal allein schon vollkommen ausdrücken können? Wenn aber der Satz dazu dient, über ein Subjekt $a$ ein von ihm verschiedenes Prädikat $b$ auszusagen, dann scheint der Inhalt eines jeden Satzes eine Unmöglichkeit zu sein. Einmal erscheint die duale Form des Satzes, ein anderes Mal der Inhalt, der in dieser dualen Form erscheint, als Sinnlosigkeit.

Und was tut Kant? Er akzeptiert die duale Gliederung des Satzes in beiden Gestalten der Unmöglichkeit. Er erklärt, dass der Satz einmal dazu gut ist, vom Subjekt $a$ ebenfalls das Subjekt $a$ auszusagen; ein andermal dazu, dem Subjekt $a$ das ihm vollkommen fremde Prädikat $b$ zuzueignen. Einmal ist der Satz dazu gut, dass seine duale Form eine sichtliche Unmöglichkeit sei, ein anderes Mal ist er dazu gut, dass sein Inhalt sichtlich widersprüchlich sei. Oder kurz gesagt: Der Mensch spricht deshalb in Sätzen, damit diese Sätze auf jeden Fall im Licht der Unmöglichkeit vor uns stehen.

Kant bemerkt die Frage nicht, die in der Dualität des Satzes verborgen ist und die, wie ich gezeigt habe, die Grundfrage der Logik ist. Besser gesagt, er spürt die Frage in der Tiefe seines Geistes, aber er formuliert sie nicht, sondern glättet sie. Es ist unmöglich, Kants Ausführungen über die analytischen und synthetischen Urteile zu lesen und nicht den großen Hamlet der Logik vor sich zu sehen, wie sein Auge sich in den Strudel der menschlichen Vernunft vertieft. Er stellt die Frage nicht, er löst sie auch nicht, aber er breitet die tiefe Zwiespältigkeit der menschlichen Vernunft vor uns aus. Diese seine Unterscheidung zwischen analytischem und synthetischem Urteil ist eine wahre Gedenksäule der seit Jahrtausenden klaffenden Wunde der menschlichen Vernunft, eine Gedenksäule des Urfluchs, dass der Mensch seine eigene Rede nicht versteht. Das analytische Urteil, das um Entschuldigung bittet, dass es existiert, und das, auch wenn es nichts sagen kann, doch dieses sein Nichtssagen besser erklären möchte, und das synthetische Urteil, das nicht weniger um Verzeihung für seine Existenz fleht und das, obwohl es eine Unmöglichkeit sagen will, das menschliche Wissen doch um eine ganz neugebackene Unmöglichkeit bereichern wird: Diese beiden Arten von Urteilen sind würdige Vertreter des menschlichen, nicht dualen Elends, das sich teils als altes ideales, teils als neues reales Elend in veränderlichem Wogen durch die Geschichte zieht. Wie die beiden Bettler, von denen der eine einen Sack hatte, aber kein Futter, und der andere Futter, aber noch nicht einmal einen Sack: Diese beiden Bettler der Vernunft, der Moral, des Geschmacks katzbalgen sich durch die Weltgeschichte, ohne ein Bewusstsein ihres elenden Bettlerdaseins zu erlangen.

Wir wollen sehen, wie Kant die Frage glättet, die in der Satzstruktur verborgen ist. Im analytischen Urteil bekäme das Prädikat die Rolle zu erklären, deutlicher zu machen, was wir im Subjekt ohnehin schon gedacht haben. Aber dieses Prädikat ist entweder eine einfache Wiederholung des Subjektes, und dann hat es keinerlei erklärende Kraft; oder es ist keine einfache Wiederholung des Subjektes, das heißt, es enthält auch etwas Neues, und dann hat das Urteil aufgehört analytisch zu sein. Mit

Ausdrücken wie „erklären", „verdeutlichen" können wir also der in der Gliederung des Satzes liegenden Frage nicht ausweichen. Und was das synthetische Urteil angeht, so wird dieses von dem Unglück bedroht, dass es sich im Lauf der Zeit zu einem analytischen Urteil wandelt. Denn wenn das Prädikat *b* auch etwas Neues sagt, das in dem Subjekt *a* nicht enthalten ist, dann wird dieser sein Ruhm nicht lange andauern, weil bekanntlich auch aus der neuesten Sache mit der Zeit eine alte Sache wird. Es wird also der Augenblick eintreten, in dem das Prädikat *b* durch die Gewöhnung schon als im Subjekt *a* enthalten angesehen werden wird, und dann ist aus dem synthetischen Urteil ein analytisches geworden. Wenn aber dieses Prädikat *b* sich durchaus nicht in das Subjekt *a* einfügen will, wenn es dort durchaus nicht Wurzeln schlagen will, dann ist das nur das Zeichen dafür, dass *a* und *b* vollkommen unvereinbar miteinander sind, das heißt, das synthetische Urteil erweist sich als Absurdum. Kant zufolge existieren also zweierlei Urteile, das eine ist eine Tautologie, das andere ein Absurdum. Das eine ist in seiner Gestalt unmöglich, das andere in seinem Inhalt. Wirklich muss man hier ankommen, wenn man die Natur der Satzstruktur, d. h. den Sinn des a = a nicht aufdeckt und die darin steckende doppelte Verstandestäuschung nicht überwindet.

Bei diesen analytischen und synthetischen Urteilen (oder – was, wie wir sehen werden, auf dasselbe hinausläuft – bei der Unterscheidung zwischen a priori und a posteriori) ist Kants Logik steckengeblieben. Kant ist die Erklärung der dualen Gliederung des Satzes nicht gelungen, weshalb er von zweierlei Sätzen spricht, deren eine Art aus zwei Subjekten und die andere aus zwei Prädikaten besteht. Einmal müsste man das Nichtsinnliche in seiner reinen Nichtsinnlichkeit, ein anderes Mal das Sinnliche in seiner reinen Sinnlichkeit erfassen. Dies jedoch ist unmöglich, wie Kant selbst anerkennt. Es ergibt sich also die Frage, wie er zu dem Gedanken des Nichtsinnlichen bzw. des Wesens gelangt, das er als „Ding an sich" bezeichnet. Nachdem er erklärt hatte: „Was die Dinge an sich sind, können wir nicht wissen", konnte jeder fragen, wie er denn dann über sie sprechen kann. Wie wir ein Wissen von dem haben können, was aus dem Wissen herausfällt. Diese Frage setzte den Verstand aller Philosophen des großen Deutschlands in Bewegung. Zuletzt gab es keinen Sumpf und kein Moor mehr, wo die Frösche beim abendlichen Quaken nicht gefragt hätten, wie Kant zu seinem „Ding an sich" gekommen sei, nachdem er darüber, wie er selbst sagt, kein Wissen hat. *Reinhold, Jacobi, Fries, Herder, Schulze, Maimon, Beck, Fichte, Schleiermacher, Krug, Bouterwek, Herbart* usw. usw. sind in den unterschiedlichsten Varianten immer wieder darauf zurückgekommen. Aber daran, auf diese Zänkereien detailliert einzugehen, kann ich keinen Gefallen finden.

Solange wir das Nichtsinnliche und das Sinnliche jeweils separat auffassen wollen, solange können wir weder das eine noch das andere auffassen. Denn etwas auf menschliche Weise aufzufassen bedeutet soviel, wie uns das Nichtsinnliche sinnlich zu eigen zu machen, d. h. das Wesen als Erscheinung und in der Erscheinung das Wesen zu besitzen. Die Darstellung des Wesens ist eine ungeteilte einheitliche Handlung der Vernunft, und dass die Menschen dem Irrtum verfallen, dies wären nicht eine, sondern zwei Handlungen, das rührt daher, dass diese eine Handlung in zwei sinnlichen Symbolen der Rede vor unserer Sinnlichkeit steht. Die Täuschung, die die Sinnlichkeit der Worte verströmt, ist genauso mächtig wie die Täuschung, die die Farbe und der Duft der Dinge gleich einem Meer aus sich atmen. In diesem zweifachen sinnlichen Sturm torkelt und stolpert der Verstand, trunken von der Welt und von sich selbst, durch das Leben. Nüchtern ist nur der, der seinen Blick bewusst auf die Unendlichkeit richtet, während er durch das Endliche hindurchsieht. Diese göttliche Nüchternheit (die die von der Sinnlichkeit trunkenen Menschen als göttlichen Wahnsinn bezeichnen, weil ihnen das Wahnsinn zu sein scheint) sehen wir zuweilen in den Augen eines jeden Menschen aufschimmern. Einige jedoch suchen diese göttliche Nüchternheit ständig und schätzen sie höher als alles: Sie nennen wir nach der künstlerischen, theoretischen und praktischen Ausrichtung der Seele Dichter, Weise oder Heilige.

Kant weiß, dass wir das Nichtsinnliche als Nichtsinnliches für sich genommen nicht auffassen können, aber auf wundersame Weise versucht er es trotzdem. Davon zeugt bei ihm die Unterscheidung von analytischen und synthetischen Urteilen oder, was damit gleichbedeutend ist, von Erkenntnissen a priori und a posteriori. Dass diese beiden Unterscheidungen im Grunde genommen nur eine sind, ist ziemlich leicht zu zeigen. Kant will nämlich unter dem analytischen Urteil ein solches verstehen, bei dem das Prädikat notwendigerweise im Subjekt enthalten ist, doch dann fällt das analytische mit dem apriorischen in eins. Unter einem synthetischen Urteil will er eines verstehen, bei dem das Prädikat nicht notwendig im Subjekt enthalten ist und gerade deshalb als Neuigkeit zu ihm beiträgt, doch dann fällt das synthetische Urteil mit dem aposteriorischen in eins. Auf diese Weise stehen wir dem sonderbaren Fall gegenüber, dass ein Vernunftforscher seine Logik auf zwei abweichende Unterscheidungen aufzubauen meint, obwohl er eigentlich nur eine Unterscheidung unter verschiedenen Namen auftreten lässt. Und damit diese Eigentümlichkeit einen würdigen Abschluss bekomme, setzte Kant seiner Vernunftuntersuchung das Auffinden derjenigen Urteile zum Ziel, die, obwohl apriorischen Charakters, trotzdem synthetisch sein sollen. Was gerade soviel tut, dass er ein Urteil sucht, das zwar apriorisch, aber trotzdem aposteriorischen Charakters ist oder das zwar analytisch, aber dennoch von synthetischer Natur ist. Aber nach so etwas braucht man nicht zu suchen, denn jedes Urteil, das die menschliche Vernunft bilden kann, ist zugleich apriorisch und aposteriorisch, oder wenn man so will, analytisch und synthetisch zugleich. Wenn man diese Kunstausdrücke in Kants Interpretation versteht, dann muss man sagen, dass weder apriorische noch aposteriorische, weder analytische noch synthetische Urteile existieren, denn sie alle zielen darauf, dass ein Satz entweder aus dem bloßen Subjekt oder aus dem bloßen Prädikat bestehe. Was ebenso eine Unmöglichkeit ist, als wenn jemand sagte, es existierten zwei Arten von Menschen, die einen, die nur von der Mutter, und andere, die nur vom Vater geboren wurden.

Zu einem solchen Ergebnis gelangt eine Vernunftuntersuchung, die sich mit der „reinen Vernunft" in die reine Vernunft vertiefen will und sich weismacht, das sinnliche Zeichensystem der menschlichen Rede existiere für sie nicht. Kant lebte offenbar in dem Glauben, dass man bei der Untersuchung der Vernunft die Frage der Sprache gar nicht berühren müsse, obwohl er andererseits, wie ich gerade gezeigt habe, die Kritik der reinen Vernunft eigentlich mit der Untersuchung der dualen Gliederung des Satzes eröffnet. Hier wird deutlich, dass der Zauber, der in der menschlichen Rede liegt, seinen Höhepunkt da erreicht, wo wir uns selbst weismachen, dass wir in der stillen Meditation die Sprache nicht brauchen. Der Genius der Sprache lässt sich mit den Sirenen vergleichen, die uns dann am besten umgarnt haben, wenn wir uns von ihnen frei wähnen, oder mit den raffinierten Tyrannen, die sich bemühen, ihre Tyrannennatur möglichst unbemerkbar zu machen, um mit desto gnadenloserer Willkür herrschen zu können. Bei der Lektüre von Kants „Kritik der reinen Vernunft" sehe ich auf Schritt und Tritt, dass hier ein Denker von tiefem Geist die Existenz der Rede vergessen hat und sich daran macht, selbst eine neue Grammatik für das Menschengeschlecht zu schaffen, während er jedoch zwei Dinge nicht bemerkt: Das eine ist, dass das, was er selbst macht, nichts anderes ist als Grammatik; das andere, dass er sich mit dieser seiner eigenen Sondergrammatik gegen die unumstößliche göttliche Grammatik vergeht, die jede menschliche Rede in sich birgt, da er die duale Einheit der Struktur des Satzes zerstören will. Für dieses Ignorieren und diese Kränkung hat sich der Genius der Sprache dann auch an dem Königsberger Philosophen gerächt und jeden seiner Gedanken mit Unklarheit und inneren Widersprüchen geschlagen.

# Das Gesetz der Anschauung.[19]

## Die Grundlegung der Naturwissenschaften

### 1.

Alles, was sich anschauen lässt, wird unbedingt in Raum und Zeit anschaulich. Die Frage „wo" und „wann" kann in keiner Anschauung unterbleiben, so dass wir die Untersuchung der Anschauung auf eine Theorie des Raumes und der Zeit gründen müssen. In demselben Maße, in dem wir die Begriffe von Raum und Zeit klären, haben wir die Auffassung aller sinnlichen Existenz geklärt. Die Theorie von Raum und Zeit ist die Grundlage jeder vergangenen und zukünftigen Naturforschung.

Beim Gedanken an Raum und Zeit wird jeder menschliche Verstand von Schwindel erfasst. Der Grund dafür liegt in erster Linie in der *Grenzenlosigkeit* von Raum und Zeit. Es gibt keinen menschlichen Verstand, der nicht mit dieser Grenzenlosigkeit gekämpft und in seinem verzweifelten Ringen eine Niederlage erlitten hätte. Wenn wir sagen, dass die Idee dieser Grenzenlosigkeit den menschlichen Verstand *schwindeln* macht, dann drücken wir uns sehr milde aus. Dieser Schwindel steigert sich nur deshalb nicht zu einem noch schwereren Seelenzustand und zerrüttet den Verstand nur deshalb nicht endgültig, weil wir es für gut halten, vor dem Gedanken der Grenzenlosigkeit rechtzeitig zurückzuweichen. Man schließt gleichsam seine Seelenaugen und verzichtet darauf, über diesen Gegenstand weiter nachzudenken.

Aus diesem Verzicht schöpfen der „Positivismus" und überhaupt alle Schattierungen des „realistischen" Denkens ihre Kraft. Wenn der menschliche Verstand dem Gedanken der Grenzenlosigkeit nicht die Stirn bieten kann, dann ist es am besten, ein für allemal auf alle vergebliche Anstrengung zu verzichten und sich einzig und allein um das zu kümmern, was begrenzt, was endlich ist. Diesen Rat würde jeder Denker gern befolgen, das Problem ist nur, dass es vollkommen unmöglich ist, sich nicht mit dem Grenzenlosen, oder wenn man so will: mit dem Unendlichen zu beschäftigen. Der gute Rat der Positivisten ist vergeblich, und sie befolgen ihn selbst

---

[19] Palágyi: *Az szemlélet törvénye,* Jelenkor, Jg.I, Nr. 36-40, November 1896.

nicht. Sie können ihn gar nicht befolgen, denn der Gedanke des Unendlichen ist bewusst oder unbewusst, gewollt oder ungewollt in jedem unserer Gedanken enthalten.

Wir würden vergeblich versuchen, vor dem Gedanken der Grenzenlosigkeit zu fliehen und uns bescheiden nur auf das Endliche zu beschränken. Denn das Endliche ist sozusagen von allen Seiten vom Unendlichen umgeben. Der Gedanke des Unendlichen ist nicht so, dass wir ihn wie ein krankes Glied unseres Körpers mit einem kühnen operativen Eingriff abtrennen könnten. Wäre diese Operation möglich, hätte der Mensch sie schon lange an sich vorgenommen. Wer wollte sich noch mit dem Endlosen herumschlagen, wenn ihn nicht eine unwiderstehliche Kraft dazu zwänge? Aber wie eine Krankheit, die den gesamten menschlichen Organismus durchdringt, so, dass keine Faser von ihr verschont bleibt, nicht mit einer chirurgischen Operation zu heilen ist, so ist auch das menschliche Denken in jedem kleinsten Teil so von dem Gedanken der Unendlichkeit durchdrungen, dass wir, wenn wir ihn aus unserem Verstand rissen, jedes Funktionieren des Verstandes beendeten.

Dies ist es, was den oberflächlichen Denkern nicht verständlich zu machen ist. Sie glauben, die Unendlichkeit sei irgendeine *einzelne* Idee, die wir so vernachlässigen können, dass wir uns außer mit ihr noch mit zahllosen anderen Ideen beschäftigen können. Die meisten Menschen glauben zum Gedanken des Unendlichen nur dann zu gelangen, wenn es um die Unermesslichkeit von Raum und Zeit geht.

Ist denn die endliche Welt, die wir mit unseren Sinnen erfassen, nicht reich genug: Bitte beschäftigen Sie sich doch mit ihr, ihre Erforschung verursacht genügend Probleme und Mühen. Wozu sollten wir noch ins Unermessliche schweifen, wenn wir auch beim Messbaren niemals wirklich ans Ende gelangen?

Noch törichter kann man unmöglich sprechen. In die Unendlichkeit müssen wir nicht *schweifen,* aus dem einfachen Grund, weil wir immer in ihr sind. Das Unendliche ist nicht irgendeine einzelne Idee, die sich umgehen ließe, so wie wir um einen Graben herumgehen. Sie klafft wie ein Strudel in jedem menschlichen Gedanken, und dass wir das nicht bemerken, ist einzig und allein der Tatsache zuzuschreiben, dass wir über unsere Gedanken leicht hinweggleiten, ohne sie ernsthaft zu durchdenken. Wer meint, er könnte die Idee der Unendlichkeit in einem seiner Gedanken außer Acht lassen, ist ein Sklave des Wortes. Das Wort selbst können wir tatsächlich außer Acht lassen, aber den Gedanken des Unendlichen nirgends und nimmer. In allen Gedanken, so alltäglich sie auch sein mögen, lauert der Gedanke des Unendlichen. Dies habe ich in meiner grundlegenden Arbeit zur Logik bewiesen.

So sehr sich auch unser Verstand vor dem Gedanken des Unendlichen scheuen mag, so findet er sich ihm doch überall gegenüber. Es führt auch nicht zum Ziel, wenn wir uns bemühen, die Idee zu umgehen. Im Gegenteil, je mehr wir uns von dem Grauen befreien wollen, das sie in unserer Seele hervorruft, desto mehr müssen wir uns mit ihr befassen. Sich vor ihr zu verschließen, macht unseren Verstand nur wild, und dies um so mehr, je trotziger wir uns der Beschäftigung mit ihr widersetzen. Wie dem Bösewicht, der regelmäßig das Wort des Gewissens unterdrückt, so geht es dem Verstand, der vor der Gegenwart des Unendlichen konsequent die Augen verschließen möchte. Er gerät in Aufruhr. Denn es ist eine Unmöglichkeit, ungestraft gegen das Grundgesetz unseres Wesens zu verstoßen.

Aber wenn auch bei keinem anderen Anlass, so beginnt doch jeder Verstand bei dem Gedanken an Raum und Zeit die unaussprechliche Last des Unendlichen zu spüren. Wer wollte, wenn er die Augen zu den Sternen erhebt, nicht fragen, was jenseits der Sterne sei? Oder wer könnte sich in den Strudel der Zeit vertiefen, ohne bei dem widersinnigen Gedanken des zeitlichen Anfangs ins Stocken zu geraten? Sollen wir vor den Gedanken, die den Verstand erschrecken, Reißaus nehmen? Doch wo ist ein Winkel der Welt, in dem sie sich uns nicht aufdrängten? Uns bleibt nichts anderes übrig: Wir müssen dem Gedanken der Unermesslichkeit gegenübertreten, wenn wir unseren Verstand irgendwie beruhigen möchten.

Was ist es also, das unsere Seele gegenüber der Grenzenlosigkeit von Raum und Zeit so unaussprechlich beunruhigt? Dies ist eine ganz eigentümliche Unruhe, die nicht ihresgleichen hat. Oder existiert vielleicht doch eine andere Unruhe, die ähnlicher Natur ist? An dieser Frage müssen wir uns festhalten, wenn wir gegenüber der Idee des Unendlichen unseren Platz behaupten wollen.

Fest steht, dass die menschliche Vorstellungskraft mit der Auffassung des Unendlichen nicht zurande kommen kann. Unsere Anschauungskraft lässt den Weltenraum mit dem Firmament enden, umfasst ihn mit diesem. Aber unser Verstand kann sich mit dieser Begrenztheit nicht abfinden und drängt die Vorstellungskraft zu immer neuen Anstrengungen, den Weltenraum im Ganzen zu erfassen. Doch dieses Drängens werden wir schließlich müde, denn die Vorstellungskraft hält sich immer an Grenzen fest und bricht zuletzt hilflos zusammen vor der Aufgabe, die der Verstand ihr aufzwingen will, die aber ihre Kräfte übersteigt.

Mit anderen Worten: Wir finden einen Widerspruch zwischen dem Wirken des Verstandes und der Vorstellungskraft. Letztere klammert sich immer an das Begrenzte, ersterer ist immer aufs Grenzenlose aus. Wir spüren die Qual dieses Widerspruchs, wenn wir an die Grenzenlosigkeit von Raum und Zeit denken. Wenn wir uns also von dieser Qual befreien wollen, müssen wir die Beschaffenheit dieses Widerspruchs erkennen. Es gibt nämlich nicht nur eine Art von Widersprüchen: Auch in unseren alltäglichen Gedanken treffen wir oft auf Widersprüche; wenn wir die Tätigkeit unseres Verstandes sorgsam prüfen, können wir sogar in jedem Gedanken einen Widerspruch entdecken.

Die oberflächlichen Geister gleiten jedoch über die Widersprüche, die in ihren alltäglichen Gedanken verborgen sind, hinweg. Sie erwachen erst zu einem Bewusstsein des Widerspruchs, wenn ihre Seele mit der Unermesslichkeit von Raum und Zeit ringt. Hier gibt es auch für sie kein Ausweichen mehr. Sie sind gezwungen, die Pein zu spüren, die der Gedanke der Unermesslichkeit birgt. Und vor dieser Pein nehmen sie Reißaus in dem Glauben, dass sie sich, wenn sich sich mit messbaren Dingen beschäftigen, von dem Entsetzlichen befreien können, das die Idee der Unermesslichkeit in ihrer Seele aufrührt. Als ob das Unermessliche nicht in allem Messbaren vorhanden wäre, als ob der innere Widerspruch nicht spöttisch aus jedem Gedanken hervorgrinste, den der menschliche Verstand formuliert.

Der Widerspruch, der sich in der Unermesslichkeit von Raum und Zeit so schwindelerregend äußert, mildert sich nur ein wenig, wenn wir bemerken, dass sich derselbe Widerspruch in ständig wechselnder Gestalt in jeder unserer Anschauungen und allen unseren Gedanken erneuert. Der Schwindel, den die Grenzenlosigkeit von Raum und Zeit verursacht, ist dasselbe wie die Täuschung, die ausnahmslos alle unsere Erfahrungen und Anschauungen begleitet. Wer das bemerkt und versteht, kommt wenigstens so weit, dass er nicht töricht vor der Idee der Unendlichkeit fliehen will, sondern sich mit der unbedingten Notwendigkeit abfindet, dass es in jeder endlichen Erscheinung das Unendliche ist, was uns erscheint. Dies ist das Gesetz der Vernunft, das ich in meiner Abhandlung zur Logik ausgeführt habe.

Im Sinne des Gesetzes der Vernunft lässt sich weder die sinnliche Erscheinung für sich genommen noch das Wesen der Erscheinung (das Nichtsinnliche) für sich genommen auffassen. Denn etwas aufzufassen bedeutet, das Nichtsinnliche sinnlich wahrzunehmen, das Unendliche in endlicher Gestalt zu erfassen. Wer das Endliche für sich und das Unendliche gesondert auffassen will, ist auf eine Unsinnigkeit aus, er will das Gesetz des menschlichen Verstandes umstoßen. Aber dieses Gesetz lässt sich nicht umstoßen, und sich gegen es aufzulehnen, ist rein vergeblich.

Dass die Vorstellungskraft gegenüber der Unermesslichkeit hilflos ist, das ist geradewegs eine Folge des Gesetzes der Vernunft. Denn was würde es bedeuten, die Unermesslichkeit mit der Vorstellungskraft aufzufassen? Es würde bedeuten, mit unseren Sinnen die Welt im Ganzen aufzufassen. Die Welt im Ganzen wäre nichts anderes als Wahrnehmbarkeit, die Welt wäre also nichts anderes als Erscheinung, und zwar eine reine Erscheinung, in der keinerlei Wesen erscheint. Dies ist der Standpunkt des vollkommenen „Nihilismus", gegen den jedoch das Gesetz der Vernunft unbedingt protestiert. Der Mensch ist, ob er will oder nicht, gezwungen, die Welt als Erscheinung des Wesens anzusehen, und gerade deshalb, weil die Welt ein Wesen hat, ist es unmöglich, die Welt nur als Erscheinung auszuschöpfen, das heißt in voller Gänze zu erfassen. Die Unermesslichkeit von Raum und Zeit ist also nur der Ausdruck dessen, dass die Welt kein leeres Nichts ist, sondern dass sich ein ewiges Wesen (Gott) in ihr äußert. In Predigten beruft man sich schon immer auf die

Unermesslichkeit von Raum und Zeit, wenn sie den menschlichen Verstand zu Gott erheben sollen. Tatsächlich ist die Grenzenlosigkeit von Raum und Zeit ein klarer Beweis für den göttlichen Charakter der Welt. Nur dass dieser Beweis an sich nicht ausreicht. Nicht nur die Unermesslichkeit von Raum und Zeit führt zum Bewusstsein der Existenz Gottes, sondern überhaupt jeder menschliche Gedanke schließt dieses Bewusstsein in sich ein.

Und gerade weil es jeder Gedanke in sich einschließt, ist dieses Bewusstsein zwangsläufig, und deshalb können wir ihm nicht entfliehen. Ein menschliches Bewusstsein zu besitzen oder das Bewusstsein von Gottes Existenz zu besitzen, sind eigentlich nur verschiedene Ausdrucksweise für denselben Gedanken.

Darin, dass die menschliche Vorstellungskraft gegenüber der Unendlichkeit hilflos ist, glauben wir alle die Begrenztheit, die Schwäche der menschlichen Natur zu erkennen. Aber ich sehe darin noch etwas anderes. Die Grenzen für alles auf der Welt werden durch irgendein Gesetz gesetzt, und in der Begrenztheit des Menschen äußert sich auch nur das Gesetz des Universums. Ich sehe ausschließlich eine Gesetzmäßigkeit darin, dass Raum und Zeit sich nicht sinnlich ausschöpfen lassen. Wie könnten wir auch mit unseren Sinnen das ausschöpfen, was im Wesen nicht sinnlich ist! Es wäre eigentlich widersinnig, wenn die Vorstellungskraft den Weltenraum und die Weltzeit ausschöpfen könnte. Wirklich verzweifeln müssten wir erst, wenn die Vorstellungskraft die Unermesslichkeit erfassen könnte, denn dann müssten wir die Welt als rein sinnlich, also als nichtiger als das Nichts, betrachten. Niemandes Verstand kann sich damit abfinden, dass das Ganze der Welt in Raum und Zeit vollkommen umspannbar sein könnte. Nur die Hilflosigkeit der Vorstellungskraft kann unserem Verstand Ruhe bieten, denn gerade diese Hilflosigkeit gibt ihm die Gewissheit der göttlichen Beschaffenheit der Welt.

Aus dem bisher Gesagten geht auch hervor, dass wir vom Unendlichen in zweierlei Sinn sprechen können. Einmal bedeutet es das Wesen der Welt selbst, das Nichtsinnliche, also Gott. Ein andermal bedeutet es die Unermesslichkeit von Raum und Zeit, also eher der Erscheinung. Einmal fassen wir die Unendlichkeit in subjektiver, einmal in prädikativer Bedeutung auf. Denn Gott und die Welt stehen in der Beziehung zueinander, die im Satz von Subjekt und Prädikat symbolisiert wird. – Entsprechend diesem doppelten Sinn ist der Gedanke der Unendlichkeit ebenso niederdrückend wie erhebend. Wenn wir daran denken, dass unsere Vorstellungskraft die Unermesslichkeit nicht ausschöpfen kann, fühlen wir uns niedergeschlagen, wenn wir aber daran denken, dass wir in allem Endlichen das Unendliche besitzen, dann erheben wir uns zum Göttlichen und fühlen uns eins mit ihm, dann gelangen wir zur vollkommenen Beruhigung.

Unter allen Geschöpfen auf Erden ist der Mensch das einzige, das fähig ist, angesichts des Gedankens des Unendlichen Schwindel zu empfinden. Aber er kann nicht nur Schwindel empfinden angesichts der Unendlichkeit, sondern er kann diesen Schwindel auch verstehen, also ihn als vernunftgemäß und daher zwangsläufig – mit einem Wort: gesetzmäßig – ansehen. Es ist keine Schwäche, sondern eine Gesetzmäßigkeit, dass wir die Unerschöpflichkeit von Raum und Zeit nicht in der Anschauung erfassen können. Eine Schwäche – nämlich eine Widersinnigkeit – ist es gerade, wenn wir mit kindischer und lächerlicher Anstrengung das Unermessliche anschauen wollen, obgleich die Vernunft erfordert, dass Raum und Zeit nicht in ihrer Unerschöpflichkeit anschaulich sein dürfen.

Die Vernunft lehrt, dass die Welt in ihrem Wesen nichtsinnlich und nur in ihrer Erscheinung sinnlich ist. Die Vernunft lehrt, dass es unsinnig ist, das Nichtsinnliche als solches und das Sinnliche gesondert als solches auffassen zu wollen. Nun wünscht aber jemand, der nach der Anschauung von Raum und Zeit in ihrer Unermesslichkeit strebt, eigentlich, dass wir das Sinnliche als solches frei vom Wesen auffassen, und das ist widersinnig. Derjenige möchte, dass die Welt eine rein sinnliche Erscheinung sein möge, nichts anderes, doch dies widerspricht der wirklichen Beschaffenheit der Welt.

Der Mensch ist nicht nur fähig, angesichts der Unendlichkeit Schwindel zu empfinden, sondern gerade weil er sich über diesen Schwindel Rechenschaft ablegen kann, klar, streng, menschlich vollkommen, kann er *das Unendliche auch auffassen*. In diesem Gedanken bzw. Bewusstsein äußert sich der spezielle Geist meiner

Philosophie. Nur der feige, zittrige, nebelkranke Verstand stellt sich vor, die Unendlichkeit sei nur eine Ahnung und nur Gegenstand eines Glaubens. Bewusstsein ist sie, klares, sicheres Bewusstsein. Mehr noch: Der Mensch hat von nichts anderem ein sicheres, klares Bewusstsein als vom Unendlichen. Nur muss man sich vor dem doppelten Irrtum hüten, in den der Verstand gegenüber dem Unendlichen verfallen kann. Wer das Unendliche als rein sinnlich, in der Unermesslichkeit von Raum und Zeit, betrachten will, der ist genauso töricht wie derjenige, der es ohne alle Sinne, rein in seiner nichtsinnlichen Beschaffenheit oder in seinem göttlichen Wesen erfassen will. Dem Menschen ist es nur gegeben, das Unendliche in Gestalt des Endlichen aufzufassen, aber er muss sich klar dessen bewusst sein, dass er im Endlichen, im Sinnlichen, so vergänglich es auch sein mag, das Unendliche, das Nichtsinnliche, das Ewige besitzt.

Daher müssen wir allem, was unsere Sinne ergreift, so vergänglich, so flüchtig und nichtig wir es empfinden, dennoch einen unaussprechlichen Wert beimessen. Warum? Die meisten glauben, aus Schwäche bzw. deshalb, weil wir Sklaven, elende Diener des Sinnlichen sind. Leere Rede! Nicht, weil wir Sklaven des Sinnlichen sind, messen wir den fassbaren Dingen Wert bei, sondern, weil wir das Ewige in ihnen spüren. In jeder unserer Leidenschaften, in jedem großen irdischen Gefühl ist der Durst, das Gefühl des Unendlichen verborgen, das sich sogar in der niederträchtigsten Leidenschaft noch entdecken lässt. Und wenn unser irdisches Leben noch so sehr Schaum und Schattenspiel ist, so spüren wir doch in diesem Schaum und in diesem Schattenspiel ständig das Rauschen des unendlichen Geistes.

Dies gibt allem irdischen Besitz einen Wert. Durch ihre göttliche Beschaffenheit halten sie an den irdischen Dingen fest.

## 2.

Raum und Zeit üben nicht nur durch ihre Unermesslichkeit, sondern auch durch ihre *Stetigkeit* oder, wenn man so will, durch ihre Kontinuität eine schwindelerregende Wirkung auf den menschlichen Verstand aus. Über die Täuschung jedoch, die durch die Stetigkeit verursacht wird, hat die große Masse nur noch ein blasses Wissen. Auf den ersten Blick stößt sich niemand daran, dass Raum und Zeit stetig sind, dass sie also nie und nirgends eine Unterbrechung erleiden: Jeder hält dies nur für ganz in Ordnung, für selbstverständlich.

Dabei schließt der Gedanke an die vollständige und vollkommene Stetigkeit die Grenzenlosigkeit in sich ein. Wenn nämlich Raum und Zeit nie und nirgends eine Unterbrechung erleiden können, dann bedeutet das, dass sie sich in die Unermesslichkeit erstrecken müssen. Die Menschen stolpern jedoch im Allgemeinen nur über die unermessliche Stetigkeit und bemerken nicht, dass Stetigkeit innerhalb messbarer Grenzen denselben Schwindel verursacht wie die Grenzenlosigkeit selbst.

Aber wer nur ein wenig beginnt, sich der ununterbrochenen Stetigkeit der Zeit bewusst zu werden, der erschrickt plötzlich darüber, wie gespenstisch sie ist. Er beginnt zu spüren, dass es unmöglich ist, einen vollkommen definierten Punkt oder Augenblick der Zeit zu ergreifen, festzuhalten, denn während man ihn ergreifen müsste, ist dieser Augenblick auch schon vergangen. Vergeblich laufen wir der Zeit atemlos hinterher; die Gegenwart ist zwar immer gegenwärtig, entgleitet aber *stets*, huscht davon, so dass man sie eigentlich niemals ergreifen kann.

Diesem gespenstischen Weiterhuschen der Zeit haben die Dichter vielerlei tief ahnungsvollen Ausdruck gegeben; unsere Aufgabe jedoch besteht darin, uns klar über die Täuschung Rechenschaft abzulegen, die in der Stetigkeit liegt. Üblicherweise weckt dieses stetige Verschwinden der Zeit in den Menschen Gedanken an die Schattenhaftigkeit und Nichtigkeit alles Seins, eigentlich ist es jedoch die Empfindung der *Ewigkeit*, die das Fließen der Zeit so mystisch macht.

Wenn wir nämlich scheinbar darum bemüht sind, den Augenblick in seiner Flüchtigkeit zu ergreifen, besteht unser eigentliches Ziel darin, in die zeitlose Mitte zwischen zwei aufeinander folgenden Augenblicken einzudringen. Scheinbar jagen wir also dem Verfliegenden nach, in Wirklichkeit jedoch sind wir auf das aus, was aus der Zeit herausfällt, auf das Nichtsinnliche, das Wesen, das Ewige. Je eifriger wir die kleinsten Teile der Zeit festhalten wollen, desto mehr spüren wir, dass es eigentlich die Ewigkeit ist, an die wir unbedingt heranzukommen versuchen. So stoßen wir überall in der Flüchtigkeit auf die Ewigkeit, und so wird das Grundprinzip des menschlichen Verstandes immer verständlicher, dass es das Unendliche ist, das unsere Seele in allem Endlichen ergreift.

Das, was wir im strengen (mathematischen) Sinne des Wortes *Zeitpunkt* nennen, können wir in Wirklichkeit niemals festhalten. Dennoch griffe, wer den strengen Begriff des Zeitpunktes deshalb aus dem menschlichen Verstand ausschaltete, den menschlichen Verstand an der Wurzel an, denn es ist unmöglich, sich über den Prozess der Zeit irgendein Bild zu schaffen, ohne darin scharfe Grenzpunkte festgestellt zu denken. Diese strengen Punkte können in der Wirklichkeit zwar nie bezeichnet werden, aber dennoch würde ohne das Denken dieser Punkte in unserem Verstand alles unsicher ineinanderfließen; die definierte Idee des „jetzt" würde verschwinden, und wir würden alle Orientierung im Strom der Zeit verlieren. Den strengen mathematischen Zeitpunkt vertritt in der Erfahrung immer schon ein winziges Stückchen Linie des Zeitflusses. Wir betrachten den mathematischen Zeitpunkt im Bild einer Minute, einer Sekunde oder, wenn es nötig ist, des Bruchteils einer Sekunde.

So geht es ausnahmslos jedem menschlichen Verstand damit. So äußert sich in der Anschauung der Zeit das Gesetz der menschlichen Vernunft! Der mathematische Zeitpunkt bedeutet eigentlich nichts anderes als die Außerzeitlichkeit, also die Ewigkeit, und die winzige Augenblicksdauer, die wir „jetzt" nennen, bedeutet nichts anderes als das sinnliche Vergehen.

Das Ewige ist es also, das wir in Gestalt des vergehenden „jetzt" auffassen.

Ein für allemal klar wird auch, dass weder das Ewige noch das Vergehende einzeln für sich genommen auffassbar sind. Denn es ist unmöglich, den mathematischen Zeitpunkt für sich genommen zu ergreifen, ohne ihn mit einer vergehenden

Zeitdauer (einem Augenblick) zu verbinden, die ihn vertritt; hingegen ist es ebenso unsinnig, diese vergehende Zeitdauer aufzufassen, wenn wir sie nicht auf einen mathematischen Zeitpunkt beziehen. So bestätigt die Anschauung der Zeit das Grundprinzip, dass wir das Wesen nur in seiner Erscheinung, die Erscheinung nur durch ihr Wesen auffassen können. Alle Anschauung kann überhaupt nichts anderes tun, als weitere Gewissheit über das Gesetz der Vernunft zu verschaffen.

Hier bietet sich noch die Gelegenheit zu einer Anmerkung, die für das gesamte menschliche Denken charakteristisch ist. Unter dem mathematischen Zeitpunkt hat man eigentlich die Ewigkeit zu verstehen. Aber nachdem wir jedes neue Moment auf je einen mathematischen Zeitpunkt beziehen, entsteht der Anschein, als würde die Ewigkeit sich selbst vervielfachen. Dabei wissen wir genau, dass die Ewigkeit nur eine ist, und nur, weil sie sich in immer neuen zeitlichen Augenblicken vor uns ausbreitet, müssen wir von immer neuen mathematischen Zeitpunkten sprechen. Mit anderen Worten: Auch das Wesen der Welt (Gott) scheint sich in der Mannigfaltigkeit der Erscheinungen zu teilen, was uns jedoch nicht im geringsten in dem klaren Bewusstsein stören darf, dass das Wesen von allem ein und dasselbe Wesen ist.

Solcherart hat uns die Untersuchung des Begriffs der Stetigkeit darauf geführt, dass wir es auch in der endlichen Zeitanschauung immer mit dem Unendlichen zu tun haben. Wir könnten einem einzelnen endlichen Zeitmoment in unserem Gedanken keine Grenzen setzen, ohne den Begriff der Ewigkeit um Hilfe zu bitten. Wir müssen uns nämlich die endlichen Momente der Zeit immer als von mathematischen Zeitpunkten begrenzt denken. Das heißt, wir nutzen die Ewigkeit dazu, mit ihr den Anfang und das Ende des endlichen Moments zu bestimmen. *Alles Endliche als Endliches können wir nur mit Hilfe des Unendlichen definieren.* Dies ist nur die schriftliche Modifizierung des Gesetzes der Vernunft.

Die gesamte Mathematik wird von vorn bis hinten eine unmögliche Wissenschaft, wenn wir das Unendliche aus ihr entfernen wollen. Denn die Feststellung jedes Zeitpunktes ebenso wie jedes räumlichen Punktes lässt sich nur mit Hilfe des Unendlichen bewerkstelligen. Die Mathematik weicht dem Unendlichen auch in keinem ihrer

Schritte aus. Die Geometrie beginnt beispielsweise mit der Definition der Begriffe Punkt, Gerade, Ebene usw. Und in all diesen Begriffen ist das Unendliche verborgen. Der geometrische Punkt z. B. bedeutet nichts anderes als die Leugnung jeglicher Ausdehnung, also das Außerräumliche oder Unendliche, nur mit dem Ziel, dieses Außerräumliche oder Unendliche zur strengen Definition eines endlichen kleinen Ortes zu verwenden.

Mit dem Raum haben wir also dieselbe Situation wie mit der Zeit. Auch hier verursacht nicht nur die Unermesslichkeit, sondern auch die Stetigkeit auf Schritt und Tritt Schwindel in der Anschauung. Auch die endlichen Teile des Raumes können wir nicht auffassen, ohne dass das Unendliche mit hineinspielt, denn die Enden, die Grenzen, können wir immer nur *gedanklich,* über den mathematischen Punkt, die Gerade, die Ebene, konstatieren, die allesamt Vertreter des Außerräumlichen bzw. des Ewigen in der geometrischen Anschauung sind.

Der Begriff der Stetigkeit hat dieselbe Bedeutung wie der Begriff der „unendlichen Teilbarkeit". Wenn wir letztere Ausdrucksweise verwenden, wird sofort offensichtlich, wie sehr das „Unendliche" in den Gedanken der Stetigkeit und damit in die Auffassung jedes endlichen Raumes oder Zeitstücks und -abschnitts hineinspielt. Daher ist die Aufteilung der Mathematik in zwei Teile: Elementarmathematik und höhere Mathematik in dem Sinne, dass in der ersten der Begriff des Unendlichen angeblich noch keine Rolle spielt, vollkommen falsch. Der Begriff des Unendlichen ist ausnahmslos in jedem mathematischen Begriff genau wie überhaupt in jedem menschlichen Gedanken, bewusst oder unbewusst, gewollt oder ungewollt, vorhanden.

Wenn wir das Unendliche innerhalb eines umgrenzten Raumes oder Zeitabschnitts auffassen, dann bezeichnen wir das *Unendliche* gewöhnlich als *winzig.* Das unendliche Winzige ist im Grunde vollkommen identisch mit dem unendlichen Großen, denn streng genommen bedeutet beides nur das Außerräumliche und -zeitliche. Dieses Außerräumliche und -zeitliche spielt in die Auffassung jeder Detailerscheinung ständig mit hinein, und insofern wird es unendlich klein genannt. Betrachten wir jedoch den gesamten Raum und alles Zeitliche als eine einzige Erscheinung, dann nennen wir das Außerräumliche und -zeitliche als Wesen dieser einzigen Erscheinung gewöhnlich unendlich groß.

Unsere bisherigen Ausführungen haben die Täuschung, die unsere gesamte Anschauung von Raum und Zeit in jedem Detail durchdringt, bei weitem noch nicht ausgeschöpft. Wir werden eine Quelle dieser Täuschung aufzeigen, die von der Wissenschaft und der Philosophie bislang nicht gebührend bemerkt, ja, beinahe vollkommen vernachlässigt wurde. Nur die Aufdeckung dieser Täuschung kann uns zu den echten Grundlagen jeder Anschauung und zusammen damit jeder Naturwissenschaft führen.

## 3.

Jeder glaubt sich darüber im Klaren zu sein, dass das, was für unsere Sinne Erscheinung ist, unbedingt über Ausdehnung und Zeitraum verfügen muss; was jedoch keinen Anteil an der Ausdehnung hat und was nicht in den Fluss der Zeit fällt, das kann überhaupt keine sinnliche Erscheinung sein. Aber so klar und selbstverständlich diese These auch zu sein scheint, so eine gewichtige und bedeutende, ich möchte sogar sagen: eine für die gesamte Weltanschauung grundlegende Frage verbirgt sie unseren Augen.

Diese Frage aber dreht sich nur um das Bindewörtchen „und". Jede sinnliche Erscheinung ist eine räumliche und zeitliche Erscheinung. Das ist klar. Aber was bedeutet hier das Bindewörtchen „und"? Bedeutet es, dass die räumlichen Erscheinungen „zugleich" auch zeitlich sind? Oder existieren außer den Erscheinungen, die räumlich und zeitlich zugleich sind, vielleicht auch rein räumliche und rein zeitliche Erscheinungen? Dies ist eine Frage, die für unsere gesamte Anschauung von grundlegender Bedeutung ist.

Ich bin Denkern begegnet, die auf diese Frage so geantwortet haben: Was im Raum ist, das muss unbedingt auch in der Zeit sein, denn was Raum einnimmt, bei dem dauert es einen gewissen, wenn auch noch so kurzen Zeitraum, diesen Raum einzunehmen. Jedoch kann etwas in der Zeit geschehen, ohne dass dieser Prozess auch im Raum Platz beanspruchen würde. So ist beispielsweise alles, was in der menschlichen Seele vor sich geht, gewiss zeitlichen Charakters. Gefühle und Gedanken folgen zeitlich aufeinander: Auf das Gefühl der Wut kann das der Versöhnung folgen, auf die Freude der Kummer usw., ein Gedanke beschwört den anderen herauf. Aber wer wagt es zu sagen, dass die Wut, die Versöhnung, die Freude, der Kummer und das menschliche Denken nicht nur zeitliche Prozesse, sondern zugleich auch raumbesetzend sind, dass sie also räumliche Ausmaße besitzen und sich geometrisch positionieren wie beispielsweise die Körper? Mit einem Wort, die seelischen Vorgänge sind auf alle Fälle als zeitlich zu qualifizieren, die Räumlichkeit jedoch ist ihnen abzusprechen.

So unsinnige oder zumindest wirre Reden kann man hören, wenn die einfache Frage im Raum steht, ob sich in der Anschauung der Dinge Räumlichkeit und Zeitlichkeit *zusammen* zeigen oder ob sie voneinander getrennt werden können. Der eine wird sagen, Raum und Zeit verschmelzen in der Anschauung ausnahmslos, der andere, dass sie sich vollkommen voneinander trennen und dass der Raum unabhängig von der Zeit und die Zeit von unabhängig vom Raum betrachtet werden kann, und der dritte wird damit vorstellig, der Raum könne nicht von der Zeit gesondert betrachtet werden, eine Anschauung der Zeit sei jedoch unabhängig vom Raum möglich. Die meisten werden sogar zwischen diesen Standpunkten hin- und herschwanken, so dass sie während eines Gesprächs von wenigen Minuten mehrfach in Widerspruch mit sich selbst geraten – ein klares Zeichen dafür, dass wir hier der elementarsten Frage der menschlichen Anschauung gegenüberstehen. Denn es ist eine bekannte Sache, dass die Menschen gerade die elementarsten Fragen nicht gern klären und sich nur in Verwicklungen wohlfühlen. Über verwickelte Dinge zu diskutieren, ist nämlich sehr bequem, weil sie sich über alle Maßen winden und schrauben lassen und ohnehin nicht endgültig erledigt werden. In einfachen, elementaren Fragen hingegen muss man Farbe bekennen, und hier klar Farbe zu bekennen, kann leicht die unsinnigsten inneren Widersprüche aufdecken.

Doch nicht nur die Laien, sondern auch die Philosophen versäumen es, die Beziehung zwischen Raum und Zeit zu untersuchen. Als Beispiel sei hier nur *Kant* erwähnt, dessen Lehre vom Raum und von der Zeit so einen tiefen Eindruck auf die gesamte gebildete Menschheit gemacht hat. Kant erklärt einfach, es gebe zwei reine Formen der sinnlichen Anschauung, und diese beiden Formen seien: Raum und Zeit. Danach beschäftigt er sich in zwei gesonderten Kapiteln mit dem Raum und der Zeit, als hätten die beiden Formen überhaupt nichts miteinander zu tun. Er gibt sich mit der Erklärung zufrieden, der Raum sei die Form des *äußeren Sinnes,* die Zeit hingegen die Form des *inneren Sinnes*. Mit Hilfe des äußeren Sinnes, sagt er, haben wir eine Anschauung von den Dingen außerhalb unserer selbst als im Raum befindlich; mit Hilfe des inneren Sinnes hingegen betrachtet die Seele ihre eigenen Zustände als in der Zeit angeordnet. Er bringt zwei Kunstbegriffe (den äußeren und den inneren Sinn) in die Diskussion ein, und diese beiden Wörter benutzt er dazu, unsere Aufmerksamkeit von der grundlegenden Frage nach der Beziehung zwischen Raum und Zeit abzulenken.

Denn was sind eigentlich der äußere und der innere Sinn, auf die die abendländischen Seelenforscher seit *Locke* so beharrlich zurückkommen? Diese beiden Kunstausdrücke sind ganz offensichtlich rein formelhafte (metaphernartige) Wortbildungen. Die Begriffe „außen" und „innen" beziehen sich ursprünglich immer auf den Raum. Jede vollkommen geschlossene Oberfläche, wie zum Beispiel die Kugeloberfläche, teilt den Raum in einen inneren und einen äußeren Teil. Aber in diesem ihrem ursprünglichen Sinn dürfen wir die Begriffe „innen" und „außen" hier nicht verstehen. Denn dann würde der äußere Sinn den Sinn bedeuten, der außerhalb, und der innere Sinn den Sinn, der innerhalb der Oberfläche des menschlichen Körpers liegt. Auf eine solche Unterscheidung kann sich natürlich der nüchterne Verstand nicht einlassen. Es ist also klar, dass der äußere und der innere Sinn nur in *übertragener Bedeutung* das bezeichnen, von dem wir sprechen wollen.

Die Beziehung zwischen Raum und Zeit ist es, um die es hier geht. Kant erklärt diese Beziehung mit den Ausdrücken des äußeren und des inneren Sinnes. Aber diese beiden Bezeichnungen sind dem Bereich des einen der beiden zu erklärenden Begriffe, und zwar des Raumes, entnommen, denn die Unterscheidung zwischen

Äußerem und Innerem entspringt der Anschauung des Raumes. Nun frage ich, welchen Sinn es wohl haben kann, wenn wir die Beziehung von Raum und Zeit mit Wörtern erklären, die rein aus der Anschauung des Raumes stammen? Ist es nicht offensichtlich, dass eine solche Erklärung als Spiel eines Dichters durchgeht, aber auf keinen Fall wissenschaftlichen Wert besitzen kann?

Wenn uns die Gedanken ausgegangen sind, beginnen wir, uns von Worten zu ernähren. Solange es um Raum und Zeit geht, weiß jeder, was diese Wörter bedeuten. Aber was kann es nützen, zwei neue Wörter in die Untersuchung zu mischen wie den äußeren und den inneren Sinn? Hat jemals ein Sterblicher klar zwischen äußerem und innerem Sinn unterschieden? Wer konstatiert beispielsweise, ob der Klangsinn ein äußerer oder ein innerer Sinn ist? Wenn ich daran denke, dass der Klang von außen stammt, kann ich sagen, der Klangsinn sei ein äußerer Sinn, aber wenn ich erwäge, dass es vergeblich draußen einen Klang gäbe, wenn ich ihn drinnen mit der Seele nicht wahrnähme, dann muss ich einsehen, dass der Klangsinn zugleich ein innerer Sinn ist. Und wenn ich irgendetwas ganz klar nur „drinnen spüre", z. B. wie einen Schmerz, bin ich dann nicht dazu gezwungen, an ihn als etwas von mir Entfernteres zu denken und von ihm mein innerstes Ich zu unterscheiden, das auch auf diesen Schmerz wie auf etwas Fremdes blickt? Soweit ich weiß, bemüht sich die menschliche Seele, alles Äußere als etwas Inneres und alles Innere als etwas Äußeres aufzufassen. Es ist nur ein Spiel mit Worten, wenn wir einen äußeren und einen inneren Sinn unabhängig voneinander unterscheiden wollen. Und wir haben wahrlich nichts gewonnen, wenn wir den Raum zur Form des äußeren und die Zeit zur Form des inneren Sinnes erklären. Denn die Begriffe von Raum und Zeit sind klarer als die Begriffe des äußeren und des inneren Sinnes. Nicht Raum und Zeit muss man mit dem äußeren und dem inneren Sinn erklären, wie Kant es tut, sondern gerade umgekehrt: Wir können die Begriffe des äußeren und des inneren Sinnes eher mit Raum und Zeit klarer machen. So können wir z. B. sagen, dass wir etwas mit dem äußeren Sinn aufgefasst haben, sofern wir dieses als räumlich, und mit dem inneren Sinn, sofern wir dieses als zeitlich betrachten. Aber bringt uns all dieses Reden der

Untersuchung der Beziehung von Raum- und Zeitanschauung auch nur einen Schritt näher?

Dabei dreht sich alle klare Auffassung der menschlichen Anschauung um sie. Zu allererst muss uns klar sein, dass Räumlichkeit und Zeitlichkeit in jeder Anschauung untrennbar verschmolzen erscheinen, dass es also keine räumliche Erscheinung gibt, die nicht zugleich auch eine zeitliche Erscheinung wäre, und keine zeitliche Erscheinung, die nicht zugleich auch räumlich wäre. Solange wir in dieser Hinsicht auch nur den geringsten Zweifel nähren, solange können wir uns auch nicht auf die Theorie von Raum und Zeit einlassen, denn so lange wissen wir eigentlich nicht einmal, worum es geht, wenn wir Raum und Zeit erwähnen.

Denn was würde es bedeuten, etwas rein im Raum – ohne Bezug auf die Zeit – zu betrachten? Es würde bedeuten, dass wir diese Erscheinung bzw. uns selbst aus dem Fluss der Zeit herausgehoben haben und sie jetzt bereits außerhalb der Zeit wahrnehmen. Ähnlich unmöglich ist es, etwas nur in der Zeit zu betrachten, denn dies wiederum würde bedeuten, dass wir irgendeine Erscheinung bzw. uns selbst aus dem räumlichen Zusammenhang herausgehoben haben und jetzt außerhalb des Raumes wahrnehmen. Aber kann man denn etwas außerhalb des Raumes oder außerhalb der Zeit wahrnehmen? Birgt nicht der Begriff der Wahrnehmung in sich, dass diese räumlich und zeitlich *zugleich* sein muss?

Nehmen wir für einen Augenblick an, es existierte eine gewisse Reihe von Erscheinungen *a, b, c, d* usw., die nur räumlichen Charakter hätten, und eine andere Reihe von Erscheinungen α, β, γ, δ usw., die ausschließlich in die Strömung der Zeit gehörten, wie könnten denn dann diese beiden Reihen von Erscheinungen zusammenhängen? Der Raum könnte sie nicht verknüpfen, denn nach dieser Annahme liegt die Reihe α, β, γ, δ usw. nicht im Raum, auch die Zeit könnte keinen Zusammenhang zwischen ihnen schaffen, denn die Reihe *a, b, c, d* usw. gehört nicht in den Fluss der Zeit. Unsere Welt zerfiele also in zwei zusammenhanglose Teile: in eine Raum- und eine Zeitwelt, die auf keine Weise miteinander verkehren könnten. Wenn wir uns die Räumlichkeit unabhängig von der Zeitlichkeit vorstellten und die

Erscheinungen in rein räumliche und rein zeitliche aufteilen wollten, würde das zu einer vollkommenen Verwirrung der Anschauung führen.

Es hat auch keinerlei Sinn, wenn wir uns die beiden oben genannten Reihen nur als in einzelnen Punkten zusammenhängend vorstellen. Dass es z. B. eine räumliche Erscheinung $p$ gäbe, die auf irgendeine unbekannte Weise mit der zeitlichen Erscheinung $\pi$ zusammenhinge, so dass die Verschmelzung dieser beiden Ausnahmeerscheinungen die Welt unserer räumlichen und zeitlichen Anschauung zusammenhielte. Ein Punkt des Raumes hat auch keine andere Natur als ein anderer Punkt des Raumes, ähnlich ist ein Punkt der Zeit genauso wie ein anderer ihrer Punkte: Wenn wir uns also die Erscheinungen $p$ und $\pi$ irgendwie verschmolzen vorstellen, dann gilt genau dasselbe für alle Mitglieder der oben genannten beiden Reihen. Es gibt wirklich keinen Menschen mit intaktem Verstand, der Raum und Zeit nicht als an jedem Punkt der betrachtbaren Welt zusammengewachsen denkt.

Es kann nicht eine gesonderte Raumanschauuung und eine gesonderte Zeitanschauung geben. Denn sooft wir etwas Räumliches betrachten, müssen wir auch eine Zeitdauer betrachten, und sooft wir eine Zeitdauer wahrnehmen, müssen wir auch eine Ausdehnung wahrnehmen. Mit anderen Worten: Es gibt nicht zwei voneinander unabhängige Formen der Anschauung. Wie könnte sich auch ein und dieselbe Erscheinung gleichzeitig in zwei voneinander abweichende Formen einfügen, ohne in zwei voneinander abweichende Erscheinungen zu zerfallen? Wenn wir Raum und Zeit schon als *Formen* der Anschauung bezeichnen, dann müssen wir auch aussprechen, dass jede Anschauung nur eine Form hat. Weder Raum noch Zeit bilden für sich genommen eine Form, sondern nur die *Verbindung* der beiden gibt unserer Anschauung eine Form. Die Ausdehnung lässt sich immer nur im Bild der Zeitdauer, die Zeitdauer immer nur im Bild der Ausdehnung betrachten. Dies ist das *Prinzip der Einheit von Zeit und Raum*. Und dieses Prinzip nenne ich das Gesetz der Anschauung.

Von diesem Standpunkt aus können wir klar erkennen, auf welch gefährlichen Irrweg die abendländische Seelenforschung geraten ist, wenn sie die Anschauung von Raum und Zeit unabhängig voneinander analysiert. Was für eine Verwirrtheit der menschlichen Anschauung ist es, wenn jemand sich aufmacht und untersucht, wie sich die Anschauung der Räumlichkeit entwickelt, und ein anderer sich auf ein ähnliches Abenteuer bezüglich der Zeit einlässt! Der dritte versucht beharrlich nachzuweisen, wie sich aus der Anschauung der Zeit die des Raumes entwickeln kann. Dann könnten wir uns ja auch mit Fragen wie der beschäftigen, wie Männer Männer zur Welt bringen könnten und Frauen nur noch Frauen, und mit anderen Unsinnigkeiten. In der Anschauung spielen Räumlichkeit und Zeitlichkeit immer zusammen, und die echte Anschauung kann ohne die Hilfe des einen Faktors ebenso wenig zustande kommen wie ohne die des anderen. Wer diese paarige Verbindung von Raum- und Zeitanschauung nicht bemerkt, der hat die Bedeutung des Begriffs Anschauung nicht verstanden.

Wenn aber das Moment der Räumlichkeit und der Zeitlichkeit in keiner Wahrnehmung jemals fehlen können, wenn sich niemals eine Art und eine Gelegenheit bietet, die Ausdehnung unabhängig von der Zeitdauer und die Zeitdauer unabhängig von der Ausdehnung wahrzunehmen, dann stellt sich die Frage, auf welchem Weg wir überhaupt zu einer Unterscheidung von Raum und Zeit gelangen können. Denn es scheint klar zu sein, dass irgendein *a* sich nur dann von einem *b* unterscheiden lässt, wenn sich irgendwann Gelegenheit bietet, *a* und *b* jeweils für sich zu beobachten. Wenn nun *a* und *b* in alle Ewigkeit nur verschmolzen erscheinen und sich niemals und unter keinen Umständen voneinander trennen, dann haben wir anscheinend weder einen Grund noch die Möglichkeit, sie voneinander zu unterscheiden. Wir stehen also vor der Frage, wie das Prinzip der Einheit von Raum und Zeit eine Unterscheidung von Raum und Zeit zulässt. Die Behandlung dieser Frage führt uns tiefer in die Untersuchung des Sinnlichen. Eigentlich ist dies die Frage, die wir als „Problem" von Raum und Zeit bezeichnen können. Doch ist es charakteristisch, dass die abendländische Philosophie dieses Problem nicht einmal klar formuliert und erst recht nicht eigentlich behandelt.

# 4.

Wie ein Gewebe zerfallen muss, wenn wir alle Längsfäden von den Querfäden trennen, so zerfasert alle unsere Anschauung, wenn wir die Fäden der Räumlichkeit und Zeitlichkeit aus ihr herauslösen. Egal, wo und wie wir die lebendige Wirklichkeit ergreifen, haben wir immer Raum und Zeit zugleich ergriffen, und es gibt keine Hexenmeisterschaft, die fähig wäre, die einheitliche lebendige Anschauung in zwei unterschiedliche Anschauungen aufzulösen. Es ist reine Selbsttäuschung, dass die räumliche und die zeitliche Wahrnehmung unabhängig voneinander bestehen könnten und voneinander geschieden noch immer den Charakter der Wahrnehmung hätten. Wahrnehmen bedeutet, die Räumlichkeit als zeitlich und die Zeitlichkeit als räumlich anzuschauen. Dies ist eine Wahrheit, die jeder weiß, und die man nur aussprechen muss, damit sie jeder, der den Sinn der Wörter begriffen hat, ohne Widerstand akzeptiert.

Dass wir dennoch fähig sind, die Begriffe Raum und Zeit voneinander zu trennen, haben wir der Tatsache zu verdanken, dass wir über eine gegliederte Rede verfügen, was mit unserer Denkfähigkeit gleichbedeutend ist. Ich habe es schon ausgesprochen und muss von Neuem betonen, dass es zu unserem Menschsein gehört, dass wir mit unserer Vernunft wahrnehmen und dass wir mit unseren Sinnen denken. Nur die dualistischen Denker sind in der Lage, die Vernunft und die Sinne als zwei voneinander unabhängige Fähigkeiten zu betrachten, und nur diese verwirrten Köpfe geraten in die Zwangslage, Räumlichkeit und Zeitlichkeit getrennt voneinander betrachten zu müssen.

Ebenso, wie wir gezwungen sind, ein und denselben Gedanken mit Hilfe zweier Symbole – eines Subjekts- und eines Prädikatssymbols – auszudrücken, so sind wir gezwungen, auch unsere Anschauung durch die Gegenüberstellung von Räumlichkeit und Zeitlichkeit in Worte zu fassen. Der Gedanke, den wir ausdrücken wollen, ist nur einer, dennoch wird dieser eine Gedanke in der Rede durch die Verbindung zweier Symbole wahrnehmbar. Ähnlich ist auch unsere Anschauung nur eine, aber wenn wir über sie berichten wollen, dann kann dies nur durch die Verbindung zweier

Symbole, der Räumlichkeit und der Zeitlichkeit, geschehen. Derselbe Zwang, der den Satz zweigliedert, löst auch unsere Anschauung in die Elemente der Räumlichkeit und der Zeitlichkeit auf. Raum und Zeit stehen zueinander im Verhältnis von Subjekt und Prädikat, solcherart, dass wir, wenn wir das eine von ihnen als Subjekt betrachten, das andere als Prädikat ansehen müssen. Die Zeit ist es, die, gleichsam angehalten, zu Raum zerfließt; der Raum ist es, der gleichsam Schwung bekommt und ins Zeit-Bett gedrängt weiterbraust. Den Sinn dieser bildlichen Rede muss ich klar darlegen, damit nicht die poetische Ausdrucksweise, die nur ein Mittel im Verlauf der Behandlung ist, in den Augen oberflächlicher Denker als Ziel erscheint.

Versuchen wir für einen Augenblick, den Raum für sich zu betrachten. Nicht wahr, wenn wir die unterschiedlichen Teile des Raumes zu einem ganzen Weltenraum zusammenfassen wollen, sind wir gezwungen, uns diese unterschiedlichen Teile als *gleichzeitig* existent vorzustellen? So spielt die Zeit in die Schaffung der Anschauung des Raumes mit hinein. Die Betrachtung des Raumes wird auf die Weise nichtig, wie wir versuchen, die Gleichzeitigkeit seiner Teile auszumerzen. Der Raum wird geradezu nur dadurch zum Raum, dass wir uns seine Teile als gleichzeitig denken. Gäben wir diese Gleichzeitigkeit auf, könnte auch vom Raum keine Rede mehr sein. Das heißt, in der Gestaltung der Anschauung des Raumes haben wir den Gedanken des *Zeitpunktes* unbedingt nötig. Der Gedanke des Zeitpunktes hält die verschiedenen Teile des Raumes zusammen und vereinheitlicht sie.

Diese Teile können nur deshalb Teile eines und desselben Weltenraumes sein, weil sie zu einem und demselben Zeitpunkt existieren. So, wie alle Strahlen des Kreises in einem Mittelpunkt zusammenlaufen, so treffen sich alle Teile des Raumes in einem Zeitpunkt. Der Weltenraum ist eigentlich nichts anderes als derjenige Zeitpunkt, an dem alle Raumteile ihre Einheit finden. Und der Zeitpunkt ist nichts anderes als der Weltenraum, der in jedem seiner Teile gleichermaßen zugegen ist.

Wenn wir dies so sehen, dann wird uns sofort klar, dass der Zeitpunkt und der Weltenraum zueinander im Verhältnis des Subjektes und des Prädikats stehen. Das Subjekt bedeutet nämlich das Nichtsinnliche und das Prädikat die sinnliche

Erscheinung des Nichtsinnlichen. Im Sinne dieses Beispiels vertritt der Zeitpunkt das Subjekt, das heißt das Nichtsinnliche, und der Weltenraum ist nichts anderes als die sinnliche Erscheinung dieses Zeitpunktes. Im Zeitpunkt betrachten wir eigentlich nur einen Raum, nur dass wir diesen Raum dabei nicht als aus Teilen bestehend, sondern als *Einheit* ansehen. Und im Weltenraum betrachten wir nur einen Zeitpunkt, nur dass wir diesen Zeitpunkt nicht als Einheit, sondern als Erscheinung in *unendlich vielen* Raumteilen ansehen. Der Raum wird durch den Zeitpunkt einheitlich, der Zeitpunkt wird durch den Raum zu unermesslicher Vielfalt.

Oder umgekehrt. Ohne die Hilfe des *Raumpunktes* können wir uns kein anschauliches Bild vom Zeitstrom schaffen. Die Wogen des Zeitstromes können immer nur deshalb *einen* Fluss bilden, weil wir uns diese Wogen, alle ohne Ausnahme, über einen Raumpunkt dahingehend denken. Wenn wir einen beliebigen Raumpunkt *a* auswählen, dann gibt es nicht die kleinste Welle des Zeitstroms, die nicht über diesen Raumpunkt *a* dahinginge. Wie alle Teile des Raumes in einem Zeitpunkt ihre Einheit finden, so finden sie auch alle Wellen der Zeit in einem Raumpunkt. Im Raumpunkt betrachten wir also eigentlich nur den Zeitstrom, nur dass wir den Zeitstrom nicht als Vielfalt einzelner Wellen, sondern als Einheit ansehen. Und im Zeitstrom betrachten wir nur den Raumpunkt, nur dass wir diesen Raumpunkt nicht als Einheit, sondern als Erscheinung unermesslich vieler Zeitwellen ansehen.

Auf diese Weise haben Zeit und Raum in unserer Betrachtung die Plätze getauscht. Zuvor hat die Zeit die Rolle des Subjekts gespielt und der Raum diejenige des Prädikats, jetzt spielt im Gegenteil der Raum die Rolle des Subjekts und die Zeit diejenige des Prädikats. Wir können jedoch bemerken, dass die Anschauung der Menschen von Raum und Zeit im Allgemeinen *einseitig* ausgeprägt ist. Wir sind daran gewöhnt, der Zeit die Rolle des Subjekts und dem Raum diejenige des Prädikats zuzuschreiben, das heißt, wir sind daran gewöhnt, die Einheit in die Zeit zu setzen und die Vielfalt in den Raum. So, wie es Anstrengung erfordern würde, wenn wir unsere rechte Hand als linke und die linke als rechte ansehen und uns dementsprechend verhalten sollten, so müssen wir auch unsere Vorstellungskraft anstrengen, um dem Raum die Rolle des Subjekts und der Zeit diejenige des Prädikats zuzumessen. Wir sind nicht daran gewöhnt, die Einheit des Zeitflusses im Raumpunkt zu sehen, und den Raumpunkt als etwas zu betrachten, das durch den unendlichen Zeitfluss erscheint. Dabei haben wir diese Auffassungsweise genauso nötig wie die andere, die die Einheit des Weltenraumes im Zeitpunkt sieht und den Zeitpunkt als im unendlichen Raum erscheinend. Die eben angedeutete Unbeholfenheit, um nicht zu sagen: Plumpheit der menschlichen Anschauungsfähigkeit verursacht unermesslich viele Probleme in den Wissenschaften und Künsten. Diese Plumpheit führt dazu, dass sich die Anschauung der Zeit überhaupt nicht in dem Maße entwickeln kann wie die des Raumes. Die Beschäftigung mit diesem Gegenstand würde die verschiedenen Stufen der menschlichen Vernünftigkeit in eine überaus interessante Beleuchtung stellen. Denn es ist klar, dass diese Vernünftigkeit desto mächtiger ist, je weniger die Raumbetrachtung sich zu Lasten der Zeitbetrachtung entwickelt. Bei Gelegenheit werde ich auf dieses psychologisch überaus verlockende Thema eingehen, jetzt jedoch würde es mich vom Ziel meiner Erörterungen ablenken.

Die ungarische Sprache bezeichnet die Zurückgebliebenheit in der psychischen Entwicklung, also die seelische Unreife, mit einem prächtigen Ausdruck: *idétlenség*[20]. Ich möchte diesen Begriff hier verallgemeinern und darunter die allgemeine Beschränktheit der menschlichen Anschauung verstehen, durch die sie über die Zeit keine so entwickelte Auffassung hat wie über den Raum. Auf eine Folge dieser allgemeinen menschlichen Unreife muss ich hier sogleich hinweisen, um meine bisherigen Erörterungen weiter zu verdeutlichen.

Die Menschen sind daran gewöhnt, den Weltenraum als etwas *Ruhendes* zu betrachten, was eine Folge der angedeuteten Unreife ist. Wenn wir nämlich den Zeitpunkt als Subjekt und den Raum als Prädikat ansehen, dann erscheint uns der

---

[20] „Idétlenség" besteht morphologisch aus dem Wortstamm „Zeit" [idé-], einem Negationssuffix [-tlen-] und einem Abstraktbildungssuffix [-ség] von etwa der Bedeutung des deutschen „-heit/-keit"; es ist aber nicht synonym mit „zeitlos" [időtlen]. Auf den enthaltenen Wortstamm „Zeit" bezieht sich Palágyis „prächtig".
Das Adjektiv „idétlen" bezeichnete zuerst Frühgeborene, zu Palágyis Zeit bedeutete es „,1. Was seine erforderliche Zeit noch nicht erreicht hat, nicht fertig entwickelt, unreif [...] 2. Unreif. *Unreifes Obst.* 3. übertr. Ungewürzt, unrichtig, ohne Witz, unausgegoren. [...] (Czuczor–Fogarasi: A magyar nyelv szótára, 1862); inzwischen hat sich die Bedeutung wieder geändert, und „idétlen" bedeutet „missgestaltet, kindisch, töricht, albern". Ich übersetze „idétlenség" im Weiteren mit „Unreife".

Weltenraum wie der zu diesem Zeitpunkt existierende Weltenraum, das heißt wie dieser Zeitpunkt selbst. Der Raum scheint also zu ruhen, in diesem Zeitpunkt zu ruhen. Aber wir müssen uns auch mit der entgegengesetzten Auffassung anfreunden, dass wir den Raumpunkt als Subjekt nehmen und den Zeitstrom als Prädikat. Dann erscheint nämlich der Raumpunkt so, als würde er im Zeitstrom weiterschwimmen und in jedem folgenden Augenblick seinen Sitz in eine folgende Welle des Zeitstromes verlegen. Das heißt, der unendliche Strom der Zeit scheint ruhend zu sein und der Raum scheint es zu sein, der entlang dieses Stromes weitergleitet. Wer sich mit dieser Anschauungsweise nicht anfreunden kann, gleicht dem Menschen, der seine linke Hand auf keinen Fall benutzen will und zulässt, dass sie vollkommen verkümmert. Oder er gleicht einem schielenden Menschen, der sein schielendes Auge vollkommen außer Dienst setzt, bis dieses Auge seine Sehfähigkeit schließlich vollkommen verliert.

Aus einer falschen oder eher unbeholfenen Gewohnheit resultiert die Anschauungsweise, die den Weltenraum als ruhend ansieht. Der Weltenraum selbst erneuert sich in jedem Augenblick, das heißt, er wird zu einem anderen Weltenraum. Diese Erneuerung des Weltenraumes ist so aufzufassen, als ob der Raum im Strom der Zeit dahinschwände. Man muss sich daran gewöhnen, jeden Punkt des Raumes gleichsam als im Strom der Zeit weitergleitend und den Zeitstrom selbst als gleichsam stehend anzusehen, sonst bleibt unsere Anschauung ewig unreif.

Einmal betrachten wir also den Raum als ruhend und die Zeit als etwas, das über den Raum hinwegeilt, ein anderes Mal betrachten wir den Zeitstrom als ruhend und den Raum als etwas, das mit der Zeit weitergleitet. Diese letztere Anschauungsweise vernachlässigen wir zwar normalerweise, dennoch können wir sie grob in jedem Verstand finden. Die Naturforscher und Mathematiker verwenden, wie wir sehen werden, beide Anschauungsweisen, auch wenn sie sich dessen nicht klar bewusst sind. Auch Dichter und Künstler betrachten gern im Nacheinander, was nebeneinander vorhanden ist, um ihrem Gegenstand Bewegung, Leben, Geist einzuhauchen, andererseits lassen sie das nacheinander Bestehende als nebeneinander erscheinen, um das Seelische möglichst sinnlich und fassbar darzustellen. Damit haben wir das tiefste

Geheimnis der poetischen Anschauung berührt. Nichts wäre leichter, als anhand der Werke der großen Dichter nachzuweisen, dass sie das Prinzip der Einheit von Raum und Zeit auf Schritt und Tritt ahnen und mit dieser Ahnung eine ergreifende Wirkung erzielen. Ich kann sogar sagen, dass hierin der Grundzauber der bildlichen poetischen Sprache besteht. Aber auch die Forscher dringen mit Hilfe des Prinzips der Einheit von Raum und Zeit immer tiefer in die Naturerscheinungen ein, und dieses Prinzip befähigt sie dazu, auch die gewohntesten Erscheinungen in eine originale Beleuchtung zu versetzen. Der Philosophie kommt hier wie anderswo nur die Aufgabe zu, die Wahrheit, die halb und halb unbewusst in jedem menschlichen Verstand lebt, auf die höchstmögliche Stufe der Bewusstheit zu erheben.

Im Weiteren werden wir uns davon überzeugen, wie sehr das Prinzip der Einheit von Raum und Zeit all unsere Grundbegriffe bezüglich der Natur umgestaltet und klarer macht.

## Das Gesetz der Vernunft in der Erfahrung[21]

Im Sinne des Gesetzes der Vernunft ist der Mensch gezwungen, das Universum als Erscheinung des Wesens zu betrachten. Aber selbst wenn jemand schon davon überzeugt ist, dass es unmöglich ist, die Welt vernunftgemäß als etwas anderes aufzufassen denn als das sinnliche Bild der Gottheit, so kann doch dieses theoretische Wissen für sich genommen noch nicht die detaillierte Erkenntnis der Erfahrungswelt ersetzen. Das theoretische Wissen ist überhaupt nicht dazu geeignet, die detaillierte Erfahrung *zu ersetzen*. Ebenso, wie eine Beobachtung der Details, und sei sie noch so ausgiebig und kleinteilig, nicht die Klarheit des theoretischen Wissens ersetzen kann, so kann uns auch die Feststellung des Prinzips niemals von der Archivierung der Tatsachen entbinden. Das theoretische Wissen ist kein Liegebett oder Ruhekissen des Verstandes, es fordert die Vernunft im Gegenteil zu der ununterbrochenen und niemals pausierenden Anstrengung auf, alle detaillierte Erfahrung in die universale Beleuchtung des Grundprinzips zu setzen. Ebenso, wie selbst der äußerst gefestigte Charakter von immer neuen Aspekten des praktischen Lebens unablässig von Neuem auf die Probe gestellt wird, so ergeht es auch der am tiefsten philosophierenden Vernunft mit den ununterbrochen auftauchenden Detailfragen. Dass es sich so verhalten muss, verkündet das Gesetz der Vernunft selbst, in dessen Sinne wir das Wesen nur in seinen Erscheinungen, das Ganze nur in den Teilen, das Unendliche nur im Endlichen erkennen können.

Aber vertiefen wir uns in die unermessliche Verwicklung der Erscheinungen, haben wir sofort das Gefühl, dass das Grundprinzip, dessen Konstatierung uns so schwere Verstandesarbeit gekostet hat, uns treulos im Stich lässt. Was nützt es zu wissen, dass das Universum die Erscheinung des Wesens ist, wenn wir in der Erfahrung nicht mit dem Universum, sondern mit seinen Einzelheiten Probleme haben? Das Grundprinzip kann uns allenfalls lehren, dass wir auch jede Detail-Erscheinung für sich als Erscheinung des Wesens betrachten müssen, dass uns also in jedem endlichen Stück das Unendliche bedroht und in allem Vergänglichen das Ewige anstarrt.

---

[21] Palágyi: *Az ész törvénye a tapasztalaban,* Jelenkor, Jg. II, Nr. 10 u. 11, März 1897.

Was ist es wert, dass wir die Welt in jedem ihrer Glieder als göttlich sehen, wenn uns diese hochtrabende Einsicht bei der Erkenntnis der Teile nicht weiterhilft? Diese Klage schallt uns von den Verfechtern der Erfahrungs-Detailuntersuchung in allen Tonlagen des Kummers, des Spottes und der Verbitterung entgegen.

Diese törichte Beschwerde zeugt davon, dass den Betreffenden das Grundprinzip der Vernunft nur leeres Gerede zu sein scheint. Aber welches Prinzip würde denn auf den Lippen der Menge nicht zu einer seelenlosen, leeren Gedankenhülse? Die Anwendung des Prinzips verlangt bei jedem Detail erneute Verstandesarbeit, und wer für diese Arbeit zu faul oder nicht zu ihr berufen ist, neigt dazu, sogleich auf das Prinzip zu schimpfen oder es zu verwerfen. So erfordert auch die Anwendung des Grundprinzips der Vernunft unablässig schwere Verstandesarbeit, die zunächst darin besteht festzustellen, welcher Art die Schwierigkeit ist, die wir bei der Anwendung des Prinzips jeweils zu besiegen haben.

Die Schwierigkeit, von der ich hier spreche, bezieht sich nicht nur auf eine bestimmte Art von Detailerfahrungen, sondern überhaupt auf Detailerfahrungen jeder Art und jedes Grades. Wenn wir uns nämlich mit einer Erscheinung oder Erscheinungsgruppe *a* beschäftigen, dann müssen wir in diesem Zeitraum von den anderen Erscheinungsgruppen *b*, *c*, *d* usw. in demselben Maße abstrahieren, in dem die Gruppe *a* unsere Aufmerksamkeit ausschließlich in Anspruch nimmt. Es liegt in der Natur des menschlichen Geistes, dass er in der Lage ist, während der Arbeit an der Detailerfahrung seine Aufmerksamkeit von bestimmten Erscheinungen abzuwenden und sie zugleich auf bestimmte andere Erscheinungen zu richten, und zu dieser Abstraktion beziehungsweise Beschränkung ist er nicht nur fähig, sondern er ist auch unwiderstehlich dazu gezwungen. Wir können unmöglich Erscheinungen beobachten, ohne andere Erscheinungen außer Acht zu lassen. Wenn man mag, kann man dies als die *Schwäche* des menschlichen Verstandes bezeichnen; ich für meinen Teil füge hinzu, dass es sich auch getrost als seine *Vortrefflichkeit* bezeichnen ließe. Wenn es eine Schwäche ist, dass wir während der Erfahrung von bestimmten Erscheinungen absehen müssen, ist es hingegen eine Vortrefflichkeit, dass wir uns der von uns ausgezeichneten Erscheinungen mit aller verfügbaren Kraft widmen können. Im

Übrigen lohnt es nicht, von Schwäche oder Vortrefflichkeit zu sprechen, wo ein elementarer, unwiderstehlicher Zwang vorliegt, der bei niemandem eine Ausnahme macht. Das Gesetz der menschlichen Vernunft fordert, dass wir das Wesen in den Erscheinungen bzw. das Ganze in den Teilen erkennen, also sehe ich in der Abstraktion bzw. Einschränkung des menschlichen Verstandes weniger Schwäche und Vortrefflichkeit als vielmehr Zwang und Gesetzmäßigkeit.

Tatsächlich ist der menschliche Verstand fähig, sinnliche Zeichen zu schaffen, wie es z. B. die Zeichen der Rede sind, durch deren Untersuchung er zur Formulierung *universaler Prinzipien* gelangen kann. Aber während wir diese sinnlichen Symbole untersuchen wollten, mussten wir unsere Aufmerksamkeit allen anderen Erscheinungen der lebendigen Natur in dem Maße entziehen, wie wir sie auf die jeweiligen Symbole richteten. Von allen Erscheinungen endgültig und vollkommen zu abstrahieren, ist nicht möglich, und wenn wir unsere Aufmerksamkeit schon auf nichts anderes Sinnliches mehr richten, dann stützen wir uns doch in unseren Untersuchungen auf unsere selbstgeschaffenen Symbole. Der Mathematiker richtet seine Aufmerksamkeit auf Zahlen oder Buchstaben, der Geometriker auf Punkte und Linien, um zu theoretischem Wissen zu gelangen. Doch niemand kann jegliche sinnliche Stütze von sich stoßen. So fein und flüchtig die sinnlichen Symbole auch sein mögen, an die wir uns während unseres betrachtenden Denkens, unseres Philosophierens gebunden haben, so bleibt dennoch immer etwas, an das wir gebunden waren. Auch darin äußert sich wieder das Gesetz der Vernunft, dass wir nicht von allen sinnlichen Zeichen absehen können, also das Wesen (das Nichtsinnliche) nicht an sich selbst erfassen können.

In der allgemeinen Logik mussten wir unsere Aufmerksamkeit an die Symbole der Rede binden, um zum Verständnis des Grundprinzips der Vernunft zu gelangen. Und in demselben Maße, in dem die Symbole der Rede unser Interesse fesselten, mussten wir auf die detaillierte Untersuchung derjenigen Erscheinungen verzichten, die sich unsere Sinnen ständig eröffnen. Jetzt aber beschäftigen wir uns mit dem, was die Sinnesorgane, Auge, Ohr usw. vor uns hinstellen: mit allem Sinnlichen. Nun, ganz gleich, auf welchen Gegenstand oder welches Phänomen wir gerade den Blick richten: In demselben Maß, wie wir ihn auf diesen einen richten, müssen andere Gegenstände und Phänomene in den Hintergrund gedrängt werden. Das weiß jeder. Aber die wenigsten legen sich Rechenschaft darüber ab, welche Täuschung des Verstandes sich aus diesem Zwang ergibt. Dabei hängt es vom Verstehen dieser Täuschung ab, ob wir das Grundprinzip der Vernunft in der Erfahrung anwenden können.

## II.

Da wir jeder Teilerscheinung Wesen beimessen müssen, entsteht der Anschein, das Nichtsinnliche, also das Wesen, zerfalle für sich genommen in so viele Teile, in wie vielen Gegenständen oder Phänomenen es vor uns erscheint. Nennen wir die unermessliche Vielfalt der Erscheinungen, die die sinnliche Welt bilden, $e_1, e_2, e_3, \ldots$ usw. und ihre Summe, also unsere gesamte sinnliche Welt $e$, dann gilt $e = e_1 + e_2 + e_3 + \ldots$ Dementsprechend scheint das Wesen der Welt für sich genommen ebenfalls in Teile zu zerfallen, so wie es diese Formel zeigt: $w = w_1 + w_2 + w_3 + \ldots$ Jedoch ist klar, dass das Wesen an sich, das außerhalb von Raum und Zeit existiert, nicht in Teile zerfallen kann, weil die Teilbarkeit ein Zeichen dessen ist, was sich in Raum und Zeit befindet. So haben wir also in der Welt der detaillierten Erfahrungen auf Schritt und Tritt mit der Verstandestäuschung zu kämpfen, dass es den Anschein hat, das Wesen an sich zerreiße in Teile und einzelne dieser Teile wohnten in den einzelnen Erscheinungen. Diese Täuschung bildet die Ursache dafür, dass die Welt während der Erfahrung in viele Welten zerreißt, und dass die *Einheit,* nach der wir so sehr dürsten, unrettbar verloren zu gehen scheint. In Wirklichkeit geben die Verfechter der detaillierten Erfahrung auf Schritt und Tritt den Gedanken der Einheit der Welt auf und zusammen damit auch das Grundprinzip der Vernunft, das eigentlich nichts anders ist als der Ausdruck des einheitlichen (göttlichen) Seins der unermesslich mannigfaltigen Welt.

Die Täuschung des menschlichen Verstandes, durch die er das Wesen für sich genommen als teilbar, das heißt in Raum und Zeit begrenzt, also in die Grenzen der einzelnen Erscheinung gezwängt, betrachtet, nenne ich die *Vergötterung* der Erscheinungen. Diese Vergötterung verhindert auf Schritt und Tritt die Anwendung des

Grundprinzips der Vernunft in der Welt der Erfahrung. Sie bewirkt, dass wir die Verbindung, die Einheit der Erscheinungen fortwährend aus dem Blick verlieren. Die Vergötterung der Teil-Erscheinungen war immer der Verderber des menschlichen Denkens und damit zusammen der Wissenschaften und der Philosophie, und die richtige Wissenschaft, die richtige Philosophie war niemals etwas anderes als der organisierte Kampf gegen die Vergötterung der Erscheinungen im Interesse der Herstellung der Einheit des Wissens.

Dieser Kampf jedoch stößt jederzeit auf riesige Schwierigkeiten. Denn wer eine Erscheinung zum Abgott erhebt, folgt im Grunde genommen einem unwiderstehlichen Instinkt des menschlichen Verstandes. Das Gesetz der Vernunft selbst fordert ja, dass wir jeder Erscheinung Wesen beimessen, also in ihr – so vergänglich sie auch sein mag – das Ewige betrachten. Wir können nicht einmal einen Einwand dagegen erheben, dass der Betreffende das Wesen vollkommen für irgendeine Erscheinung reserviert, denn das Wesen erscheint ja in allen Gegenständen und Phänomenen ungeteilt. Der Irrtum beginnt erst dort, wo jemand das Wesen für sich genommen als räumlich und zeitlich begrenzt betrachtet, so dass er vergisst, dass alle Gegenstände und Phänomene Erscheinungen eines und desselben Wesens sind. Ein solcher Mensch betrachtet auch das Wesen für sich genommen als Erscheinung, oder, was damit gleichbedeutend ist, er betrachtet die Erscheinung für sich genommen auch als Wesen. Diese Verwirrung des Verstandes stammt aus der unklaren und eher nur erahnenden Auffassung des Prinzips der Identität, also des Prinzips a = a. Wenn wir nun aber in Betracht ziehen, dass wir einzig auf dem Wege unklarer und erahnender Auffassungen zu einem klaren und bewussten Denken gelangen können, verstehen wir sogleich auch, dass kein menschlicher Verstand die Vergötterung der Erscheinungen vollkommen vermeiden kann und wir uns nur im ständigen Kampf gegen diese Vergötterung zu einer Weltauffassung erheben können, die das Einheitliche, also Göttliche der Seienden nicht aus dem Blick verliert.

Für die Charakterisierung dieser Täuschung des menschlichen Verstandes habe ich absichtlich das Wort „Vergötterung" gewählt, weil mit ihm jeder eine Bedeutung verbindet, die mit der hier behandelten Täuschung verwandt ist und deren

Auffassung wesentlich fördert. Den Begriff Vergötterung verwenden wir eher in praktischem und ästhetischem Sinn, wenn wir wegen der Notwendigkeit, Wichtigkeit, Bedeutung, dem Nutzen, dem Wert oder der Schönheit irgendeines Gegenstandes oder einer Erscheinung unempfindlich für eine ähnliche Wertschätzung anderer Gegenstände und Erscheinungen werden. Ich verwende „Vergötterung" hier nicht in einem solchen moralischen und geschmacklichen, sondern im logischen Sinn und tue dies deshalb, weil die Menschen für moralische und Geschmackseinschätzungen wesentlich empfänglicher sind als für logische Erwägungen, und weil ich hoffe, dass die in uns allen lebende moralische und geschmackliche Bewertung auch die Auffassung der logischen Täuschung, von der hier die Rede ist, fördert. Überhaupt möchte ich betonen, dass die richtige moralische und reine ästhetische Bewertung vollkommen mit dem richtigen logischen Denken in eins fällt, so dass die Morallehre (Ethik) und die Schönheitslehre (Ästhetik) eigentlich nichts anderes sind als die Übersetzung des richtigen Denkens in die Sprache der Handlungen und Empfindungen. Dies werde ich an passender Stelle noch detailliert zeigen, jetzt möge mir der Leser gestatten, seine Fähigkeit zur moralischen und geschmacklichen Wertung im Interesse der Logik zu nutzen.

Wenn die Menschen von der Notwendigkeit, Nützlichkeit und dem Wert von etwas sprechen, denken sie eigentlich an das „Wesen" der Sache, nur dass sie den Begriff des „Wesens" nicht in theoretischem, sondern in moralischem oder geschmacklichem Sinn auffassen. Sobald wir in die Welt der Empfindungen, Sehnsüchte und Handlungen eintreten, wird alles vor uns zum Wert, wir bezeichnen das Wesen der Dinge als Wert der Dinge und das Wesen der Welt (das Göttliche) als Wert der Welt, und das führt schließlich dahin, dass wir das, was einen Mangel an Wesen aufzuweisen scheint, auch wertlos nennen und umgekehrt. Die Welt Gottes zu berauben bedeutet aber dann, sie ihres Wertes zu berauben und umgekehrt. Wer dieser Übereinstimmung der logischen Begriffe mit den moralischen und ästhetischen Begriffen etwas Beachtung schenkt, versteht jede abstrakte logische Abhandlung leichter.

Jeder ahnt, welche Gefahren die Götzenanbetung in der Welt der Moral und des Geschmacks birgt, und jeder spürt, dass es, wenn man die Welt aus ethischer und ästhetischer Perspektive betrachtet, keine andere Sünde gibt als die Götzenanbetung. Aber wer wollte sich weismachen, dass man des elementaren Instinkts der Götzenanbetung so leicht Herr würde? Wie oft haben Religionsgründer, Dichter, echte Staatsmänner nach vergeblichen Kämpfen darauf verzichtet, die Götzenanbetung zu brechen und das Ansehen des wahren Ideals herzustellen! All diese großen Kämpfe stehen in engstem Zusammenhang mit jener Verstandestäuschung, die ich hier als logische Vergötterung der Erscheinungen bezeichne. Und der Kampf gegen diese logische Vergötterung ist eine gewichtigere Aufgabe als alle anderen, denn von diesem Sieg hängt auch alle ethische und ästhetische Klarheit ab.

## III.

Unter den Erscheinungen der Natur findet jeder eine, die er über alle anderen zu vergöttern geneigt ist, und das ist die Erscheinung, die er als seinen eigenen Körper ansieht. Wer jedoch die gesamte Bedeutung des Gesetzes der Vernunft erfasst hat, der sieht in jedem Gegenstand die Erscheinung desselben Wesens, er wird also fähig sein, auf seinen eigenen Körper zu blicken wie auf eine Erscheinung unter anderen Erscheinungen, das heißt, er wird fähig sein, sich in Gedanken von der Vergötterung seines eigenen Körpers zu befreien. Und der Bruch mit der Vergötterung muss bei unserem eigenen Körper beginnen, denn wo immer wir einem anderen Gegenstand gegenüberstehen, ist auch unser Körper anwesend, so dass dessen Vergötterung die vernunftgemäße Auffassung jeder Erscheinung unmöglich macht.

Nennen wir unseren eigenen Körper $a$ und den beliebigen Gegenstand, der ihm gegenübersteht, $b$. Die Erfahrung zeigt in jedem Fall, dass wir unmöglich von irgendeiner Erscheinung $b$ Kenntnis nehmen können, ohne dass wir auch irgendeine Kenntnis von jenem $a$ bekämen, das wir unseren eigenen Körper nennen. Wir fassen die Erscheinungen also unter allen Umständen paarweise auf, das heißt, wenn wir einen Gegenstand $b$ keinem anderen $c, d$ usw. gegenüberstellen, bringen wir ihn zumindest mit unserem eigenen Körper $a$ in Beziehung. Es scheint, dass wir diese Tatsache unmöglich vergessen können, aber die Menschen verfallen im Allgemeinen in den Fehler, von Gegenständen *b, c, d* ... usw. auf eine Weise zu sprechen, als müssten sie diesen nicht auch ihren eigenen Körper gegenüberstellen.

Es hat also den Anschein, als vergäße der Mensch seinen eigenen Körper, während er andere Gegenstände auffasst; eigentlich jedoch verdeckt diese Selbstvergessenheit immer die Selbstvergötterung. Seinem eigenen Körper misst der Mensch eine so unsagbare Wichtigkeit zu, dass er ihn aus der Reihe aller anderen Gegenstände herausnimmt und so zu sprechen beginnt: „Ich und die Welt". Er verstümmelt den Begriff der Welt, denn er zieht sich selbst aus ihr heraus und stellt sich solcherart außerhalb der Welt, wobei man zugegebenermaßen nicht weiß, wohin. „Ich und die Welt", diese Redensart ist der treuste Ausdruck für die Zerrüttung der menschlichen Vernunft. Diese Zweiteilung ist es, die Wissenschaft, Philosophie und Kunst verseucht. Von diesem Begriffspaar geht üblicherweise die dualistische, also in sich selbst gespaltene Weltauffassung aus. Die abendländische Philosophie konnte seit *Descartes* überhaupt nie mehr von dieser Spaltung genesen. Da „Ich und die Welt" die beiden gefälschten Stammbegriffe sind, von denen sie ausging, sah sie die Welt immer entzweigespalten und musste sich immer darum mühen, diese beiden Teile irgendwie zusammenzukleben, was natürlich niemals gelang. *Descartes* unterscheidet, entsprechend der entzweigerissenen Welt, gleich zwei Arten von Wesen (substantia). Er spricht vom Wesen der Vernunft und nennt es denkendes Wesen (substantia cogitans), und von einem anderen Wesen, das das Wesen der sich im Raum ausbreitenden Welt sei (substantia extensa). *Spinoza* hat zwar aus den beiden Substanzen eine gemacht, aber seine einheitliche Weltauffassung leuchtet nur ihm, denn er konnte sie nicht in einer logisch zwingenden Form formulieren. *Spinozas* erhabene Denkweise ist in der abendländischen Philosophie immer nur eine Ahnung geblieben, die den Denkern keine Richtung wies. Es blieben als Ausgangspunkt die beiden verstümmelten und verfälschten Grundbegriffe: Ich und die Welt, oder, was damit gleichwertig ist, das Begriffspaar „Subjekt und Objekt" (subjectum und objectum). Bei den populären Schriftstellern sind dann an ihre Stelle „Materie und Geist" und weitere derartige Begriffspaare getreten, die sämtlich die jahrhundertealte Krankheit zum Ausdruck bringen, an der das Denken des Abendlandes in zunehmendem Maße leidet.

Ihre Ursache aber hat diese Krankheit in der Vergötterung des menschlichen Körpers. Obwohl klar ist, dass unser Körper ein Gegenstand unter anderen Gegenständen ist, findet der vergötternde Instinkt eine Weise, dieses Wissen zu vernebeln und unsere Weltanschauung zu verfälschen. Er misst diesem Körper ein gesondertes Wesen zu und nennt es Ich, Subjekt, Seele, Geist, Bewusstsein oder dergleichen. Das Wesen des Universums ist nun nicht mehr nur eines, sondern zwei. Die „Welt" hat ein eigenes Wesen, und unser Körper hat auch ein eigenes Wesen. Das Wesen, das der Welt innewohnt, wird Materie, Kraft oder dergleichen genannt, und das Wesen, das in unserem Körper haust, bekommt die Bezeichnung Ich, Seele, Selbstbewusstsein usw. Aber da auch unser Körper ein Gegenstand unter den anderen Gegenständen ist und man das in keiner Weise leugnen kann, ist die dualistische Denkweise schließlich gezwungen, unserem eigenen Körper zwei Wesen zuzueignen: ein materielles und ein geistiges Wesen. Mit anderen Worten: Die beiden Wesen sind nicht mehr dergestalt voneinander getrennt, dass das eine der „Welt" bzw. der „Natur" eignete und das andere unserem eigenen Körper, sondern beide Wesen treffen sich in unserem eigenen Körper und wohnen dort zusammen, so dass man nicht mehr wissen kann, wo das eine aufhört und das andere anfängt. Die beiden Wesen vermischen sich innerhalb der Grenzen unseres Körpers, und es stellt sich die erstaunliche Frage, wie sie miteinander verkehren. Wie sind Materie und Geist miteinander verbunden?, wie wirken sie aufeinander ein?, und noch mehr derartige Probleme muss sich der zerrüttete menschliche Verstand nun vorlegen. Je länger wir uns mit diesen Fragen abmühen, desto mehr kommen wir durcheinander, und in eine desto dichtere, undurchdringlichere Düsternis gerät der menschliche Verstand. Wie sollte es auch nicht so sein, ist es doch schon Problem genug, dass wir der Welt zwei unterschiedliche Wesen zueignen und sie dergestalt in zwei Welten zerreißen. Was für ein Durcheinander muss dann erst daraus entstehen, dass diese Welten sich auf keine Weise gegeneinander abgrenzen lassen, dass sie sich sogar auf Schritt und Tritt verstörend miteinander vermischen!

Sich aus diesem schrecklichen Chaos des Verstandes zu lösen, erfordert eine beinahe herkulische Anstrengung. Es geht hier um nichts Geringeres als darum, den

Augiasstall der menschlichen Scheinbegriffe auszumisten. Die Seuche der Vernunft nämlich, die in den Begriffen vom Ich und der Welt, von Subjekt und Objekt, von Seele und Körper, von Geist und Materie nistet, steckt den gesamten Begriffsbestand der menschlichen Vernunft an, so dass nicht der winzigste Teil von ihm unbesudelt bleibt. Wenn wir alle unsere aus der Erfahrung geschöpften Begriffe mit einem Schlag reinigen könnten, dann wäre es leicht, die Vernunftverirrung, der in den Begriffspaaren vom Ich und der Welt verborgen ist, vollkommen aufzudecken. Aber diese Aufgabe wird deshalb so überaus schwierig, weil wir, da alle unsere Begriffe verseucht sind, bei jedem Schritt einer neuen Unsinnigkeit gegenüberstehen, die eine erneute reinigende Arbeit erfordert. Bei jedem Schritt bricht ein neues Furunkel unseres Verstandes auf, so dass wir beinahe nicht wissen, welche Wunde wir zuerst heilen sollen. Während der Behandlung vermehren sich die Probleme immer weiter, denn aus dem unermesslichen Boden der Erfahrung schießen gleich Pilzen die immer neuen Fragen hervor, die sämtlich aus der grundlegenden Vernunftverirrung stammen und nur mit ihr zusammen ausgemerzt werden können. Wir brauchen also bei der Aufdeckung der grundlegenden Verirrung die größte Geduld. Wir dürfen uns nicht darum kümmern, wenn am Faden unserer Erörterungen noch so viele geheime Einwände entstehen, denn wenn wir sofort den Kampf mit allen Einwänden aufnähmen, kämen wir nie ans Ziel. Dennoch können wir getrost an die Arbeit gehen, denn das Grundprinzip der Vernunft haben wir bereits konstatiert, und seine Klarheit kann uns nicht im Stich lassen.

Unsere Stammbegriffe sind nicht „Ich und die Welt", sondern „Wesen und Erscheinung". Die beiden letzteren Begriffe reißen die Welt nicht entzwei, denn sie umfassen beide die gesamte Welt. Als Erscheinung bezeichnen wir die Welt, sofern sie sinnlich ist, als Wesen, sofern wir sie von ihrer nichtsinnlichen Seite betrachten. Das Begriffspaar „Ich und die Welt" hingegen reißt die Welt so entzwei, dass sie keiner von ihnen ganz umspannt. Der Begriff „Welt" ist hier verfälscht, denn es fehlt in ihm die Person, die über diese Welt spricht; diese Person ist als eine außenstehende Welt dargestellt, die aus der ersteren herausfällt und deren Beziehung mit der Welt unverständlich wird. Unsere Aufgabe besteht also darin, das Begriffspaar Ich und die Welt umzugestalten, ohne die Einheitlichkeit unserer Weltauffassung aufzugeben.

Der erste Schritt, der in diese Richtung getan werden muss, besteht darin, dass wir uns daran gewöhnen, die Erscheinungen paarweise aufzufassen. Zu jedem Gegenstand nehmen wir als Ergänzung sogleich unseren eigenen Körper dazu, denn ohne dessen Mitwirkung können wir ja diesen Gegenstand nicht auffassen. Gesetzt, dass von einem Gegenstand $b$ die Rede ist, müssen wir ihm gleich das $a$ als Symbol für unseren eigenen Körper anschließen. Und wir sprechen aus, dass weder $b$ noch $a$ für sich genommen irgendeine Erscheinung bilden, sondern dass vielmehr die beiden zusammen als eine Erscheinung zu betrachten sind. Auf die Weise, dass jede Erscheinung sich in einen persönlichen und einen sachlichen Teil geteilt zeigt, ebenso wie jeder Gedanke in zwei Symbolen, in einem subjektiven und einem prädikativen, in der Rede erscheint.

In diese ungewohnte Betrachtungs- bzw. Denkweise müssen wir uns zunächst vollkommen einleben, denn sonst können wir weder die Einwände, die gegen sie vorzubringen sind, noch deren Widerlegung mit gebührender Klarheit formulieren. Wir sprechen also nicht mehr getrennt von persönlichen und getrennt von sachlichen Erscheinungen, sondern jede Erscheinung steht als eine aus einem persönlichen und einem sachlichen Teil bestehende *Paarerscheinung* vor uns. Durch diese Auffassungsweise wandelt sich unser Begriff von unserer Person (unserem Ich) langsam um, auf eine Weise, dass wir uns nach und nach von der Vergötterung unseres eigenen Körpers befreien.

Wenn wir uns nämlich daran gewöhnen, ausnahmslos alle Erscheinungen als Paarerscheinungen aus einem persönlichen und einem sachlichen Teil zu betrachten, dann werden wir uns im Verlauf dieser Gewöhnung keine Person mehr ohne Gegenstand und keinen Gegenstand ohne Person vorstellen können. Die Welt wird sich vor uns nicht mehr in Personen einerseits und Gegenstände andererseits aufteilen, sondern nur noch aus persönlich-gegenständlichen Paarerscheinungen bestehen. Das ganze Universum erscheint uns als aus persönlich-gegenständlichen Paarerscheinungen gebildet, und das Gesetz der Vernunft werden wir nunmehr wie folgt ausdrücken können: Die Welt ist nichts anderes als die Erscheinung des Wesens in persönlich-gegenständlichen Paarerscheinungen. Mit anderen Worten werden wir es auch formulieren können: Das Wesen kann nicht nur in Gegenständen oder nur in Personen erscheinen, sondern jedes einzelne Erscheinungsmoment wird zwingend aus einem persönlichen und einem gegenständlichen Teil zusammengesetzt sein. Ebenso, wie wir nicht nur in Subjekten oder nur in Prädikaten sprechen können, kann die Schöpfergottheit uns nicht ausschließlich in Personen oder ausschließlich in Gegenständen erscheinen, sondern jede einzelne ihrer Äußerungen weist persönlichen und gegenständlichen Charakter zugleich auf.

Dies ist das *Prinzip von der Einheit von Person und Gegenstand,* das ich zunächst nicht diskutieren, sondern erst einmal erklären will. Im Sinne dieses Prinzips kann meine Person niemals nur durch meinen Körper vertreten werden; sie wird vielmehr von Fall zu Fall von immer wieder anderen Paarerscheinungen vertreten, deren einer Bestandteil immer mein Körper ist. Wenn ich beispielsweise im gegenwärtigen Augenblick irgendeinen Gegenstand $b$ betrachte, dann wird meine Person durch eine Paarerscheinung vertreten, die aus meinem Körper $a$ und aus diesem Gegenstand $b$ gebildet ist. Wenn ich mit der Zeit zu den Gegenständen $c, d, e, f \ldots$ usw. übergehe, wird meine Person von den Paarerscheinungen $ac, ad, ae, af \ldots$ usw. vertreten. Mein Körper hat also im Hinblick auf mich nur deshalb so besondere Bedeutung, weil er in jeder der Paarerscheinungen, die meine Person vertreten, als einer ihrer Bestandteile enthalten ist.

Mit dieser Auffassungsweise werde ich versuchen, die Tatsachen des menschlichen Nachdenkens, die Prozesse unseres Seelenlebens, zu erklären. Nach der gängigen Auffassung üben die im Raum befindlichen Gegenstände durch unmittelbare Berührung mit unserem Körper (im Tasten) oder durch sich lösende Teilchen (im Schmecken und Riechen) oder schließlich durch die von ihnen ausgehenden Schall- und Lichtwellen (im Hören und Sehen) eine erregende Wirkung auf unsere Nervenenden aus; diese Erregung wird durch die Nervenfasern zu den Zellen der Hirnsubstanz übertragen und löst in diesen Zellen bzw. in der diesen Zellen innewohnenden

Seele oder dem Selbstbewusstsein Empfindungen oder Vorstellungen aus. Diese Empfindungen oder Vorstellungen bieten gleichsam die elementaren Daten, die die Seele oder das Selbstbewusstsein irgendwie verarbeitet, zerteilt, zusammensetzt, geleitet von der Ideenverknüpfung oder ich weiß nicht, von welchem sonstigen Gesetz. So entsteht in der Seele ein Bild von der Welt, das jedoch keineswegs vollkommen mit der Wirklichkeit übereinstimmt, sondern ihr nur irgendwie grob ähnelt, nach Auffassung mancher sogar so wesentlich von ihr abweicht, dass wir von der echten Wirklichkeit überhaupt keinen Begriff haben. Immerhin leistet uns dieses Bild von der Welt irgendwie den Dienst, uns über die Verhältnisse in der Außenwelt zu unterrichten. Was in diesem Weltbild an Fehlern entsteht, das versucht das nachträgliche Denken, das strenge wissenschaftliche Forschen mehr oder weniger zu berichtigen, so dass dieses Weltbild der Wirklichkeit immer ähnlicher wird und ständig zur Entdeckung und Erkenntnis immer wieder neuer natürlicher Verhältnisse und Beziehungen führt. Derartige Theorien sind es, die in vielerlei Schattierung die Grundlage der modischen psychologischen Auffassungen bilden.

Diese Auffassung weben die abendländischen Seelenforscher zu Theorien von enormem Umfang aus, in deren Sumpf unser Denken von tausenderlei Begriffsirrlichtern immer weiter hineingelockt wird. Unsere Hauptbestrebung ist darauf gerichtet, die in ihnen verborgene grundlegende Vernunftverirrung zu erkennen.

Die Grundlage der ganzen Theorie besteht darin, dass von irgendeinem beliebigen Gegenstand $a$ aus der Außenwelt in unserem Hirn beziehungsweise in unserer Seele eine Empfindung oder Vorstellung $b$ entsteht, mit deren Hilfe wir von $a$ Kenntnis erlangen. Darin sind folgende Annahmen enthalten: 1. Unser Hirn ist der Sitz eines unbekannten Wesens oder einer unbekannten Kraft, deren Name Seele, Selbstbewusstsein oder ähnlich lautet. 2. Die Gegenstände oder Körper in der Außenwelt üben durch die Vermittlung des Nervensystems eine Wirkung auf die Seele aus, wie, kann man nicht wissen, denn Gegenstände wirken nur auf Gegenstände, und die Seele ist nicht als Gegenstand unter Gegenständen zu betrachten. 3. Infolge der Wirkung entstehen die Empfindungen oder Vorstellungen, die, weil sie in der Seele entstehen, nicht körperliche, sondern seelische Qualität haben. Dennoch geben diese

seelischen Qualitäten Aufklärung über die körperlichen Qualitäten. 4. Was wir auffassen, das ist nicht der Gegenstand selbst, sondern die in uns entstehende Empfindung oder Vorstellung, so dass unverständlich ist, wie wir in den Raum hinausver-
setzen, was eigentlich drinnen in unserer Seele ist. Wir stehen also einem zweifachen
Wunder gegenüber. Es ist ein Wunder, dass die Gegenstände auf irgendeine Weise
in unsere Seele eindringen bzw. dort irgendeinen seelischen Vertreter statt ihrer
selbst hineinschmuggeln können. Ein Wunder ist außerdem, wie sie, wenn sie einmal
in die Seele gelangt sind, wieder aus ihr herauskommen, wie also die Seele das aus
sich hinausprojiziert, was auf unverständliche Weise in sie hineinprojiziert wurde.
Der gesamte Vorgang des Nachdenkens wird zum Wunder. Und wie sollte er nicht
dazu werden, wenn beide Endpunkte des Prozesses in höchstem Maße unzugänglich
sind? Zum einen haben wir keinen Zugang zur Seele selbst, zum anderen haben wir
jedoch auch keinen Zugang zum Gegenstand, denn nicht der Gegenstand ist es, was
wir auffassen, sondern nur sein seelisches Bild. Die zu lösende Aufgabe scheint so
geartet zu sein, als müsste man von einer unzugänglichen Station zu einer anderen
unzugänglichen Station reisen, beziehungsweise als sollten wir durch eine Gerade
zwei Punkte verbinden, die uns beide vollkommen unbekannt sind. Da ist es kein
Wunder, dass die gesamte Gerade beziehungsweise der gesamte Prozess unbekannt
wird. Jede Vorstellung der Seele taumelt wie ein Irrlicht zwischen den Zellen der
Hirnsubstanz und dem Gegenstand in der Außenwelt einher. Einmal ist sie draußen
im Raum, ein anderes Mal ganz drinnen in der Seele, dann jagt sie von der Außenwelt
in die Seele und von der Seele in die Außenwelt und holt und bringt auf unbekannten
Flügeln Botschaften zwischen zwei unbekannten Stationen. In einem solchen Spiel
äußert sich die Verstandestäuschung, die aus der Vergötterung unseres Körpers beziehungsweise aus der falschen Auffassung des Prinzips a = a resultiert.

## Bibliografie der Schriften von Melchior (Menyhért) Palágyi

## Zusammengestellt von Edit Bogdanov und László Székely; Übersetzung Orsolya Rauzs

A végtelen sorok és szorzatok convergentiájáról [= Über die Konvergenz von unendlichen Reihen und Produkten]. *Műegyetemi lapok* (Monatszeitschrift zur Theorie der Mathematik, Naturwissenschaften und Technikwissenschaften / Hrsg. Gyula König et al.), Band III (1878), Nr. 29–30, S. 271–294 [unter dem Namen Salamon Silberstein].

*Vonalgeometriai tanulmányok. Értekezések a mathematikai tudományok köréből* [= *Studien über Liniengeometrie. Abhandlungen zu Mathematikwissenschaften*]. (Herausgegeben auf Anordnung der III. Sektion der Ungarischen Akademie der Wissenschaften.) Band VII, Nr. 23 (1880), Budapest: A Magyar Tudományos Akadémia Könyvkiadó Hivatala, 1881 [unter dem Namen Salamon Silberstein].

Vonalgeometriai tanulmányok. (Értekezés ismertetése.) [= Studien über Liniengeometrie (Vorstellung der Abhandlung)]. *Akadémiai Értesítő,* 1881, Jg. 14, S. 161–163 [Verfasser der Abhandlung: Salamon Silberstein, vorgestellt von Dr. Jenő Hunyady, Korrespondenzmitglied].

Irói arczképcsarnok. Ábrányi Emil [= Literarische Porträtgalerie. Emil Ábrányi]. *Irodalmi lapok,* Jg. I, Nr. 1, 6. Januar 1884, S. 2 [ohne Unterschrift].

Egy kritikus sétái. „Mese a Varrógépről". Írta Kiss József [= Spaziergänge eines Kritikers. „Märchen über die Nähmaschine". Geschrieben von József Kiss]. *Irodalmi lapok*, Jg. I, Nr. 1, 6. Januar 1884, S. 4–6.

Előfizetési fölhívás [= Aufruf zum Abonnement]. *Irodalmi lapok,* Jg. I, Nr. 1, S. 11.

Írói arczképcsarnok. Vajda János [= Literarische Porträtgalerie. János Vajda]. *Irodalmi lapok,* Jg. I, Nr. 2, S. 14 [ohne Unterschrift].

Egy kritikus sétái. A kulturemberiség konvenczionális hazugságai. Irta Nordau Miksa [= Spaziergänge eines Kritikers. Die konventionellen Lügen der Kulturmenschheit. Geschrieben von Max Nordau]. *Irodalmi lapok,* Jg. I, Nr. 2, 13. Januar 1884, S. 14–16.

„A mit én dalolok". (Vers) [= „Was ich singe" (Gedicht)]. *Koszorú,* 1884, Band II, Nr. 28, S. 436.

„Epedek." (Vers) [= „Sehnsucht" (Gedicht)]. *Koszorú,* 1884, Band II, Nr. 28, S. 436.

A szimbolizmusról [= Über den Symbolismus]. *Koszorú,* Band II, Nr. 30, 27. Juli 1884, S. 475–478.

Diderot. *Koszorú,* Band II, Nr. 31, 3. August 1884, S. 494–495.

Dániel pap lesz. (Könyvismertető) [= Daniel wird Priester (Buchvorstellung)]. *Koszorú,* Jg. VII, Nr. 1, 4. Januar 1885, S. 10–13.

Az irodalmi helyzet [= Die Lage der Literatur]. *Koszorú,* Jg. VII, Nr. 2, 11. Januar 1885, S. 28–29.

Taine történeti módszere [= Die historische Methode von Taine]. *Koszorú,* Jg. VII, Nr. 3–5, 18. und 25. Januar 1885 und 1. Februar 1885, S. 39–41,49–51,65–67.

A magyar regényről [= Über den ungarischen Roman]. *Koszorú,* Jg. VII, Nr. 6, 8. Februar 1885, S. 86–88.

Gyulai Pál [= Pál Gyulai]. *Koszorú,* Jg. VII, Band I, Nr. 7, 15. Februar 1885, S. 97–99

Az Akadémia és az önálló magyar tudományosság I–II. [= Die Akademie und die selbständige ungarische Wissenschaftlichkeit I–II]. *Koszorú,* Jg. VII, Nr. 8–9, 22. Februar und 1. März 1885, S. 113–115 und 129–131.

Schopenhauer széptana [= Die Schönheitslehre von Schopenhauer]. *Koszorú,* Jg. VII, Nr. 12–17, 22. März – 26. April 1885, S. 177–180, 193–195, 209–210, 225–227, 241–243, 257–258.

Vajda János és a magyar lyra I–II. [= János Vajda und die ungarische Lyrik I–II]. *Koszorú,* Jg. VII, Nr. 20–21, 17.–24. Mai 1885, S. 305–307, 321–324.

Egy Zola-imádó Jókairól [= Über den Zola verehrenden Jókai]. *Harmónia. Kritikai Heti Szemle - Zene, Irodalom, Képzőművészet.* Jg. IV, Nr. 15, 12. April 1885, S. 1–2.

Dalmady Győző I–II. [= Győző Dalmady I–II]. *Koszorú,* Jg. VII, Nr. 23–24, 7. und 14. Juni 1885, S. 353–355, 371–372.

Tudomány és nemzetiség [= Wissenschaft und Nationalität]. *Koszorú,* Jg. VII, Nr. 24, 14. Juni 1885, S. 369–370.

Endrődi Sándor [= Sándor Endrődi]. *Koszorú,* Jg. VII, Nr. 26, 28. Juni 1885, S. 401–403.

A Hegel-iskola esztétikája I–VII. [= Die Ästhetik der Hegel-Schule I–VII]. *Koszorú,* Jg. VII, Nr. 32, 33, 34, 36, 37, 38, 45, 9. August – 8. November 1885, S. 497–498, 513–515, 529–531, 561–563, 577–579, 593–595, 705–707.

Tolnai Lajos legújabb regénye. (A polgármester ur) [= Der neueste Roman von Lajos Tolnai (Der Bürgermeister)]. *Koszorú,* Jg. VII, Nr. 35, 30. August 1885, S. 545–547.

Beöthy Zsolt a tragikumról I–II. [= Zsolt Beöthy über die Tragik I–II]. *Koszorú*, Jg. VII, Nr. 43–44, 25. Oktober – 1. November 1885, S. 673–674, 689–692.

A „Fővárosi Lapok" antikritikája. (Beöthy Zsolt »Tragikum«-áról.) [= Antikritik in „Fővárosi Lapok" (über »Die Tragik« von Zsolt Beöthy)]. *Koszorú*, Jg. VII, Nr. 46, 15. November 1885, S. 721–725.

Rákosi Jenő a tragikumról [= Jenő Rákosi über die Tragik]. *Koszorú*, Jg. VIII, Nr. 1, 1. Januar 1886, S. 1–5.

A szép és fenség fogalma Kantnál [= Die Begriffe des Schönen und des Erhabenen bei Kant]. *Koszorú*, Jg. VIII, Nr. 3, 17. Januar 1886, S. 39–41.

„Az új főispán." (Tolnai Lajos regényéről.) [= „Der neue Obergespan" (über den Roman von Lajos Tolnai)]. *Koszorú*, Jg. VIII, Nr. 4, 24. Januar 1886, S. 49–53.

Fichte széptana I–II. [= Die Schönheitslehre von Fichte I–II]. *Koszorú*, Jg. VIII, Nr. 6 und 8, 7. und 21. Februar 1886, S. 89–91, 121–122.

Gyulai Pál [= Pál Gyulai]. *Koszorú*, Jg. VIII, Nr. 7, 14. Februar 1886, S. 97–101.

Magyar eszthétikusok és kritikusok: Kölcsey Ferenc I–III. [= Ungarische Ästheten und Kritiker: Ferenc Kölcsey I–III]. *Koszorú*, Jg. VIII, Nr. 10–12, 7.–21. März 1886, S. 145–148, 161–162, 177–180.

Vajda Jánosról [= Über János Vajda]. *Egyetértés*, Jg. XX, Nr. 149, Budapest, 30. Mai 1886, Sonntagsbeilage, S. 9–10.

Zoláról és a naturalizmusról [= Über Zola und den Naturalismus]. *Irodalom*, ohne Jg., 26. Dezember 1886 (Nullnummer), S. 12.

Újabb lírai költészetünk I. [= Unsere neuere lyrische Dichtung I]. *Irodalom*, Jg. I (1887), Nr. 2, S. 1–3.

Újabb líránk [= Unsere neuere Lyrik]. *Irodalom*, Jg. I (1887), Nr. 3, S. 2–3.

„Jó Fülöp" [= „Philipp der Gute"]. *Irodalom*, Jg. I (1887), Nr. 3, S. 10–12.

Katona „Bánk Bán"-járól I. A tragikai eszme [= Über „Banus Bánk" von Katona I. Die tragische Idee]. *Irodalom*, Jg. I (1887), Nr. 4, S. 1–3.

Katona „Bánk Bán"-járól II. Gyulai Pál és a tragikum [= Über „Banus Bánk" von Katona II. Pál Gyula und die Tragik]. *Irodalom*, Jg. I (1887), Nr. 5, S. 1–3.

Katona „Bánk Bán"-járól III. A belemagyarázók [= Über „Banus Bánk" von Katona III. Die Hineindeuter]. *Irodalom*, Jg. I (1887), Nr. 6, S. 1–3.

Katona „Bánk Bán"-járól IV. Hogy kell a hőst bemutatni [= Über „Banus Bánk" von Katona IV. Wie man den Helden vorstellen soll]. *Irodalom*, Jg. I (1887), Nr. 7, S. 1–3.

Katona „Bánk Bán"-járól V. Loyalitás és becsület [= Über „Banus Bánk" von Katona V. Loyalität und Ehre]. *Irodalom,* Jg. I (1887), Nr. 8, S. 1–3.

Katona „Bánk Bán"-járól VI. A tragikai eszme kettőssége [= Über „Banus Bánk" von Katona VI. Die Doppelheit der tragischen Idee]. *Irodalom,* Jg. I (1887), Nr. 9, S. 1–3.

Katona „Bánk Bán"-járól VII. A tragédia önmeghazudtolása [= Über „Banus Bánk" von Katona VII. Das Selbstbelügen der Tragödie]. *Irodalom,* Jg. I (1887), Nr. 10, S. 1–3.

Katona „Bánk Bán"-járól VIII. Az igazságszolgáltatás [= Über „Banus Bánk" von Katona VIII. Die Rechtsprechung]. *Irodalom,* Jg. I (1887), Nr. 11, S. 1–3.

Katona „Bánk Bán"-járól IX. Befejezés [= Über „Banus Bánk" von Katona IX. Abschluss]. *Irodalom,* Jg. I (1887), Nr. 12, S. 1–3.

Előhang [= Auftakt]. *Új Nemzedék,* Jg. I, Nr. 1, 20. März 1887, S. 1.

Iskola és Irodalom [= Schule und Literatur]. *Új Nemzedék,* Jg. I, Nr. 2, 27. März 1887, S. 29 [ohne Unterschrift].

A vénülő múzsák [= Die alternden Musen]. *Új Nemzedék,* Jg. I, Nr. 3, 1887, S. 41.

Herman Ottó [= Ottó Herman]. *Új Nemzedék,* Jg. I, Nr. 4, 11. April 1887, S. 61.

A nemzet hite [= Der Glaube der Nation]. *Új Nemzedék,* Jg. I, Nr. 8, 8. Mai 1887, S. 141 [ohne Unterschrift].

„Vásár" *Kabos* Endre regénye. Kiadja Székely Aladár [= „Markt". Roman von Endre *Kabos*[22]. Herausgegeben von Aladár Székely]. *Pesti Napló,* Jg. 38, Nr. 188, 10. Juli 1887 (Sonntag), S. 12.

Rudnyánszki Gyula: Jézus [= Gyula Rudnyánszki: Jesus]. *Érsékújvár és vidéke,* Nr. 1887/50.

Modern magyar költészet. Ábrányi Emil költészetéről. A Pesti Napló Tárczája [= Moderne ungarische Dichtung. Über die Dichtung von Emil Ábrányi. Feuilleton von Pesti Napló]. *Pesti Napló,* Jg. 39, Nr. 83, 23. März 1888 (Freitag), S. 1.

Egy irodalmi agitátor (Kazinczy Ferencz) [= Ein literarischer Agitator (Ferencz Kazinczy)]. *Pesti Napló,* Morgenausgabe, Jg. 39, Nr. 92, 1. April 1888 (Sonntag), Beilage I: „Húsvéti melléklet", erste Seite der Beilage.

---

[22] Eigentlich: Ede Kabos

Petőfiről. Két közlemény I–II. A Pesti Napló Tárczája [= Über Petőfi. Zwei Mitteilungen I–II. Feuilleton von Pesti Napló]. *Pesti Napló,* Jg. 39, Nr. 273 und 274, 3. Oktober 1888 (Mittwoch) und 4. Oktober 1888 (Donnerstag), jeweils S. 1–2.

Magány. Reviczky Gyula költeményeiről. A Pesti Napló Tárczája [= Einsamkeit. Über die Gedichte von Gyula Reviczky. Feuilleton von Pesti Napló]. *Pesti Napló,* Jg. 40, Nr. 71, 12. März 1889 (Dienstag), S. 1–2.

A szép pszichológiája [= Psychologie des Schönen]. *Pesti Napló,* Jg. 40, Nr. 158, 9. Juni 1889 (Sonntag), Beilage S. 1.

*Petőfi Sándor [= Sándor Petőfi]*. Budapest: Singer és Wolfner Kiadása, 1889.

Emlékbeszéd Reviczky Gyula fölött [= Gedenkrede auf Gyula Reviczky]. *Pesti Hírlap* (politische Tageszeitung), Jg. XII, Nr. 6 und 8, 7. Januar 1890 (Dienstag), S. 1–3 und 9. Januar (Donnerstag), S. 1–4.

Emlékezés Reviczkyre [= Erinnerung an Reviczky]. *Erdélyi Híradó,* Jg. III, Nr. 6 (621), 8. Januar 1890 (Mittwoch), S. 3–5. Auszug aus der Rede vor der Großversammlung der Petőfi-Gesellschaft am 6. Januar 1890.

Akadémiánk és a nemzeti kultura [= Unsere Akademie und die nationale Kultur]. *A Hét,* Nr. 21, 1890/I, S. 338–339.

Schlauch József és az evolúció [= József Schlauch und die Evolution]. *A Hét,* 1890/II, S. 118–119.

Madách Imre neje I–IV [= Die Ehefrau von Imre Madách I–IV]. *A Hét,* Teil I: Nr. 39, 1890/II, S. 197–200; Teil II: Nr. 40, S. 213–214; Teil III: Nr. 41, S. 231–233; Teil IV: Nr. 42, S. 246–248.

Irodalmi irányelvek. Felolvastatott a Petőfi Társaság legutóbbi ülésén [= Literarische Richtlinien. Vorgetragen auf der letzten Versammlung der Petőfi-Gesellschaft]. *Pesti Napló,* Jg. 41, Nr. 104, 16. April 1890 (Mittwoch), S. 1.

Elise Madách. *Pester Lloyd,* 1891, Nr. 52, 22. Februar 1891 (Sonntag), S. 3–4.

Új nemzedék a magyar irodalomban. Felolvastatott a Petőfi Társaság legutóbbi ülésén [= Die neue Generation der ungarischen Literatur. Vorgetragen auf der letzten Versammlung der Petőfi-Gesellschaft]. *Pesti Napló,* Jg. 42, Nr. 72, 14. März 1891 (Samstag), S. 1–2.

A „race" [= „Race"]. *Egyenlőség,* Jg. X, Nr. 12, 20. März 1891, Beilage S. 3.

Ibsen Heddája [= Ibsens Hedda]. *Pesti Napló,* Jg. 42, Nr. 104, 16. April 1891 (Donnerstag), S. 1–2.

Ibsen. A Pesti Napló Tárczája [= Ibsen. Feuilleton von Pesti Napló]. *Pesti Napló,* Jg. 42, Nr. 109, 21. April 1891 (Dienstag), S. 1.

Régi lant. Bartók legújabb költeményiről [= Alte Leier. Über die neuesten Gedichte von Bartók]. *Pesti Napló,* Jg. 42, Nr. 135, 17. Mai 1891 (Sonntag), Beilage S. 1.

Új nemzedék. Kritikai tanulmányok [= Neue Generation. Kritische Studien]. *Nagyváradi Hírlap,* Jg. II, Nr. 100, 23. Mai 1891 (Samstag), S. 2–3.

Malonyai Dezső: Tanulmányfejek [= Dezső Malonyai: Kopfstudien]. *Nagyváradi Hírlap,* Jg. II, Nr. 100, 23. Mai 1891, S. 2–3.

Dobogó szívek (Bársony István kötetéről) [= Schlagende Herzen (Über den Band von István Bársony)]. *Nagyváradi Hírlap,* Jg. II, Nr. 100, 23. Mai 1891 (Samstag), S. 3.

Tudomány, irodalom. Dobogó Szívek (Ismertetés Bársony István kötetéről) [= Wissenschaft, Literatur. Schlagende Herzen (Vorstellung des Bandes von István Bársony)]. *Pesti Napló,* Jg. 42, Nr. 138, 21. Mai 1891 (Donnerstag), Beilage S. 1.

Byron „Kain"-ja. Felolvastatott a Petőfi Társaság legutóbbi ülésén [= Byrons „Kain". Vorgetragen auf der letzten Versammlung der Petőfi-Gesellschaft]. *Pesti Napló,* Jg. 42, Nr. 148, 31. Mai 1891 (Sonntag), S. 1.

Élet. (Irodalom és művészet) [= Leben. (Literatur und Kunst)]. *Nagyváradi Hírlap,* Jg. II, Nr. 110, 6. Juni 1891 (Samstag), S. 3.

Német kultúra – Magyar irodalom [= Deutsche Kultur – Ungarische Literatur]. *Pesti Napló,* Jg. 42, Nr. 205, 28. Juli 1891 (Dienstag), S. 1.

„Vera Grófnő" Szomorúmű 3 felvonásban, írta Dóczy Lajos [= „Gräfin Vera". Tragödie in 3 Aufzügen von Lajos Dóczy]. *Pesti Napló,* Jg. 42, Nr. 220, 12. August 1891, S. 1–2.

Újházi Stockmanja [= Stockman von Újházi]. *Pesti Napló,* Jg. 42, Nr. 265, 27. September 1891 (Sonntag), S. 1.

A zsidó nő a közművelődésben [= Jüdinnen in der öffentlichen Kultur]. *Egyenlőség,* 2. Oktober 1891, Festbeilage S. 4–5.

Irodalmi társulatok [= Literarische Zirkel]. *Magyar Szemle,* Jg. III, Nr. 41, 11. Oktober 1891, S. 481–482.

Tanulmányfejek. Malonyai Dezső kötetéről [= Kopfstudien. Über den Band von Dezső Malonyai]. *Élet,* Band I, Nr. 341, 1891, S. 1.

Saul fia. (Költemény) [= Sauls Sohn (Gedicht)]. *Ország–Világ,* Jg. XII, Nr. 51, 19. Dezember 1891, S. 864.

Irodalmi törekvések [= Literarische Bemühungen]. *Magyar Szemle,* Jg. IV, Nr. 1, 3. Januar 1892, S. 1–2.

A mai magyar irodalom [= Die ungarische Literatur von heute]. *Magyar Szemle,* Jg. IV, Nr. 16, 17. April 1892, S. 181–183.

Pauer és Plagiosippus [= Pauer und Plagiosippus]. *Magyar Szemle,* Jg. IV, Nr. 18, 1. Mai 1892, S. 205–206.

Pauer és Schopenhauer [= Pauer und Schopenhauer]. *Magyar Szemle,* Jg. IV, Nr. 19, 8. Mai 1892, S. 216–218.

Az ébrenlétről [= Über den Wachzustand]. *Athenaeum,* Nr. 4, 1892, S. 497–511.

Psychologiai tanulmányok. Első közlemény. A reális és ideális eszméletről [= Psychologische Studien. Erste Mitteilung. Über die reale und ideale Besinnung]. *Athenaeum,* Nr. 1, 1893, S. 76–93.

Psychologiai tanulmányok. Második és befejező közlemény. Az emlékezet [= Psychologische Studien. Zweite und letzte Mitteilung. Das Gedächtnis]. *Athenaeum,* Nr. 4, 1893, S. 538–547.

Modern aesthetica. (Rákosi Jenő akadémiai székfoglalójának kritikája.) [= Moderne Ästhetik (Kritik der Akademie-Antrittsrede von Jenő Rákosi)]. *Ország–Világ,* Jg. XIV, Nr. 9, 25. Februar 1893, S. 142–144.

Előszó Palágyi Lajos: „Az ifjú szerzetes: bölcseleti költemények"-hez. In Palágyi Lajos: *Az ifjú szerzetes: Bölcseleti költemények* [= Vorwort zu „Der junge Mönch: philosophische Gedichte" von Lajos Palágyi. In Lajos Palágyi: *Der junge Mönch: Philosophische Gedichte*]. Budapest: Lampel Róbert, Neuwald Illés Könyvnyomdája, 1894, S. 3–25.

Egy rajongóról. (Komjáthy Jenő emlékezete.) [= Über einen Enthusiasten (Erinnerung an Jenő Komjáthy)]. *Magyar Salon.* Új folyam, Jg. 12, Band XXIII, Heft XII, 1. September 1895, Band 23, 1895, S. 1217–1230.

A millennaris alapítvány [= Die Millenium-Stiftung]. *Egyenlőség,* Jg. XV, Nr. 4, 24. Januar 1896, S. 3–4.

Az olvasóhoz [= Zum Leser]. *Jelenkor* (Szerkeszti és kiadja: Palágyi Menyhért) [= Herausgegeben und verlegt von Menyhért Palágyi], Jg. I, Nr. 1, 1. März 1896, S. 1–4.

Byron Kain-ja [= Byrons Kain]. *Jelenkor,* Jg. I, Nr. 3, 15. März 1896, S. 37–39.

Lermontof démonja [= Lermontofs Dämon]. *Jelenkor,* Jg. I, Nr. 4, 22. März 1896, S. 53–55.

Nyílt levél Perczel Dezső belügyminiszterhez [= Offener Brief an Innenminister Dezső Perczel]. *Jelenkor,* Jg. I, Nr. 5, 29. März 1896, S. 65–66 (unter den Unterschreibern auch Menyhért Palágyi mit seinem Bruder Lajos).

Komjáthy Jenő emlékezete. Felolvasás a Petőfi-Társaságban [= Erinnerung an Jenő Komjáthy. Vorlesung in der Petőfi-Gesellschaft]. *Jelenkor,* Jg. I, Nr. 8, 19. April 1896, S. 121–125.

Magába szállni [=Insichgehen]. *Jelenkor,* Jg.1, Nr.9. S.141-142. (siehe deutsche Übersetzung 1924 u. Palágyi 2018, S.37-42).

Az egyéniség I-III. [=Die Persönlichkeit/Individualität]. *Jelenkor,* Jg.1, Nr.11. S.165-167; 1/12. 186-190; 1/13. 203-204. (Siehe den ersten Teil in deutscher Übersetzung: Palágyi 2018. 43-49).

A költő joga [= Das Recht des Dichters]. *Jelenkor,* Jg. I, Nr. 12, 17. Mai 1896, S. 177–179.

Pasteur emlékezete. Írta dr. Petrik Ottó, egyetemi tanár. [Erinnerungen an Pasteur. Verfasst von Universitätsprofessor Dr. Ottó Petrik.] *Jelenkor,* Jg.1, Nr. 26.

Az ész törvénye. A logika új alapvetése [= Das Gesetz der Vernunft. Die neue Grundlage der Logik]. *Jelenkor,* Nr. 18, 28. Juni 1896, S. 275–277; Nr. 19, 5. Juli, S. 291–293; Nr. 20, 12. Juli, S. 309–312; Nr. 21, 19. Juli, S. 331–333; Nr. 22, 26. Juli, S. 339–342; Nr. 23, 2. August, S. 365–367; Nr. 24, 9. August, S. 371–373; Nr. 25, 17. August, S. 395–397; Nr. 26, 23. August, S. 410–412.

A nyelvújító mozgalom: Írta és a Petőfi Társaság ülésén felolvasta Palágyi Menyhért [= Die Bewegung der Spracherneuerung: Geschrieben und auf der Versammlung der Petőfi-Gesellschaft vorgetragen von Menyhért Palágyi]. *Jelenkor,* Jg. I, Nr. 33, 11. Oktober 1896, S. 513–516.

A szemlélet törvénye [= Das Gesetz der Anschauung]. *Jelenkor,* Jg. I, Nr. 36, 1. November 1896, S. 566-568; Nr. 37, 8. November, S. 587-589; Nr. 39, 22. November 22, S. 616-618; Nr. 40, 29. November, S. 635-636.

Madách Imre és Gyulai Pál [= Imre Madách und Pál Gyulai]. *Jelenkor,* Jg. I, Nr. 42, 13. Dezember 1896, S. 657-660.

*Az ész törvénye. A logika új alapvetése. Tudori értekezés [= Das Gesetz der Vernunft. Die neue Grundlage der Logik. Dissertation].* Budapest: Pátria, 1896 (Mit der Ausnahme eines Absatzes, der um paar Zeilen kürzer ist, identisch mit dem in der Zeitschrift *Jelenkor* in Teilen erschienenen Werk.)

Egy »symbolista« drámáról [= Über das »symbolische« Drama]. *Jelenkor,* Jg. II, Nr. 6, 7. Februar 1897, S. 94-96.

Az ész törvénye a tapasztalatban I–II. [= Das Gesetz der Vernunft in der Erfahrung I–II]. *Jelenkor,* Jg. II, Nr. 10 und 11, 7. und 14. März 1897, S. 149–151 und 166–168.

Fejlődéstan és klassicismus [= Entwicklungslehre und Klassizismus]. *Jelenkor,* Jg. II, Nr. 15, 10. April 1897, S. 231–235.

Állat-tenyészet – és bölcselem [= Viehzucht und Philosophie]. *Jelenkor,* Jg. II, Nr. 19, 9. Mai 1897, S. 299–302.

Madách ifjúsága. A Pesti Napló eredeti tárcája [= Die Jugend von Madách. Originales Feuilleton von Pesti Napló]. *Pesti Napló,* Jg. 48, Nr. 266, 24. September 1897 (Freitag), S. 1–4.

Madách Imre jogászévei. A Pesti Napló eredeti tárcája [= Die Juristenjahre von Imre Madách. Originales Feuilleton von Pesti Napló]. *Pesti Napló,* Jg. 48, Nr. 318, 16. November 1897 (Dienstag), S. 1–4.

Madách Imre ifjusága I–III [= Die Jugend von Imre Madách I–III]. *Vasárnapi Újság,* Jg. 44, Nr. 49–51, 5., 12. und 19. Dezember 1897, S. 817–821, 843–846 und 857–858.

Madách Imre rajzai [= Die Zeichnungen von Imre Madách]. *Vasárnapi Újság,* Jg. 44, Nr. 51, 19. Dezember 1897, S. 858–859.

*Az idő elmélete* I–II. (Recenzió Posch Jenő könyveiről.) [= *Theorie der Zeit* I–II (Rezension der Bücher von Jenő Posch)]. *Magyar Kritika,* Jg. I, Nr. 15, 1. Mai 1898, S. 249–251.

Madách első szerelme [= Die erste Liebe von Madách]. *Vasárnapi újság,* Jg. 45, Nr. 27, 3. Juli 1898, S. 463–465.

Madách ismeretlen drámája. A Pesti Napló eredeti tárcája [= Das unbekannte Drama von Madách. Originales Feuilleton von Pesti Napló]. *Pesti Napló,* Jg. 49, Nr. 186–187, 7.–8. Juli 1898, jeweils S. 1–3.

Petőfi Sándor [= Sándor Petőfi]. *Polgári Iskolai Közlöny,* Jg. III, Nr. 7, September 1899, S. 345–356.

A Pesti Napló Bánk bán-ja [= Der Banus Bánk von Pesti Napló]. *Pesti Napló,* Jg. 50, Nr. 354, 22. Dezember 1899, S. 1–2.

Byron Kain-ja [= Byrons Kain]. *Magyar Szó,* Jg. I, Nr. 282, 28. Dezember 1900 (Freitag), S. 1–4.

*Madách Imre élete és költészete* [= *Leben und Dichtung von Imre Madách*]. Budapest: Athenaeum, 1900.

A nagymesterek másolása és a húsfestés problémái, 1900 [= Das Kopieren der großen Meister und die Probleme der Fleischmalerei, 1900]. In M. Palágyi: *Székely Bertalan és a festészet aesthetikája* [= *Bertalan Székely und die Ästhetik der Malerei*]. Budapest: 1910.

*Neue Theorie des Raumes und der Zeit. Die Grundbegriffe einer Metageometrie.* Leipzig: Engelmann, 1901.

A tér és az idő új elmélete [= Neue Theorie des Raumes und der Zeit]. *Athenaeum,* Band 10, Nr. 4, Budapest: 1901, S. 533–549 (Nicht identisch mit dem obigen deutschen Werk von 1901! Einige Teile sind auch in der Monographie *Az ismerettan alapvetése* [= *Grundlagen der Erkenntnislehre*] zu lesen.)

A magyar irodalom megújhodása [= Die Wiedergeburt der ungarischen Literatur]. *Magyar Szó* (politische Tageszeitung), Jg. II, Nr. 124, 26. Mai 1901 (Pfingstsonntag), Beilage 4–5.

Tágma királyné. Rákosi Jenő Tragédiájáról [= Königin Tágma. Über die Tragödie von Jenő Rákosi]. *Magyar Szó,* Jg. III, Nr. 25, 29. Januar 1902, S. 1–3.

Tágma királyné. Rákosi Jenő Tragédiájáról [= Königin Tágma. Über die Tragödie von Jenő Rákosi]. *Budapesti Hírlap,* Jg. XXII, Nr. 28, 29. Januar 1902 (Mittwoch) (Reproduktion des früher in Magyar Szó erschienenen Leitartikels.)

*Der Streit der Psychologisten und Formalisten in der modernen Logik.* Leipzig: W. Engelmann, 1902.

*Kant und Bolzano: Eine kritische Parallele.* Halle a. S.: M. Niemeyer, 1902.

Madách Imre. In *Madách Imre válogatott munkái Zichy Mihály képeivel. Remek írók képes kiskönyvtára 12.* Bevezetéssel ellátta: Palágyi Menyhért [= Imre Madách. In *Ausgewählte Werke von Imre Madách mit Illustrationen von Mihály Zichy. Kleine illustrierte Bibliothek hervorragender Schriftsteller 12.* Einleitung von Menyhért Palágyi]. Budapest: Lampel Róbert cs. és kir. könyvkereskedésének kiadása. (Gedruckt in der Druckerei Athenaeum. Ohne Jahrangabe, nach dem Katalog der ungarischen Széchényi-Nationalbibliothek 1903 erschienen.)

*Die Logik auf dem Scheidewege.* Berlin: Schwetschke, 1903.

Az ismerettan alapvetése I–IV. [= Grundlagen der Erkenntnislehre I–IV]. *Athenaeum,* Band 12, 1903, Nr. 2, S. 173–193; Nr. 3, S. 409–423; Nr. 4, S. 563–577; Band 13, 1904, Nr. 1, S. 5–26.

*Az ismerettan alapvetése* [= *Grundlagen der Erkenntnislehre*]. Budapest: Athenaeum, 1904 (online: http://real-eod.mtak.hu/3037/1/palagyi_ismerettan.pdf)

Tolnai Lajos [= Lajos Tolnai]. *Magyar Szó*, Jg. V, Nr. 64, 15. März 1904 (Dienstag), S. 1–5.

Madách Imre lírai költészete [= Die lyrische Dichtung von Imre Madách]. *Magyar Szó*, Jg. V, Nr. 81, 3. April 1904 (Sonntag), Osterbeilage S. II–IV.

Madách Imre és Szontagh Pál barátsága. (Madách Lucziferje) [= Die Freundschaft von Imre Madách und Pál Szontagh (Der Luzifer von Madách)]. *Magyar Szó*, Jg. V, Nr. 145, 19. Juni 1904 (Sonntag), S. 1–4.

Egy rajongóról. Komjáthy Jenő Emlékezete [= Über einen Enthusiasten. Erinnerung an Jenő Komjáthy]. *Csokonai Lapok,* Heft 12, 1. Juli 1904, S. 250–253.

A reakcióidő kísérleti elemzése. Az elmeorvosok országos értekezletén előadta Dr. Palágyi Menyhért egyetemi m. tanár. *Klinikai füzetek. Előadások a gyakorlati orvostan összes ágaiból a legkiválóbb szakférfiak közreműködésével.* (Szerk. Donáth Gyula, Budapest: Ifjabb Nagel Ottó könyvkereskedése. Brózsa Ottó könyvnyomdája.) [= Experimentelle Analyse der Reaktionszeit. Vorgetragen von Dr. Menyhért Palágyi Universitätslehrbeauftragtem auf der Landeskonferenz der Psychiater. *Klinische Hefte. Vorlesungen der hervorragendsten Experten zu allen Zweigen der angewandten Medizin* (Hrsg.: Gyula Donáth, Budapest: Ifjabb Nagel Ottó könyvkereskedése. Brózsa Ottó könyvnyomdája)]. Jg. XVI, Nr. 12, Dezember 1906, S. 311–344 (Die Studie wurde von der Druckerei von Ottó Brózsa auch als Sonderabdruck herausgegeben, ebenfalls 1906.)

*Naturphilosophische Vorlesungen über die Grundprobleme des Bewusstseins und des Lebens.* Charlottenburg: Verlag Otto Günthner, 1907.

Kiss Józsefről [= Über József Kiss]. *A Hét,* 1907/II, S. 842–845.

Kiss József. Irta és a Petőfi Társaság vasárnapi ülésén fölolvasta Palágyi Menyhért [= József Kiss. Geschrieben und auf der Sonntagsversammlung der Petőfi-Gesellschaft vorgetragen von Menyhért Palágyi]. *Az Újság,* Jg. V, Nr. 298, 17. Dezember 1907 (Dienstag), S. 1–5.

A nemzeti gondolat philosophiája [= Philosophie des nationalen Gedankens]. *Magyar Társadalomtudományi Szemle,* Jg. I, Nr. 1, 1908, S. 24–44.

Marx és tanítása I–XV [= Marx und seine Lehre I–XV]. *Magyar Társadalomtudományi Szemle,* Jg. I, 1908: Kapitel I–III, Nr. 5, S. 387–402; Kapitel IV–V, Nr. 6, S. 477–499; Kapitel VI–VIII, Nr. 7, S. 616–647; Kapitel IX–X, Nr. 8, S. 727–750; Kapitel XI–XII, Nr. 9, S. 825–847; Kapitel XIII–XV, Nr. 10, S. 959–996.

Theorie der Phantasie. *Jahrbuch moderner Menschen:* Beiträge zur Förderung des philosophischen und sozialpolitischen Interesses. Band 3 (Hrsg.: A. W. Zickfeld) Osterwieck in Harz: Verlag A. W. Zickfeldt, 1908.

Begründung des Vitalismus (Vortrag). In *Bericht der III. Naturphorschertag.* [sic!] Heidelberg: 1908.

Diskontinuität des Bewusstsein. In *Bericht der III. Naturphorschertag.* [sic!] Heidelberg: 1908.

*Marx és tanítása* [= Marx und seine Lehre]. Pécs: Taizs József könyvsajtója 1909 (2., mit einem Vorwort ergänzte Auflage: Budapest: Szent István Társulat, 1920).

*Petőfi Sándor. Petőfi Könyvtár, XIII. füzet* [= *Sándor Petőfi. Petőfi-Bibliothek, Heft XIII*]. Budapest: Kunossy, Szilárd és Társa, 1909.

Rücktrittsschreiben von Menyhért Palágyi bezüglich seiner Mitgliedschaft in der Redaktion von Magyar Társadalomtudományi Szemle. *Magyar Társadalomtudományi Szemle,* Jg. II, 1909, S. 81–82.

Tisza István. Reflexiók Tisza Istvánnak a Protestáns Irodalmi Társaság 1909. évi közgyűlésén elmondott megnyitó beszédéhez [= István Tisza. Reflexionen über die Eröffnungsrede von István Tisza auf der Generalversammlung der Protestantischen Literarischen Gesellschaft im Jahre 1909]. *Magyar Társadalomtudományi Szemle,* Jg. II, Nr. 10, 1909, S. 951–954.

Világfelfogások harcza [= Kampf der Weltauffassungen]. *Budapesti Hírlap,* Nr. 73, 27. März 1910, S. 66–67.

Eugèn Komjathy: *Revue de Hongrie.* Jg. III, Band VI, Nr. 7, 16. Juli 1910, S. 86– 88.

A lelki elfajulásról [= Über die seelische Degeneration]. *Magyar Társadalomtudományi Szemle,* Jg. III, Nr. 9, November 1910, S. 795–805.

*Székely Bertalan és a festészet aesthetikája* [= *Bertalan Székely und die Ästhetik der Malerei*]. Budapest: Eggenberger-féle Könyvkereskedés (Herausgegeben von Hoffmann und Vastagh), 1910.

A népművelődés alapkérdése [= Die Grundfrage der Volksbildung]. *Munkásügyi Szemle,* Jg. II, Nr. 13, 10. Juli 1911, S. 409–411.

A bölcsészet renaissance-a [= Die Renaissance der Philologie]. *Magyar Figyelő,* Jg. I, Band III, Juli – September 1911, S. 60–68.

Darwinisták és antidarwinisták [= Darwinisten und Antidarwinisten]. *Magyar Figyelő,* Jg. I, Band III, Juli – September 1911, S. 373–378.

A darwinizmus válsága [= Die Krise des Darwinismus]. *Magyar Figyelő,* Jg. I, Band IV, Oktober – Dezember 1911, S. 57–68.

A maradi darwinizmus [= Der rückständige Darwinismus]. *Magyar Figyelő,* Jg. I, Band IV, Oktober – Dezember 1911, S. 221–228.

Szocziális biológia [= Soziale Biologie]. *Magyar Figyelő,* Jg. I, Band IV, Oktober – Dezember 1911, S. 399–410.

Malthus szelleme [= Der Geist von Malthus]. *Magyar Figyelő,* Jg. II, Band I, Januar – März 1912, S. 169–179.

Paleontológia és származástan [= Paläontologie und Vererbungslehre]. *Magyar Figyelő,* Jg. II, Band I, Januar – März 1912, S. 507–519.

Oswald predikáció [= Ostwalds Predigten]. *Magyar Figyelő,* Jg. II, Band II, April – Juni 1912, S. 73–84.

Modern álomfejtés [= Moderne Traumdeutung]. *Magyar Figyelő,* Jg. II, Band II, April – Juni 1912, S. 291–304.

A marxizmus alkonya [= Der Untergang des Marxismus]. *Magyar Figyelő,* Jg. II, Band IV, Oktober – Dezember 1912, S. 264–280.

*Megdőlt-e a származástan?* [= *Ist die Vererbungslehre widerlegt?*] Budapest, 1912, Sonderabruck aus *Természettudományi Közlöny,* 1912, Ergänzungsheft S. 129–156.

Lassale és a szocialisták [= Lassale und die Sozialisten]. *Magyar Figyelő,* Jg. III, Band I, Januar – März 1913, S. 254–267.

*Die Relativitätstheorie in der modernen Physik. Vortrag gehalten auf dem 85. Naturforschertag in Wien.* Berlin: G. Reimer, 1914.

Lettre sur le pacifisme / Weltkrieg und Weltfrieden. *La Revue Politique International,* Nr. 13 Jan/Feb., S.87-95, sowie in: *Hans Helmont: Das Buch vom Kriege.* Berlin, 1915, S.329-341.

La crise de l'idée européenne. La *Revue Politique Internationale,* Nr.18 Nov/Dez. 1915.

Die Krise der europäischen Zivilisation. *Die Tat,* Mai 1916 (Deutsche Fassung der obigen Schrift.)

Le suicide de L'Europe (Réponse à M. Alfred de Tarde). *La Revue Politique International.* Nr.22, S.85-91, 1916.

Shakespeare pályafutása és életfölfogása [= Shakespeares Laufbahn und Lebensauffassung]. *Magyar Figyelő,* Jg. VI, Band II, April – Juni 1916, S. 241–257.

Leibniz. *Magyar Figyelő,* Jg. VII, Band II, April – Juni 1917, S. 177–186.

A magyar ifjúsághoz [= Zur ungarischen Jugend]. *A mi szavunk,* Jg. I, Nr. 1, 15. Februar 1919.

Kopernikus und die Relativitätstheorie. *Didaskalia,* 1. und 8. Januar 1922.

Galilei und das Übertragungsprinzip. *Didaskalia,* 1922, 26. Februar, 26 März, 16 April.

Das Weltbild der neuen Physik. *Didaskalia,* 1922, 27. August, 8. Oktober, 19. November.

Alte und neue Atomistik. *Didaskalia,* 21. Januar 1923.

Der Untergang der Donaumonarchie. *Darmstädter Tagblatt.* 7.März 1923.

Das Minoritätenproblem. *Darmstädter Tagblatt,* 12. Juli 1923.

Rumänien und die Minderheitsfrage. *Darmstädter Tagblatt.* 23. Juli 1923.

Kroatien am Scheidewege. *Darmstädter Tagblatt.* 23.Juli 1923.

Die Politik des Grafen Bethlen. *Darmstädter Tagblatt.* 6. November 1923.

Insichgehen. *Didaskalia (Wochenbeilage der Frankfurter Nachrichten).* 28. Dezember 1924 (Magába szâllni. 1896, in deutscher Übersetzung. Andere Ausgabe in: Palágyi 2018, S.37-42).

Das neue Europa. *Darmstädter Tagblatt,* 5. Februar 1924.

Das neue Europa und Ungarn. *Darmstädter Tagblatt,* 1. März 1924.

Huttens letzte Tage. *Darmstädter Tagblatt,* 2. April 1924.

Eine Jugendliebe C. F. Meyers. *Darmstädter Tagblatt,* 6. April 1924.

Kant der Philosoph. *Darmstädter Tagblatt,* 22. April 1924.

Über den philosophischen Optimismus und Pessimismus. *Darmstädter Tagblatt,* 25. Mai 1924.

Das Leben ein Traum. *Darmstädter Tagblatt,* 8. Juni 1924.

Wachen, Schlaf und Traum. *Darmstädter Tagblatt,* 1. Juli 1924.

Das Verhältnis der Philosophie zu den übrigen geistigen Mächten. *Didaskalia,* 29. März 1925, Nr. 13 (postum).

*Ausgewählte Werke* I–III, 1924–1925: I. *Naturphilosophische Vorlesungen,* 2. wenig veränderte Auflage mit besonderer Vorrede von Melchior Palágyi, Leipzig: Engelmann 1924; II. *Wahrnehmungslehre,* mit einer Einführung von Ludwig Klages, Leipzig: Engelmann 1925; III. *Weltmechanik,* mit einem Geleitwort von Prof. Dr. Ernst Gehrcke, Leipzig: Engelmann 1925.

*Madách Imre neje* [= *Die Ehefrau von Imre Madách*]. Csesztve: 2003. Zusammengestellt aus *A Hét,* II, 1890, Nr. 197–200, 213–214, 231–233, 246–248.

Észelés és fantazia [Wahrnehmung und Phantasie]. Válogatás Palágyi Menyhért írásaiból [Eine Auswahl aus Menyhért Palágyis Schriften]. Hrsg. Bogdanov Edit – Székely László. Budapest, MTA Bölcsészettudományi Kutatóközpont, Filozófiai Intézet – Gondolat. Budapest 2017.

Der Gegensatz von Geist und Leben. Schriften zur schöpferischen Verbindung von Erkenntnistheorie und Vitalismus. Hrsg. Heiko Heublein, München, Albunea Verlag, 2018.


Menyhért Palágyi veröffentlichte neben seinen Büchern und Aufsätzen zahlreiche weitere kürzere Studien, Kritiken, Rezensionen, Beiträge usw. in verschiedenen Zeitschriften und Tageszeitungen. Nach seinen eigenen Angaben publizierte er zwischen 1882 und 1892 mehr als 200 literaturkritische und ästhetische Artikel. Somit kann er weitere Schriften mit seinem Namen oder Monogramm versehen oder auch ohne Unterschrift veröffentlicht haben, die in der obigen Bibliographie nicht angeführt sind.